Droit des entreprises en difficulté

Les mémentos DALLOZ

série droit privé

Droit des entreprises en difficulté

Pierre-Michel Le Corre
Professeur à l'Université Côte d'Azur,
Directeur du Master Administration et liquidation des entreprises en difficulté de la Faculté de droit de Nice

Emmanuelle Le Corre-Broly
Maître de conférences HDR à l'Université Côte d'Azur,
Directrice adjointe du Master Administration et liquidation des entreprises en difficulté de la Faculté de droit de Nice

Membres du Centre d'études et de recherches en droit des procédures (CERDP)

8e édition - 2018

DALLOZ

DALLOZ

31-35 rue Froidevaux, 75685 Paris cedex 14

ISBN 978-2-247-17564-2

Plan détaillé

Propos introductifs

I – Évolution de la matière

Les journaux et même la pratique évoquent aujourd'hui indistinctement les faillites, les procédures collectives de paiement, les difficultés d'entreprises. Ces expressions se situent pourtant à des stades distincts de l'évolution de la matière.

A – Avant le Code de commerce

Sous l'ancien droit romain, on parlait des faillites. *Fallere* en latin signifie tomber, faillir à ses engagements. Immédiatement, l'on perçoit que derrière l'expression faillir à ses engagements se profilent le jugement moral et la sanction. A même existé une procédure particulièrement expéditive à l'encontre du débiteur défaillant : la *manus injectio*. Le créancier pouvait saisir la personne même du débiteur, pour en disposer comme il l'entendait, au besoin en le réduisant à l'esclavage, en le vendant, voire en le tuant.

Il faut attendre la Renaissance pour qu'apparaissent les règles de la faillite moderne. Elles sont trouvées dans le statut des villes marchandes italiennes. Dès la fin du XVe siècle, les règles classiques du droit de la faillite sont posées. On y trouve l'idée que la faillite consiste dans la cessation des paiements, le dessaisissement, la déchéance du terme des créances non exigibles, la période suspecte, la nomination d'un syndic, la vérification et l'affirmation des créances, la distribution des dividendes, les subsides au débiteur ou à sa famille, ou encore le concordat de majorité, inconnu du droit romain.

Les villes du Nord de l'Italie connaissaient aussi la distinction entre les débiteurs honnêtes et les débiteurs malhonnêtes qui avaient accompli des actes délictueux. Les premiers pouvaient proposer une cession de leurs biens pour éviter les sanctions. Pour les seconds, des peines proportionnelles à la gravité des fautes commises étaient prévues. La banqueroute frauduleuse était sanctionnée par la peine de mort, ainsi que le prévoyait une Bulle pontificale. Il importe ici de remarquer que le terme de banqueroute y est employé pour la première fois. Étymologiquement, le banqueroutier est celui qui est interdit de siéger dans les assemblées de marchands, son banc ayant été publiquement rompu pour assurer une publicité de la mesure infamante (*banca rotta* en italien signifiant le banc rompu).

B – Depuis le Code de commerce

1. De la peur du débiteur à l'envie du chef d'entreprise

a. De 1807 à 2005 : la peur du débiteur

Le Code de commerce de 1807, sous l'impulsion de Napoléon Ier, en pleine guerre européenne, scandalisé par quelques banqueroutes frauduleuses de fournisseurs de l'armée, fit introduire dans le code des mesures extrêmement répressives et rigoureuses contre le failli. Que l'on songe que le failli risquait, par exemple, vingt ans de travaux forcés pour des dépenses personnelles ou de maison jugées excessives. Le failli devait déposer son bilan dès la cessation des paiements. Passé ce délai, il était passible de la banqueroute simple, punie d'un mois à deux ans de prison.

L'on peut affirmer que la peur panique inspirée par les règles contenues dans le Code de commerce a conduit à une inapplication presque totale du dispositif de traitement de la défaillance.

Dès 1838, les réformes vont se succéder. L'idée reste qu'il faut sanctionner, mais une plus grande importance est attachée au paiement des créanciers. On peut alors parler de procédure collective. Dans le décret n° 55-603 du 20 mai 1955, seuls les commerçants, qu'il n'est pas nécessaire d'éliminer de la vie des affaires – ceux qui ne sont pas des faillis –, pouvaient, dans le cadre de la procédure de liquidation judiciaire rebaptisée règlement judiciaire, présenter un concordat. Il importe toutefois de remarquer que, le règlement judiciaire devient la solution de principe, qui n'est écartée que sur démonstration que le débiteur ne le mérite pas. La faillite, procédure distincte, est réservée aux commerçants indignes. Elle entraîne obligatoirement l'interdiction d'exercer le commerce. Elle emporte nécessairement la vente forcée de tous les biens du débiteur.

La loi du 13 juillet 1967 a conservé l'idée qu'il fallait deux procédures, tout en supprimant celle de faillite. Coexistent alors le règlement judiciaire et la liquidation des biens. Seront susceptibles de bénéficier du règlement judiciaire, les entreprises susceptibles de se redresser. Sont vouées à la liquidation des biens, les entreprises non susceptibles de redressement. C'est encore l'heure des procédures collectives de paiement, le sort de l'entreprise appartenant aux créanciers chirographaires, qui pouvaient ou non voter le concordat et sauver l'entreprise ou ne pas le voter et la condamner.

Le grand virage est opéré par la loi du 25 janvier 1985. Son objectif est clairement affiché dans l'article 1er qui énonce les objectifs de la législation nouvelle en ces termes : « Il est institué une procédure de redressement judiciaire destinée à permettre la sauvegarde de l'entreprise, le maintien de l'activité et de l'emploi et l'apurement du passif. »

Mais le chef d'entreprise qui va se placer sous la protection de la justice sait que, alors même qu'il demande la main secourable du tribunal, ce dernier peut lui infliger des sanctions pécuniaires ou d'élimination de la vie des affaires. Le juge qui guérit est aussi celui qui sanctionne. Ainsi, malgré toute l'évolution décrite, la législation du droit des entreprises en difficulté, comme il faut désormais l'appeler, continue à faire peur. Le débiteur n'est pas incité à déposer de manière précoce, son bilan. Le redressement de l'entreprise, dans ces conditions, est chose rare. Deux procédures sur trois sont ouvertes par le prononcé d'une liquidation judiciaire interdisant toute recherche de redressement. C'est ce qu'a parfaitement compris la loi de sauvegarde des entreprises. L'on passe clairement de l'ère de la peur du débiteur à celle de l'envie du chef d'entreprise.

b. La loi de sauvegarde des entreprises, l'anticipation par l'envie

La loi de sauvegarde des entreprises est partie du postulat que la législation antérieure faisait peur. L'idée du législateur est donc de donner envie au chef d'entreprise de se rendre au tribunal. Le législateur s'est largement préoccupé de la psychologie du chef d'entreprise, en recherchant une dédramatisation de la procédure collective.

Le législateur offre au chef d'entreprise la possibilité de saisir le tribunal en amont de la cessation des paiements avec la procédure de sauvegarde. L'idée du législateur a été de poser un corps de règles spécifiques à la procédure de sauvegarde, constituant autant d'avantages pour le chef d'entreprise par rapport au redressement judiciaire. Le législateur incite ainsi fortement le chef d'entreprise à utiliser la procédure de sauvegarde, en lui octroyant des avantages qu'il n'aura pas s'il attend la cessation des paiements.

La législation du 25 janvier 1985, comme les législations antérieures depuis la Code de commerce de 1807, avait érigé l'état de cessation des paiements en élément déclencheur de l'ouverture d'une procédure collective. Avec la procédure de sauvegarde, la rupture est donc ici évidente. Cette faculté de se placer sous la sauvegarde de la justice, laquelle constitue une véritable procédure collective, doit permettre de traiter les difficultés dès qu'elles apparaissent, sans attendre une situation plus préoccupante.

Le chef d'entreprise n'est jamais dessaisi dans la procédure de sauvegarde. Il reste aux commandes. L'administrateur qui sera nommé aura soit une mission de surveillance, soit une mission d'assistance, alors qu'en cas de redressement judiciaire, sa mission sera soit d'assistance, soit de représentation. C'est le débiteur qui propose son projet de plan. Les délais et remises du plan de sauvegarde profitent aux garants personnes physiques, alors que ces mêmes personnes ne bénéficient pas plus que par le passé des dispositions du plan de redressement. L'absence d'alignement du redressement judiciaire sur la sauvegarde a pour but de créer une incitation financière du dirigeant garant à saisir le tribunal aux fins de se placer sous le régime de la sauvegarde.

Les mesures de sanction sont inapplicables en procédure de sauvegarde. La procédure de sauvegarde apparaît ainsi comme une machine à laver… les fautes.

Une autre procédure a les faveurs du législateur : la conciliation. Elle remplace le règlement amiable. Une procédure contractuelle efficace est offerte au chef d'entreprise alors qu'il est déjà, peut-être, mais depuis peu, en cessation des paiements. Il évite ainsi le redressement judiciaire. Un véritable choix est offert au chef d'entreprise qui anticipe. Dès lors qu'il n'est pas en cessation des paiements depuis plus de 45 jours, il conserve la maîtrise de sa procédure. L'accord de conciliation peut rester confidentiel avec un simple constat du président du tribunal. Il peut aussi être homologué par le tribunal, pour offrir aux partenaires du débiteur plus de sécurité juridique. En contrepartie, la confidentialité disparaît, à cause du privilège de conciliation accordé aux nouveaux apporteurs en trésorerie, aux fournisseurs de biens ou de services. Tous les garants, y compris les personnes morales, bénéficieront de l'accord de conciliation homologuée.

En deux siècles, nous sommes passés de la peur panique du débiteur à l'envie du chef d'entreprise. Sans y prêter attention, les concepts ont évolué. Est évoqué le chef d'entreprise, non plus le débiteur. C'est qu'une autre modification importante s'est produite en deux siècles : la législation a fait sienne la dimension économique.

2. De la procédure collective du débiteur à la procédure de sauvegarde de l'entreprise

Le Code de commerce ne connaissait que la procédure de faillite, qui devait par principe conduire à la vente des biens du débiteur, pour assurer le paiement des créanciers. Ces derniers étaient constitués en une masse où régnait le principe d'égalité des créanciers, consacré par le Code civil. La masse était représentée par le syndic. Les créanciers pouvaient voter le concordat, dans la perspective d'obtenir le paiement de leur créance, non dans celle d'assurer la survie d'une entreprise, dont on avait, à l'époque, à peine conscience. Une majorité des trois quarts des créanciers chirographaires votants était requise. Le code prévoyait toutefois la possibilité d'une cession des biens du débiteur, qui lui permettait d'échapper aux peines infamantes.

Jusqu'à la loi du 13 juillet 1967, la législation est orientée vers le paiement des créanciers. Le droit de vie ou de mort de l'entreprise appartient aux créanciers chirographaires qui, en votant le concordat, sauvent l'entreprise, en le rejetant, la condamnent à la liquidation des biens.

C'est à cette vision des choses que va s'attaquer la loi du 25 janvier 1985, précédée en cela par l'ordonnance du 23 septembre 1967. C'est l'émergence de l'entreprise.

Quelques années avant la loi du 13 juillet 1967, la distinction de l'homme et de l'entreprise, selon l'expression du Doyen Houin, essentielle dans l'évolution contemporaine du droit des entreprises en difficulté, fait son apparition. Elle est inscrite, certes incomplètement, mais prend date, dans la législation du 13 juillet 1967. Seront susceptibles de bénéficier du règlement judiciaire, les entreprises susceptibles de se redresser. Sont vouées à la liquidation des biens, les entreprises non susceptibles de redressement. Cette procédure entraînera cessation d'activité, sauf poursuite provisoire exceptionnelle d'activité pour une courte durée autorisée par le tribunal. Elle aura aussi pour conséquence la disparition de l'entreprise.

L'appréciation n'est plus alors portée sur l'attitude ou la moralité du débiteur, mais sur les perspectives économiques de l'entreprise. Si le débiteur ou le dirigeant de la personne morale débitrice est malhonnête, il peut être atteint, par le biais de sanctions – dont la faillite personnelle, mesure dénuée de toute portée patrimoniale –, et cela parallèlement à la procédure collective, sans que cette sanction ne vienne retentir sur le sort de l'entreprise débitrice, qui pourra se redresser au moyen d'un concordat.

Le droit des entreprises en difficulté devient applicable à des débiteurs qui peuvent ne pas être commerçants : les personnes morales de droit privé. Il cesse d'être une branche du droit commercial, pour devenir plus largement une branche du droit des affaires, voire du droit de l'entreprise. Corrélativement, la compétence du tribunal de grande instance est affirmée lorsque le débiteur n'est pas commerçant. L'évolution est en marche. Elle ne s'arrêtera plus jusqu'à la loi de sauvegarde des entreprises, laquelle permet à tous les professionnels indépendants de bénéficier des procédures du Code de commerce.

3. Le bouleversement des priorités lié à la dimension économique nouvelle

Dans la vision du Code de commerce de 1807, la législation intéressant le commerçant défaillant a pour objectif de le sanctionner et de permettre le paiement de ses créanciers, par la vente de l'ensemble de ses biens. L'émergence de l'entreprise va conduire au passage du droit de la faillite et du droit des procédures collectives de paiement au droit des entreprises en difficulté. Les finalités changent : la procédure de redressement judiciaire tend à sauver l'entreprise, sauver les emplois qui y sont attachés et à payer les créanciers. Le désintéressement des créanciers devient la dernière des priorités... Ce n'est donc plus une priorité, mais une finalité subsidiaire.

Le recul des créanciers dans la loi du 25 janvier 1985 est particulièrement topique. Il se manifeste spécialement lorsqu'il est question de tenter de sauver l'entreprise. Les créanciers se trouvent évincés de toutes les décisions relatives aux solutions de l'entreprise, c'est-à-dire à son sort.

Mais, en même temps que les droits individuels des créanciers reculent, des possibilités s'ouvrent à certains d'entre eux pour échapper à la discipline collective. Il en est ainsi des propriétaires, que l'on pense au crédit-bail, à la fiducie-sûreté ou encore à la cession Dailly.

En outre, les débiteurs se voient ouvrir des possibilités nouvelles leur permettant de limiter les conséquences d'une procédure collective sur leur patrimoine. Ainsi peuvent-ils créer des patrimoines d'affectation grâce à l'entreprise individuelle à responsabilité limitée ou empêcher la saisie de leur immeuble d'habitation, d'abord par la déclaration notariée et plus récemment par l'insaisissabilité légale de la résidence principale. Et c'est un constat : les actifs se réduisent comme peau de chagrin dans les procédures collectives, spécialement lorsqu'il est question de débiteurs personnes physiques.

Sous l'impulsion du droit européen, on assiste aujourd'hui à un certain rééquilibrage de la législation, les droits des créanciers étant davantage pris en compte, tout spécialement sur le terrain procédural.

Terminons en indiquant une autre évolution flagrante de la matière, qui consiste à offrir aux débiteurs des outils juridiques hyper sophistiqués pour traiter les difficultés de leur entreprise. On pense au « prépack-cession », qui permet de préparer dans une procédure de prévention la cession de l'entreprise, ou aux sauvegardes accélérées, qui sont également des procédures de traitement des difficultés, par des plans préparés en amont dans une procédure de conciliation.

Ainsi, le droit des entreprises en difficulté offre-t-il aujourd'hui une boîte à outils extraordinaire, que le législateur essaie de rendre la plus attractive possible. Il reste aux acteurs à s'en emparer complètement, ce qui n'est pas encore le cas.

II – Textes applicables

Le droit des entreprises en difficulté est très évolutif. La législation applicable à la matière est issue de la loi du 26 juillet 2005, dite de sauvegarde des entreprises : loi n° 2005-845, codifiée au livre VI du Code de commerce. Cette loi a été réformée par l'ordonnance n° 2008-1345 du 18 décembre 2008, puis retouchée successivement par les articles 57 et 58 de la loi de régulation bancaire du 22 octobre 2010, le premier de ces articles ayant créé la sauvegarde financière accélérée, puis par l'ordonnance du 9 décembre 2010 ayant adapté le droit des entreprises en difficulté à l'entrepreneur individuel à responsabilité limitée. En dernier lieu, elle a encore été modifiée par l'ordonnance du 12 mars 2014 et légèrement retouchée par certaines dispositions de la loi Macron n° 2015-990 du 6 août 2015 et la loi de modernisation de la justice du XXIe siècle du 18 novembre 2016.

La loi de sauvegarde des entreprises a été complétée par le décret d'application n° 2005-1677 du 28 décembre 2005, codifié en partie réglementaire du Code de commerce. Ce décret a été modifié par le décret du 12 février 2009, pris en application de l'ordonnance du 18 décembre 2008, et le décret du 30 juin 2014, pris en application de l'ordonnance du 12 mars 2014.

III – Application de la loi dans le temps

La loi du 26 juillet 2005 a entraîné l'abrogation de la plupart des dispositions de la loi n° 85-98 du 25 janvier 1985.

Le décret du 28 décembre 2005 a identiquement conduit à l'abrogation de l'essentiel des dispositions du décret du 27 décembre 1985.

Le principe est celui de l'application de la loi de sauvegarde non réformée aux procédures ouvertes entre le 1er janvier 2006 et le 14 février 2009. L'ordonnance de réforme du 18 décembre 2008 s'applique, par principe, aux procédures ouvertes à compter du 15 février 2009 et jusqu'au 30 juin 2014. L'ordonnance du 12 mars 2014 s'applique, pour sa part, aux procédures ouvertes à compter du 1er juillet 2014.

Quelques rares dérogations au principe d'application de la loi dans le temps sont apportées par les législations.

IV – Application de la loi dans l'espace

La partie VI du Code de commerce, traitant du droit des entreprises en difficulté, est applicable sur l'ensemble du territoire national, ce qui englobe la métropole et les départements d'outre-mer. Pour les pays d'outre-mer, une loi spéciale doit prévoir l'application des législations nouvelles, sous réserve généralement de quelques dispositions.

Première partie

Les mesures en amont du traitement judiciaire des difficultés des entreprises

Diverses formes de mesures en amont du traitement judiciaire des difficultés des entreprises existent dans la législation. Le législateur fait ici un pari : il mise sur le fait que l'anticipation vaut mieux que la guérison. Comme dans la médecine, la prophylaxie apparaît préférable au traitement médical plus lourd et donnera de meilleurs résultats. C'est ce que la pratique permet de constater.
Certaines techniques se situent très en amont et constituent des mesures de prévention.
D'autres constituent de véritables procédures de traitement conventionnel des difficultés.

Chapitre 1
Les mesures de prévention des difficultés des entreprises

L'essentiel

La prévention des difficultés des entreprises peut prendre la forme d'une information (Section 1) ou d'une sensibilisation (Section 2).

Section 1 – La prévention par l'information

§ 1 – L'information prévisionnelle de l'entreprise

I – Les entreprises concernées

Dans le cadre de la prévention des difficultés des entreprises, les entreprises employant au moins 300 salariés ou réalisant un chiffre d'affaires hors taxes au moins égal à 18 millions d'euros, ont l'obligation d'établir des documents prévisionnels.

II – Les documents à établir

Deux documents ont pour objet de porter un regard sur le passé :

– document relatif à la situation de l'actif réalisable et disponible et du passif exigible, établi chaque semestre, dans les quatre mois qui suivent la clôture du semestre ;

– tableau de financement, devant être établi dans les quatre mois de la clôture de l'exercice.

Deux autres documents, qui doivent être établis annuellement, dans les quatre mois de la clôture de l'exercice, ont pour objet de présenter l'avenir comptable de l'entreprise :

– compte de résultat prévisionnel ;

– plan de financement prévisionnel.

III – La fonction de l'information prévisionnelle

Les documents à établir doivent permettre aux dirigeants de prendre conscience des difficultés et de prendre rapidement les mesures qui s'imposent, en privilégiant l'anticipation.

Les documents prévisionnels sont analysés dans des rapports établis deux fois par an par les dirigeants de la personne morale concernée.

Ils sont communiqués au conseil de surveillance, le cas échéant, ainsi qu'aux commissaires aux comptes et au comité d'entreprise, en même temps que les documents prévisionnels eux-mêmes. La communication de ces rapports permet aux commissaires aux comptes et au comité d'entreprise de déclencher éventuellement la procédure d'alerte.

§ 2 – La publication des privilèges fiscaux et sociaux

Les organismes de sécurité sociale ont, comme le Trésor public, l'obligation, à partir de certains seuils, de publier leur privilège, aux fins d'opposabilité à la procédure collective. La publication s'impose dans le délai de six mois de la date limite de paiement ou, le cas échéant, de la date de notification de l'avertissement ou de la mise en demeure prévue à l'article L. 244-2 du Code de la sécurité sociale, lorsque la créance est constatée lors d'un contrôle organisé en application des dispositions de l'article L. 243-7 du même Code. Peu importe en conséquence le montant des cotisations dues.

L'inscription est effectuée sur un registre public tenu au greffe du tribunal de commerce ou du tribunal de grande instance.

Le but de cette mesure est d'inciter le Trésor public et les organismes de protection et de prévoyance sociale à publier leur privilège dans les meilleurs délais afin de fournir aux tiers une information utile sur les incidents de paiement dont les sommes garanties font objet.

L'absence de publication de la part des créanciers est assortie de sanctions. En effet, en cas de procédure de sauvegarde, de redressement ou de liquidation judiciaire du redevable tenu au paiement des sommes non payées, le privilège dont l'inscription est requise ne pourra plus être publié. Les créances en cause ne pourront donc être prises en compte, dans la procédure collective, qu'à titre chirographaire.

§ 3 – L'astreinte aux fins de dépôt des comptes sociaux

L'article L. 611-2-II du Code de commerce prévoit que le président du tribunal de commerce ou de grande instance peut procéder à une injonction au dirigeant d'avoir à déposer au greffe ses comptes annuels, sous astreinte.

Si l'injonction n'est pas respectée, le président du tribunal constate le non-dépôt des comptes par un procès-verbal. Il lui appartient ensuite de statuer sur la liquidation de l'astreinte.

Ce mécanisme est diversement utilisé par les juridictions.

Section 2 – La prévention par la sensibilisation : l'alerte par le président du tribunal

Le droit des sociétés réglemente deux types d'alerte : celle déclenchée par *le commissaire aux comptes* et celle *émanant des associés et des actionnaires*.

Le droit du travail connaît également l'alerte par le *comité d'entreprise*.

Pour sa part, le livre VI du Code de commerce, qui seul nous intéresse, a créé *l'alerte par le président du tribunal*. L'article L. 611-2-I du Code de commerce accorde au président du tribunal de commerce le pouvoir de déclencher l'alerte. L'ordonnance du 12 mars 2014 étend la solution au président du tribunal de grande instance, en prévoyant des règles particulières à certaines professions libérales juridiques, dont les avocats et les officiers publics et ministériels.

§ 1 – Les causes de l'alerte par le président du tribunal

Il y aura place à alerte par le président du tribunal « lorsqu'il résulte de tout acte, document ou procédure, qu'une société commerciale, un groupement d'intérêt économique, ou une entreprise individuelle, commerciale ou artisanale connaît des difficultés de nature à compromettre la continuité de l'exploitation ». Depuis l'ordonnance du 12 mars 2014, la même solution vaut pour les personnes morales de droit privé non commerçantes et les professionnels indépendants, y compris les professionnels libéraux.

Cette procédure pourra être déclenchée à partir des informations très importantes et précises dont le président de la juridiction a directement connaissance, par le biais des divers registres d'inscription du greffe de sa juridiction.

La procédure pourra aussi avoir pour origine le commissaire aux comptes qui informe le président de la juridiction compétente, à l'occasion d'une procédure d'alerte qu'il aurait déclenchée.

§ 2 – Les pouvoirs attribués au président du tribunal

I – L'entretien avec le président du tribunal

Le président de la juridiction convoque à un entretien confidentiel le chef d'entreprise, pour que soient envisagées les mesures propres à redresser la situation.

La mission du président n'est pas de suggérer des solutions, mais d'amener le dirigeant à mesurer les difficultés, de l'« alerter » sur celles-ci.

Aucune disposition n'oblige le chef d'entreprise à déférer à la convocation du président du tribunal de commerce.

Ce système présente donc la faiblesse d'être purement volontariste et de ne pouvoir aboutir à un résultat concret qu'en cas d'accord de toutes les parties intéressées.

Lors de l'entrevue qu'ils auront avec le président du tribunal, les dirigeants de l'entreprise vont indiquer les mesures qu'ils entendent prendre pour redresser la situation (art. L. 611-2, al. 1er du Code).

Toutefois, il n'y a pas place à l'entretien, mais seulement à une information de l'ordre professionnel ou de l'autorité compétente, sur les difficultés portées à sa connaissance relativement à la situation économique, sociale, financière ou patrimoniale, si le professionnel libéral, qui exerce à titre individuel ou sous forme sociale, est un avocat, un mandataire de justice ou un officier public ou ministériel.

II – Les suites de l'entretien avec le président du tribunal

Le président du tribunal peut, que l'entretien ait ou non eu lieu, obtenir communication de tous renseignements lui permettant d'acquérir une information exacte sur la situation économique et financière du débiteur (C. com., art. L. 611-2-I, al. 2) de la part :

- des commissaires aux comptes ;
- des administrations publiques ;
- des organismes de sécurité et de prévoyance sociale ;
- des représentants du personnel ;

– des services – spécialement ceux de la Banque de France –, chargés de la centralisation des risques bancaires et des incidents de paiement.

Au vu des renseignements qui lui sont communiqués, le président du tribunal pourra transmettre des informations au ministère public aux fins de saisine du tribunal pour l'ouverture d'un redressement ou d'une liquidation judiciaire, ou suggérer au chef d'entreprise un mandat *ad hoc* ou une procédure de conciliation ou de sauvegarde.

L'alerte par le président du tribunal est devenue un moyen majeur de la prévention.

Chapitre 2
Le traitement conventionnel des difficultés des entreprises

L'essentiel

Le traitement conventionnel des difficultés des entreprises résulte d'une négociation. Elle est plus ou moins encadrée, la plasticité étant appréciée des praticiens de l'insolvabilité. Elle peut être engagée par la technique du mandat ad hoc (Section 1).
La négociation peut également être menée dans le cadre d'une procédure de conciliation, anciennement dénommée « procédure de règlement amiable », qui porte encore ce nom lorsqu'elle concerne une entreprise agricole (Section 2).
Ces procédures amiables connaissent un succès limité, malgré leur efficacité et la confidentialité qui les entoure, mais les grandes entreprises y ont plus massivement recours.

Section 1 – Le mandat *ad hoc*

§ 1 – La désignation d'un mandataire *ad hoc*

I – La condition de désignation du mandataire *ad hoc*

La pratique judiciaire de nomination d'un mandataire *ad hoc* a été consacrée par le législateur (C. com., art. L. 611-3).

La nomination du mandataire *ad hoc* n'est enfermée dans aucune condition, ni aucun délai. Elle n'est même pas inconciliable avec l'état de cessation des paiements du débiteur, dès lors que ce dernier n'existe pas depuis plus de 45 jours, ancienneté à partir de laquelle la demande d'ouverture d'un redressement judiciaire est obligatoire.

Le mandat *ad hoc* peut être décidé pour toute personne morale de droit privé, commerçante ou non, ainsi que pour les entreprises commerciales, artisanales et les professionnels indépendants exploitant sous forme individuelle.

Le Code de commerce répute non écrite toute clause qui modifie les conditions de poursuite d'un contrat en cours en diminuant les droits ou en aggravant les obligations du débiteur du seul fait de la désignation d'un mandataire *ad hoc*, par exemple une clause de déchéance du terme pour ce motif.

II – Les modalités de désignation du mandataire *ad hoc*

La nomination du mandataire *ad hoc* dépendra d'une initiative en ce sens du débiteur qui saisira par requête le président du tribunal de commerce s'il est commerçant ou artisan, le président du tribunal de grande instance dans les autres cas.

III – Le choix du mandataire *ad hoc*

Le président du tribunal choisit librement la personne du mandataire *ad hoc*, sous réserve d'incompatibilités créées par la loi de sauvegarde des entreprises, afin d'assurer une indépendance du mandataire. Le débiteur peut proposer au président du tribunal le nom d'un mandataire *ad hoc*.

§ 2 – La mission du mandataire *ad hoc*

I – L'objet de la mission du mandataire *ad hoc*

Il appartient au président du tribunal de déterminer la mission du mandataire *ad hoc*.

Il pourra s'agir de résoudre un conflit entre associés, avec les salariés, les fournisseurs ou encore les banquiers.

Le mandat *ad hoc* présente un caractère contractuel. En conséquence, rien ne pourra être imposé aux créanciers.

Le mandat *ad hoc* ne peut avoir pour objet une mission comparable à celle attribuée par la loi à un administrateur judiciaire car les restrictions de pouvoirs du débiteur ou des dirigeants de la personne morale débitrice supposent un texte de loi qui n'existe pas ici.

II – La durée de la mission du mandataire *ad hoc*

La durée de la mission du mandataire *ad hoc* est librement fixée par le président du tribunal. Elle pourra être, le cas échéant, prorogée.

Faute de disposition contraire, et afin d'augmenter les délais de négociation, il est fréquent en pratique de poursuivre un mandat *ad hoc* par une procédure de conciliation, voire une sauvegarde.

§ 3 – Le rapport du mandataire *ad hoc*

Le mandataire *ad hoc* devra rendre compte de sa mission, par le biais d'un rapport, au président du tribunal et informer le chef d'entreprise de ses constatations et conclusions sur les difficultés de l'entreprise.

Le mandataire *ad hoc* informera le président du tribunal de toute fraude commise par l'entreprise ou l'un de ses partenaires, ainsi que de tout événement nouveau ou nouvellement connu de lui, qui serait susceptible d'entraîner modification ou fin de sa mission, notamment l'état de cessation des paiements.

Section 2 – La procédure de conciliation

La première étape est l'ouverture de la conciliation. Ensuite, il y a place à préparation de l'accord, puis au constat ou à l'homologation de l'accord. Enfin, il y aura lieu de préciser les conséquences de l'inexécution de l'accord.

§ 1 – L'ouverture de la conciliation

Commençons par indiquer que l'ordonnance du 12 mars 2014 répute non écrite toute clause qui modifie les conditions de poursuite d'un contrat en cours en diminuant les droits ou en aggravant les obligations du débiteur du seul fait de l'ouverture ou de la demande d'ouverture d'une procédure de conciliation, par exemple une clause de déchéance du terme pour ce motif.

La procédure de conciliation obéit à des *conditions d'ouverture* et à des *modalités procédurales*.

L'ouverture de la conciliation entraîne la nomination d'un personnage : *le conciliateur.*

Les décisions rendues en matière de conciliation sont revêtues de *l'exécution provisoire* et autorisent certaines *voies de recours*.

I – Les conditions d'ouverture

A – Qualité exigée du débiteur

La procédure de conciliation est applicable à toutes les personnes physiques exerçant une activité commerciale ou artisanale et à tous les professionnels indépendants, y compris les professionnels libéraux, ainsi qu'à toutes les personnes morales de droit privé, à l'exclusion des syndicats de copropriétaires. Elle est également applicable à l'entrepreneur individuel à responsabilité limitée pour lui permettre de traiter les difficultés de son entreprise à patrimoine affecté, indépendamment de son patrimoine non affecté.

B – Situation économique exigée du débiteur

Le chef d'entreprise, qui seul peut saisir le président du tribunal, doit être dans une situation légalement déterminée : il doit éprouver une difficulté juridique, économique ou financière avérée ou prévisible et ne pas être en cessation des paiements depuis plus de 45 jours (C. com., art. L. 611-4). La procédure est ainsi accessible malgré une cessation des paiements récente et a donc un domaine plus large que celui de la sauvegarde.

II – Les modalités procédurales

A – Juridiction compétente pour l'ouverture d'une conciliation

La juridiction territorialement compétente, pour connaître d'une procédure de conciliation, est celle dans le ressort duquel le débiteur, personne morale, a son siège ou le débiteur, personne physique, a déclaré l'adresse de son entreprise ou de son activité. À défaut de siège en territoire français, le tribunal compétent est celui dans le ressort duquel le débiteur a le centre principal de ses intérêts en France.

Les personnes exerçant une activité commerciale ou artisanale relèvent des tribunaux de commerce.

Les personnes morales de droit privé non commerçantes, ainsi que les professionnels indépendants, relèvent du tribunal de grande instance.

En outre, sur saisine directe du débiteur, et à la demande du procureur de la République ou par décision du président du tribunal de commerce, certains tribunaux spécialisés peuvent avoir connaissance des conciliations intéressant des personnes ayant une activité commerciale ou artisanale et remplissant les conditions suivantes :

– soit l'entreprise a au moins 250 salariés et réalise un chiffre d'affaires hors taxes net d'au moins 20 millions d'euros ;
– soit l'entreprise réalise un chiffre d'affaires hors taxes net d'au moins 40 millions d'euros ;
– soit une société détient ou contrôle une autre société, dès lors que le nombre de salariés des sociétés concernées est égal ou supérieur à 250 et que le montant net du chiffre d'affaires de l'ensemble de ces sociétés est d'au moins 20 millions d'euros ;
– soit une société détient ou contrôle une autre société, dès lors que le montant net du chiffre d'affaires de l'ensemble de ces sociétés est d'au moins 40 millions d'euros ;

B – Saisine du président du tribunal aux fins d'ouverture d'une procédure de conciliation

La saisine aux fins d'ouverture d'une conciliation appartient au seul débiteur (C. com., art. L. 611-6).

Pour le règlement amiable agricole, régi par les dispositions spécifiques du Code rural, en revanche, la saisine appartiendra au débiteur, mais aussi aux créanciers désireux d'assigner en redressement ou en liquidation judiciaire, puisque c'est un préalable nécessaire à l'ouverture de la procédure collective d'un agriculteur sur saisine d'un créancier.

La saisine est faite par requête déposée au président du tribunal compétent, par le « représentant de l'entreprise ».

La requête doit exposer les difficultés juridiques, économiques ou financières qui la motivent, ainsi que les besoins de financement. Un certain nombre de documents doivent être annexés à la demande.

Dès réception de la demande, le président du tribunal fait convoquer, par le greffier, le débiteur pour recueillir ses explications. Il informe de cette demande le ministère public.

III – Le conciliateur

A – Nomination du conciliateur

Le président du tribunal nomme un conciliateur, s'il considère fondée la demande qui lui est présentée et ne constate pas une cessation des paiements depuis plus de 45 jours.

Le choix du conciliateur est libre, sous deux réserves :

– la loi a posé un certain nombre d'incompatibilités pour assurer une indépendance du conciliateur ;
– le chef d'entreprise peut suggérer la désignation de telle ou telle personne.

B – Mission du conciliateur

L'article L. 611-4 du Code de commerce (anc. L. 1er mars 1984, art. 36, al. 1) prévoit qu'il appartient au président du tribunal de déterminer la mission du conciliateur en l'enfermant, cependant, dans un cadre précis. Indiquons que le président du tribunal peut, une fois la conciliation ouverte, obtenir communication des renseignements de nature à lui donner une exacte information sur la situation économique et financière du débiteur. En outre, il peut charger un expert de son choix d'établir un rapport sur la situation économique, sociale et financière de l'entreprise. Le conciliateur doit rechercher la conclusion d'un accord avec les principaux créanciers, voire avec des cocontractants, alors même qu'ils ne seraient pas créanciers.

Contrairement à un administrateur judiciaire, le conciliateur n'est pas un véritable organe. Il ne représente, ni même n'assiste le débiteur.

Il peut aussi, à la demande du débiteur, et après avis des créanciers, être chargé d'une mission ayant pour objet l'organisation d'une cession partielle ou totale de l'entreprise (« prépack-cession »).

La désignation d'un conciliateur intervient pour une durée maximale de 4 mois, renouvelable dans une limite totale de 5 mois. Cette durée ne s'applique pas à l'obtention du constat ou de l'homologation de l'accord, dès lors que la demande en ce sens a été présentée avant l'expiration du délai de la procédure.

Les conditions de la rémunération du conciliateur sont fixées par le président du tribunal, après consultation du débiteur et avis du ministère public

IV – L'exécution provisoire

L'ordonnance de nomination du conciliateur est revêtue de l'exécution provisoire.

V – Les voies de recours sur la décision statuant sur l'ouverture

La décision qui ouvre la conciliation n'est pas susceptible de recours, sauf l'appel ouvert au ministère public, afin de lui permettre de contrôler les conditions d'ouverture de la procédure de conciliation. En revanche, la décision qui refuse l'ouverture de la conciliation peut être frappée d'appel par le débiteur, dans un délai de 10 jours qui court à compter de sa notification.

§ 2 – La préparation de l'accord

I – La situation des créanciers pendant la recherche de l'accord

La procédure de conciliation n'est pas une procédure collective de paiement. L'une des règles classiques de cette dernière, à savoir la règle de l'arrêt des poursuites individuelles et des voies d'exécution, n'existe pas ici.

La législation antérieure du règlement amiable prévoyait une possibilité de suspension provisoire des poursuites, qui a été supprimée par la loi de sauvegarde. Si un créancier poursuit le débiteur ou simplement le met en demeure, ce dernier peut saisir le président du tribunal qui a ouvert la conciliation aux fins d'obtenir les mesures prévues par l'article 1343-5 du Code civil. Il s'agit notamment des délais de grâce, dont l'application permettra notamment de rééchelonner ou de reporter l'exigibilité des créances pour au maximum 2 ans, interdisant ainsi les poursuites et voies d'exécution. La durée des mesures peut être subordonnée à l'accord : si ce dernier n'est pas obtenu, les mesures prennent fin. Ces mesures bénéficieront aux garants, personnes physiques ou morales.

Il est interdit de faire prendre intégralement en charge par le débiteur, les honoraires versés aux conseils des créanciers.

II – L'obtention de l'accord

A – L'accord obtenu dans le cadre de la conciliation

La conciliation repose sur un accord entre les créanciers et le débiteur.

Les organismes sociaux et fiscaux, qui sont des créanciers comme les autres, peuvent accorder des remises portant sur le principal de la dette, dans des conditions particulières de consultation. En matière fiscale, la remise ne peut porter que sur des impôts directs. Des abandons de sûretés ou des cessions de rang peuvent aussi être consentis.

Si le conciliateur est parvenu à obtenir des principaux créanciers un accord sur des délais ou des remises, celui-ci sera consigné dans un écrit.

On est ici en présence d'une convention à laquelle doivent s'appliquer toutes les règles de droit commun. Les créanciers qui acceptent l'accord devront donc le signer.

B – L'obligation de confidentialité

L'article L. 611-15 du Code de commerce prévoit que « toute personne qui est appelée à la conciliation ou qui, par ses fonctions, en a connaissance, est tenue à une obligation de confidentialité, sanctionnée sur le terrain de la responsabilité civile », à laquelle veille vigoureusement la jurisprudence.

Le comité d'entreprise ou, à défaut, les délégués du personnel sont informés par le débiteur du contenu de l'accord lorsqu'il demande son homologation. Il y a, du fait de l'interprétation à donner au texte, une permission de la loi, élément justificatif de l'infraction du délit d'entrave au fonctionnement du comité d'entreprise, à ne pas informer les salariés de l'ouverture de la procédure de conciliation, ni même de son constat. En revanche, l'information devient obligatoire si le débiteur entend obtenir l'homologation de l'accord. L'information portera alors sur son contenu.

III – L'échec de la conciliation

L'échec de la conciliation résultera de l'absence d'accord avec les principaux créanciers.

Rien n'interdit au débiteur de solliciter l'ouverture d'une autre conciliation. Toutefois, il devra impérativement attendre l'expiration d'un délai de trois mois à compter de la fin de la précédente procédure de conciliation pour obtenir l'ouverture d'une autre conciliation.

L'échec de la conciliation n'est pas une cause d'ouverture d'une procédure collective. Deux observations s'imposent toutefois.

Si, au sortir de la conciliation sans accord, le débiteur est en état de cessation des paiements, le président du tribunal met fin à la mission du conciliateur et transmet la décision au ministère public afin que ce dernier saisisse le tribunal aux fins d'ouverture d'un redressement ou d'une liquidation judiciaire.

Si le débiteur n'est pas en cessation des paiements, le débiteur peut solliciter l'ouverture d'une procédure de sauvegarde. Lorsque, pendant le cours de la conciliation, il a préparé un projet de plan susceptible de recueillir un accord rapide de la part de ses créanciers, il peut solliciter l'ouverture d'une sauvegarde accélérée et cela même s'il est en état de cessation des paiements.

§ 3 – Le constat ou l'homologation de l'accord

Le débiteur, sans doute guidé par ses créanciers, aura le choix de faire procéder au *constat de l'accord* ou à l'*homologation de l'accord.* Dans les deux cas, il existe un organe facultatif de surveillance de l'exécution de l'accord de conciliation : sur demande du débiteur, le conciliateur est nommé mandataire à l'exécution de l'accord ; il doit faire rapport au président du tribunal sur les difficultés d'exécution de sa mission.

I – Le constat de l'accord

Le débiteur et les créanciers, parties à l'accord, peuvent présenter une requête conjointe au président du tribunal qui a ouvert la conciliation, aux fins de constat de l'accord de conciliation. Le débiteur devra fournir une attestation aux termes de laquelle il n'est pas ou n'est plus – du fait de l'accord – en cessation des paiements. Il s'agit d'un contrôle formel portant sur l'existence d'un accord, auquel il est conféré force exécutoire. Les créanciers seront tenus par les termes de l'accord. La décision constatant l'accord ne fait l'objet d'aucune publicité et n'est susceptible d'aucun recours. La confidentialité est donc ici totale.

L'accord constaté interrompt ou interdit toute action en justice et arrête ou interdit toute poursuite individuelle tant sur les meubles que les immeubles du débiteur dans le but d'obtenir le paiement des créances qui en font l'objet.

Les effets d'un constat de la conciliation sont toutefois limités. Rien n'interdira ultérieurement, dans le cadre d'un redressement ou d'une liquidation judiciaire, le report de la date de cessation des paiements antérieurement à cette décision et même à l'ouverture de la conciliation.

Les créanciers appelés à la conciliation, mais non parties à l'accord parce qu'ils l'auraient refusé, pourront se voir imposer par le président du tribunal les mesures de l'article 1343-5 du Code civil, c'est-à-dire les délais de grâce, s'ils poursuivent ou mettent en demeure le débiteur pendant l'exécution de l'accord. Ces mesures ne bénéficient pas aux garants.

Aucun privilège n'est accordé aux créanciers ayant consenti des efforts.

En revanche, le bénéfice des dispositions de l'accord bénéficiera aux garants, personnes physiques ou morales, c'est-à-dire à ceux qui sont des coobligés, des personnes ayant consenti une sûreté personnelle ou ayant affecté ou cédé un bien en garantie.

II – L'homologation de l'accord

A – La procédure

Le débiteur, en pratique incité par ses créanciers, peut demander au tribunal – et non à son président – l'homologation de l'accord sous 3 conditions cumulatives (C. com., art. L. 611-8-II) :

1) Le débiteur n'est pas en cessation des paiements ou l'accord conclu y met fin.

2) Les termes de l'accord sont de nature à assurer la pérennité de l'activité de l'entreprise.

3) L'accord ne porte pas atteinte aux intérêts des créanciers non-signataires.

La procédure est contradictoire, les créanciers qui sont parties à l'accord étant convoqués à l'audience d'homologation.

Le jugement d'homologation est publié, comme un jugement d'ouverture, au *Bodacc*, ce qui assure une large diffusion auprès du public. La procédure cesse donc d'être confidentielle, même si le contenu de l'accord n'est pas divulgué dans cette publication. Il faut toutefois réserver les garanties qui assurent l'exécution de l'accord et surtout le montant des créances couvertes par le privilège de la conciliation, qui sont mentionnés dans le jugement déposé au greffe et accessible à tout intéressé.

B – Les recours

La décision homologuant l'accord de conciliation est susceptible d'appel de la part du ministère public, si les conditions de l'homologation ne sont pas réunies. L'appel est également ouvert aux parties, c'est-à-dire au débiteur et aux créanciers signataires de l'accord, mais la contestation ne peut alors porter que sur le privilège de la conciliation. Cette contestation a pour objet de vider, du moins entre les parties à l'accord, le contentieux sur la question de l'attribution à l'intéressé du privilège de la conciliation.

Les tiers, notamment les créanciers non parties à l'accord, peuvent frapper le jugement d'homologation de tierce opposition dans les 10 jours de sa publication au *Bodacc*.

La décision qui refuse l'homologation est susceptible d'appel, de la part du débiteur, mais aussi de la part des créanciers, dès lors du moins qu'ils sont des parties à l'accord.

C – Les effets

L'homologation de l'accord produit des effets énergiques :

– elle entraîne levée de l'interdiction d'émettre des chèques, qui serait la résultante d'une émission de chèque sans provision avant l'ouverture de la conciliation ;

– elle interdit la remontée avant son intervention de la date de cessation des paiements si ultérieurement un redressement ou une liquidation judiciaire est ouvert ;

– elle interrompt ou interdit toute action en justice et arrête ou interdit toute poursuite individuelle tant sur les meubles que sur les immeubles du débiteur dans le but d'obtenir le paiement des créances qui en font l'objet ; notons, au contraire, que les créanciers appelés à la conciliation mais qui n'ont pas signé l'accord, ne sont évidemment pas tenus par celui-ci. Toutefois, ils pourront se voir imposer par le président du tribunal les mesures de l'article 1343-5 du Code civil, c'est-à-dire les délais de grâce, s'ils poursuivent ou mettent en demeure le débiteur pendant l'exécution de l'accord. Les garants ne pourront s'en prévaloir ;

– elle profite aux personnes physiques ou morales, qui sont des coobligés ou des personnes ayant consenti une sûreté personnelle ou ayant affecté ou cédé un bien en garantie ;

– mais l'effet le plus remarquable tient à l'instauration d'un privilège dit de la conciliation, appelé aussi dans un franglais douteux et peu précis le privilège de la *new money*. Ce privilège profite aux personnes qui, dans le cadre de la conciliation ayant donné lieu à l'accord homologué, auront apporté au débiteur, en vue d'assurer la poursuite d'activité de l'entreprise et sa pérennité, un nouvel apport en trésorerie ou un nouveau bien ou service. Ce privilège aura l'occasion de s'exercer, en cas d'ouverture ultérieure d'une sauvegarde, d'un redressement ou d'une liquidation judiciaire, par le canal d'une déclaration de créance indiquant l'existence de ce privilège. Le créancier qui en est titulaire ne sera primé que par le super-privilège des salaires et les frais de justice utiles au déroulement de la procédure, mais l'emportera sur les créanciers postérieurs à l'ouverture de la procédure collective, sous réserve des frais de justice utiles au déroulement de la procédure. L'ordonnance du 12 mars 2014, pour renforcer l'efficacité du privilège, fait échapper ses bénéficiaires aux remises imposées du plan de sauvegarde et de redressement. Ces créanciers seront, en conséquence, payés à l'échéance, si, dans le cadre de la consultation, ils n'acceptent pas les propositions de plan prévoyant les délais et/ou remises. Notons que le privilège de la conciliation bénéficie également aux créanciers dans le cadre d'un règlement amiable agricole.

§ 4 – L'inexécution de l'accord de conciliation

L'inexécution de l'accord peut entraîner *résolution de l'accord obtenu* et peut déboucher sur *l'ouverture d'une procédure collective*.

I – La résolution de l'accord obtenu dans le cadre de la conciliation

En cas d'inexécution des engagements financiers ou non résultant de l'accord, le tribunal, en cas d'accord homologué, le président du tribunal en cas d'accord constaté, peut prononcer la résolution de l'accord, ainsi que la déchéance de tous délais de paiement accordés. Le tribunal ne peut être saisi que par un créancier, qui a été une partie à l'accord. Dans cette décision, il pourra être décidé de supprimer les délais de grâce imposés soit pendant la recherche de l'accord, soit en cours d'exécution de l'accord.

Observons qu'en matière de règlement amiable agricole, seule l'inexécution des engagements financiers sera sanctionnée par la résolution.

II – L'ouverture d'une procédure collective

Le Code ne prévoit pas que l'inexécution de l'accord entraîne l'ouverture d'une procédure collective.

Si le débiteur est en état de cessation des paiements, le président du tribunal communiquera les informations au ministère public pour que ce dernier assigne aux fins d'ouverture d'un redressement, voire, si les conditions sont réunies, d'une liquidation judiciaire.

À défaut de cessation des paiements, le débiteur peut demander, sans en avoir l'obligation, l'ouverture d'une procédure de sauvegarde. Il peut aussi rester en dehors du giron des procédures collectives et notamment solliciter l'ouverture d'une nouvelle conciliation. Il devra toutefois attendre trois mois par rapport à la fin de la précédente conciliation.

Il se peut aussi que, pendant l'exécution de l'accord de conciliation, une procédure collective s'ouvre. Elle met alors fin de plein droit à l'accord (C. com., art. L. 611-12).

Deuxième partie

Une diversité certaine des procédures applicables au traitement judiciaire des difficultés des entreprises

Lorsque les mesures de prévention ou de traitement conventionnel se révèlent insuffisantes, les difficultés d'entreprises peuvent être traitées de façon judiciaire dans le cadre de ce qui est dénommé en pratique une « procédure collective de paiement », par commodité de langage, alors même que l'objectif prioritaire ne réside pas dans le paiement des créanciers.
Il y a procédure collective de paiement en présence d'une procédure entraînant une réduction au moins partielle des pouvoirs du débiteur et une diminution des droits individuels des créanciers, les prérogatives confisquées aux créanciers étant transférées à un organe chargé d'assurer la défense de leur intérêt collectif.
Au sein des diverses procédures de traitement judiciaire des difficultés des entreprises certaines sont orientées vers le sauvetage des entreprises (Titre 1) : il s'agit de la sauvegarde et du redressement judiciaire.
D'autres procédures n'ont pas cette vocation : il s'agit de la liquidation judiciaire et du rétablissement professionnel, qui concernent des entreprises dont le sauvetage ne peut plus être envisagé (Titre 2).

Titre 1
Les procédures orientées vers le sauvetage des entreprises

Les procédures orientées vers le sauvetage des entreprises sont la sauvegarde et le redressement judiciaire. Elles font d'abord l'objet d'une ouverture par le tribunal (Sous-titre 1). Pendant une première phase de la procédure, dite période d'observation (Sous-titre 2), sera préparée la solution de sauvetage de l'entreprise (Sous-titre 3).

Sous-titre 1

L'ouverture des procédures de sauvetage

L'ouverture d'une procédure tendant au sauvetage requiert l'existence de conditions de fond devant être remplies par l'entreprise concernée (Chapitre 1). Elle suppose également le respect de conditions de forme tenant au jugement d'ouverture et aux modalités procédurales de son intervention (Chapitre 2). Les procédures de sauvetage de sauvegarde et de redressement judiciaire peuvent faire l'objet d'une extension (Chapitre 3). Doit être soulignée l'existence de règles spécifiques à une procédure de sauvetage particulière : la procédure de sauvegarde accélérée (Chapitre 4).

Chapitre 1
Les conditions de fond

L'essentiel

L'ouverture d'une procédure de sauvetage requiert que le débiteur ait une certaine qualité (Section 1) et se trouve dans une situation économique précise (Section 2).

Section 1 – La qualité du débiteur

Le débiteur pouvant faire l'objet d'une procédure de sauvetage est soit une *personne physique* (§1), soit une *personne morale* (§2).

§ 1 – Le débiteur, personne physique

I – Les catégories de personnes physiques concernées

Quatre catégories de débiteur peuvent faire l'objet d'une procédure de sauvegarde ou de redressement judiciaire.

1 – La personne exerçant une activité commerciale. Il peut s'agir du commerçant, c'est-à-dire de la personne qui accomplit habituellement des actes de commerce en en faisant sa profession habituelle (C. com., art. L. 121). Mais peu importe l'inscription au registre du commerce. Il peut ainsi s'agir d'un auto entrepreneur. La solution est étendue aux associés en nom, au motif qu'ils sont présumés exercer une qualité commerciale puisqu'ils sont commerçants.

2 – La personne exerçant une activité artisanale. L'artisan, qu'il soit ou non immatriculé au répertoire des métiers, peut être placé sous procédure collective. Il pourra s'agir de l'auto entrepreneur.

3 – L'agriculteur. C'est la personne qui cultive, élève ou transforme un bien provenant de l'agriculture (C. rur., art. L. 311-1). Il peut être déclaré en procédure collective indépendamment de son immatriculation au registre de l'agriculture, qui n'a qu'une valeur administrative, non un effet présomptif de sa qualité.

4 – Le professionnel indépendant. L'une des grandes innovations de la loi de sauvegarde des entreprises a été d'étendre le domaine d'application des procédures collectives à tout professionnel indépendant, y compris aux professionnels libéraux, sans introduire de distinction selon qu'ils sont soumis à une autorité compétente ou à un ordre professionnel. Cet ordre ou cette autorité compétente sera d'office désigné contrôleur.

L'exclusion des professionnels libéraux du champ d'application des procédures collectives n'était guère justifiable, alors surtout qu'ils ne pouvaient bénéficier de la procédure de surendettement des particuliers qu'en caractérisant leur situation de surendettement par des dettes non professionnelles.

Il est à noter que le gérant d'une SARL, qui agit au nom de la société qu'il représente et non en son nom personnel, n'exerce pas d'activité professionnelle indépendante au sens du droit des entreprises en difficulté et ne peut donc pas faire l'objet d'une procédure collective. Il en est de même pour l'associé de société ayant une activité libérale.

II – L'incidence du décès du débiteur

Le débiteur décédé en état de cessation des paiements ne peut pas faire l'objet d'une procédure de sauvegarde.

En revanche, la procédure de redressement judiciaire est concevable. La saisine pourra être l'œuvre d'un créancier, du ministère public ou du tribunal d'office. Dans ces trois cas, le tribunal doit être saisi dans l'année du décès.

En outre, les héritiers d'un débiteur décédé en cessation des paiements peuvent demander l'ouverture d'un redressement ou d'une liquidation judiciaire sans condition de délai.

La procédure permettra aux héritiers du débiteur d'obtenir un plan de redressement leur permettant d'apurer le passif du débiteur défunt, avec des délais de paiement, voire des remises de dettes.

III – L'incidence de la cessation d'activité du débiteur

Seules des personnes en activité peuvent solliciter l'ouverture d'une procédure de sauvegarde.

En revanche, le professionnel qui a cessé son activité pourra accéder à la procédure de redressement judiciaire si tout ou partie de son passif provient de son activité professionnelle. Cette procédure aura alors pour objet de permettre au débiteur d'obtenir un plan de redressement lui permettant d'apurer son passif, avec des délais de paiement, voire des remises de dettes.

§ 2 – Le débiteur, personne morale

I – Les personnes morales concernées

Toutes les personnes morales de droit privé, à l'exclusion des syndicats de copropriété, peuvent être placées sous procédure collective. *A contrario*, il est impossible d'ouvrir une procédure collective contre une personne morale de droit public.

Fort logiquement, en cas d'absence ou de perte de la personnalité morale, la procédure ne peut pas être ouverte, car la procédure collective ne peut être ouverte que contre une personne.

La personnalité morale est reconnue aux groupements selon des modalités variables. Le plus souvent, il s'agira d'une formalité administrative (inscription au registre du commerce et des sociétés pour les sociétés, déclaration en préfecture pour les associations). Si cette formalité n'a pas été accomplie, la personnalité morale ne sera pas reconnue au groupement. Il ne pourra pas faire l'objet d'une procédure collective. En revanche, pourront faire l'objet de telles mesures, les membres du groupement ayant exercé le commerce.

II – L'incidence de la dissolution de la personne morale

La procédure de sauvegarde ne pourra pas être ouverte à l'égard d'une personne morale dissoute.

En revanche, le tribunal peut, malgré la dissolution de la personne morale, être saisi aux fins d'ouverture de la procédure de redressement ou de liquidation judiciaire au plus tard dans l'année qui suit sa radiation consécutive à la publication de la clôture des opérations de liquidation au sens du droit des sociétés, et sur demande exclusive des créanciers. Si la personne morale n'est pas soumise à immatriculation, le délai d'un an court à compter de la publication de l'achèvement de la liquidation au sens du droit des sociétés.

Section 2 – La situation économique du débiteur

§ 1 – Difficultés que le débiteur ne peut surmonter seul : condition d'ouverture de la procédure de sauvegarde

La sauvegarde a été conçue par le législateur comme une procédure permettant de traiter judiciairement en amont les difficultés du débiteur, avant que celui-ci ne soit en état de cessation des paiements. En conséquence, la sauvegarde est exclusive de l'état de cessation de paiements.

Pour bénéficier d'une procédure de sauvegarde, le débiteur doit justifier de difficultés qu'il ne peut surmonter seul, l'appréciation étant portée *in concreto*. Sous réserve de la fraude, les mobiles du débiteur sont indifférents.

§ 2 – L'état de cessation des paiements, condition d'ouverture de la procédure de redressement judiciaire

Pour être déclaré en redressement judiciaire, le débiteur doit, par principe, être en état de cessation des paiements. Par exception, toutefois, le débiteur peut être placé en redressement judiciaire, alors qu'il est en sauvegarde et qu'il n'est pas encore en état de cessation des paiements si, d'une part, l'adoption d'un plan de sauvegarde apparaît impossible et si, d'autre part, la cessation des paiements est imminente.

La démonstration de l'état de cessation des paiements doit être apportée par l'auteur de la saisine du tribunal. Cette preuve résultera de l'existence d'impayés, d'incidents de paiements, tels les interdictions bancaires, les protêts faute de paiement ou encore l'inscription de sûretés judiciaires ou la prise de mesures conservatoires. Elle résultera encore de l'existence de procès-verbaux de saisie-attribution infructueux, démontrant que l'intéressé n'a pas de disponibilité en banque.

Elle devra être rapportée au jour où la juridiction statue, y compris en cause d'appel.

La cessation des paiements répond à une définition légale (I). La fixation de la date de cessation des paiements revêt une importance toute particulière (II).

I – Définition légale de la cessation des paiements

Le Code de commerce (C. com., art. L. 631-1, al. 1) définit l'état de cessation des paiements comme **l'impossibilité de faire face au passif exigible avec son actif disponible.** L'ordonnance du 18 décembre 2008 (ord. n° 2008-1345, 18 déc. 2008, art. 75) a complété la définition de l'état de cessation des paiements, en énonçant que « le débiteur qui établit que les réserves de crédit ou les moratoires dont il bénéficie de la part de ses créanciers lui permettent de faire face au passif exigible avec son actif disponible n'est pas en cessation des paiements ».

Malgré le mutisme du texte, l'actif disponible à prendre en compte est exclusivement celui à très court terme, c'est-à-dire, outre celui qui est immédiatement liquide, celui qui peut le devenir en quelques jours. Sont donc exclus tous les biens immobilisés, ainsi que les biens nécessitant un important délai de réalisation. En outre, la réserve de crédit s'ajoute à l'actif disponible, puisqu'elle permet au débiteur de payer ses dettes, sans que la dette de remboursement ne soit encore exigible. Cette réserve de crédit ne devra pas être artificielle et ne pourra donc résulter d'un soutien abusif, notamment de la part d'une société mère.

Le passif à prendre en compte est celui qui est échu. Peu importe qu'il ait été exigé. En revanche, rien n'interdit à un créancier d'accorder des délais à son débiteur. C'est pourquoi si le créancier accorde un moratoire à son débiteur, ce moratoire conduit à diminuer, au titre de la dette qui en est l'objet, le passif exigible.

Le passif exigible doit être comparé à l'actif disponible. Seul un déséquilibre en faveur du premier permettra de caractériser l'état de cessation des paiements, tâche qui, conformément au droit commun, incombe au demandeur à l'action.

L'état de cessation des paiements se distingue ainsi de l'insolvabilité, caractérisée par l'insuffisance des actifs pour couvrir le passif. Il se distingue également du simple refus de paiement.

Si, en droit commun, en application du principe d'unité du patrimoine, l'actif disponible et le passif exigible à comparer sont ceux du débiteur, indépendamment de toute référence à son activité professionnelle, il en va différemment en présence d'en entrepreneur individuel à responsabilité limitée : il faut ici ne comparer que l'actif disponible et le passif exigible se rattachant à l'entreprise à patrimoine affecté. Le principe d'unité de patrimoine n'est plus ici de mise.

II – La fixation de la date de cessation des paiements

A – Fixation initiale de la date de cessation des paiements

Le tribunal, dans la décision d'ouverture de la procédure collective, précise la date de cessation des paiements retenue. À défaut de fixation, la date de cessation des paiements est réputée être celle du jugement d'ouverture.

B – Report de la date de cessation des paiements

La date de cessation des paiements est fixée provisoirement. Elle peut en effet, par un jugement subséquent appelé jugement de report de la date de cessation des paiements, être remontée, une ou plusieurs fois. L'action en report de la date de cessation des paiements est attitrée. Elle appartient à l'administrateur, au mandataire judiciaire

– en liquidation judiciaire au liquidateur – et au ministère public mais n'appartient pas au commissaire à l'exécution du plan. Le tribunal n'a pas la possibilité de se saisir d'office.

La saisine du tribunal doit être effectuée, par principe, dans l'année d'ouverture de la procédure. Par exception, ce délai d'un an courra non du jugement d'ouverture, mais du jugement de conversion de la sauvegarde en redressement ou en liquidation judiciaire, si la cessation des paiements préexistait à l'ouverture de la sauvegarde.

Une limite est posée : la date de cessation des paiements ne peut être remontée plus de 18 mois avant le jugement d'ouverture. En outre, la décision qui homologue l'accord de conciliation rendra, sauf fraude, impossible le report de la date de cessation des paiements antérieurement à la date de la décision définitive d'homologation (C. com., art. L. 631-8, al. 2).

Lorsque la procédure de sauvegarde sera convertie en redressement ou en liquidation judiciaire, par suite du constat que l'état de cessation des paiements préexistait à son ouverture, il y aura possibilité de report de la date de cessation des paiements dans la limite de 18 mois antérieurement à la date d'ouverture de la sauvegarde.

La période qui s'étend entre la date de cessation des paiements et la date du jugement d'ouverture prend le nom de **période suspecte**.

Chapitre 2
Les conditions de forme

L'essentiel

Les conditions de forme entourant l'ouverture de la procédure ont trait à la saisine (Section 1) et à la compétence (Section 2) de la juridiction, laquelle rendra un jugement d'ouverture (Section 3) doté d'importants effets (Section 4).

Section 1 – La saisine de la juridiction

La procédure de sauvegarde est volontariste. Ouverte sans état de cessation des paiements, elle est **à l'initiative exclusive du chef d'entreprise**.

Le débiteur devra joindre à sa demande diverses pièces, ayant pour objet de permettre au tribunal d'apprécier exactement la situation.

Dans la demande d'ouverture, le débiteur précisera s'il entend lui-même faire l'inventaire. Il peut aussi proposer le nom d'un administrateur judiciaire.

Contrairement à la procédure de sauvegarde, qui n'est déclenchée que par le chef d'entreprise, la saisine aux fins d'ouverture d'une **procédure de redressement judiciaire est à l'initiative soit d'intérêts privés, soit d'intérêt public**.

§ 1 – La saisine à l'initiative d'intérêts privés

Deux catégories de personnes, n'ayant comme préoccupation que la défense d'intérêts privés, ont qualité pour saisir le tribunal aux fins d'ouverture d'une procédure collective de redressement judiciaire : le *débiteur* et le *créancier.*

I – Saisine par le débiteur

A – La déclaration de l'état de cessation des paiements

La procédure de redressement judiciaire peut être ouverte, notamment, sur saisine du débiteur. C'est d'ailleurs la norme.

Le débiteur, personne physique, déclarera lui-même son état de cessation des paiements. Il peut cependant donner à un tiers un pouvoir pour déclarer, en ses lieu et place, son état de cessation des paiements. Il devra s'agir d'un pouvoir spécial, même si le tiers est avocat.

Si le débiteur est une personne morale, le déclarant peut également être un tiers muni d'un pouvoir spécial.

Dans les sociétés, le pouvoir pour déclarer l'état de cessation des paiements n'appartient pas aux associés, mais aux dirigeants sociaux, qui ont le pouvoir de représenter la société dans ses rapports avec les tiers.

Dans les groupements autres que les sociétés, seule la personne ayant, selon les statuts, qualité pour représenter la personne morale en justice aura ce pouvoir.

Les pièces à communiquer au greffe du tribunal par le débiteur sollicitant l'ouverture de la procédure collective sont précisées par l'article R. 631-1 du Code de commerce. Il s'agit par là essentiellement de prendre connaissance de l'actif et du passif du débiteur.

B – L'obligation légale de déclaration de l'état de cessation des paiements

Lorsque le débiteur est en état de cessation des paiements, l'ouverture de sa procédure de redressement judiciaire doit être demandée par lui au plus tard dans les 45 jours qui suivent la cessation de ses paiements, à moins que, dans ce délai, il n'ait demandé l'ouverture d'une procédure de conciliation.

La demande présentée plus de 45 jours après la date de cessation des paiements n'est pas irrecevable. Mais la tardiveté de la demande expose son auteur à une mesure d'interdiction de gérer.

II – Saisine par le créancier

A – Possibilité de principe du créancier de saisir la juridiction aux fins d'ouverture de la procédure de redressement judiciaire

La procédure de redressement judiciaire peut être ouverte sur l'assignation d'un créancier, quelle que soit la nature de sa créance. Il pourra s'agir d'une créance civile ou commerciale, chirographaire ou privilégiée, professionnelle ou non.

Le nombre et le montant des créances importent peu, dès lors que le créancier rapporte la preuve de l'état de cessation des paiements, la charge lui incombant. Mais la créance fondant la demande doit être certaine, liquide et exigible.

Il est cependant réservé le cas de l'exploitation agricole. Le créancier doit alors impérativement demander au président du tribunal de grande instance la désignation d'un conciliateur, avant de solliciter l'ouverture de la procédure collective.

B – Forme et contenu de la demande de redressement judiciaire émanant d'un créancier

La demande introductive d'instance doit être une assignation, et non une requête.

L'assignation en redressement judiciaire doit préciser la nature et le montant de la créance. Si le débiteur est un agriculteur, le créancier doit joindre à son assignation une attestation du greffier selon laquelle le président du tribunal de grande instance a été saisi aux fins de nomination d'un conciliateur.

L'assignation n'a pas à contenir l'indication des procédures ou voies d'exécution engagées pour le recouvrement de la créance. L'assignation en redressement judiciaire ne postule donc pas préalablement l'exercice d'une procédure ou d'une voie d'exécution. Elle ne doit cependant pas se substituer à une procédure civile d'exécution, sauf à être jugée abusive.

Enfin, la demande d'ouverture d'une procédure de redressement judiciaire est, à peine d'irrecevabilité qui doit être soulevée d'office, exclusive de toute autre demande. C'est l'interdiction du subsidiaire qui a pour objet d'empêcher la technique de l'assignation pression. Par exception, l'assignation en redressement judiciaire peut, à titre subsidiaire, contenir une demande d'ouverture d'une liquidation judiciaire et réciproquement.

§ 2 – La saisine aux fins de redressement judiciaire à l'initiative d'intérêts publics

Le redressement judiciaire ne met pas seulement en scène des intérêts privés. L'économie locale, voire nationale, peut être concernée par la disparition de telle ou telle entreprise, non seulement par la déstabilisation du marché à laquelle elle peut conduire, mais encore par la suppression d'emplois qu'elle est susceptible d'entraîner.

C'est pourquoi la saisine aux fins d'ouverture de la procédure collective appartient également au *ministère public*.

La saisine d'office, d'abord déclarée non conforme à la Constitution dans le cadre du redressement judiciaire, à la suite d'une question prioritaire de constitutionnalité, a été supprimée tant en redressement qu'en liquidation judiciaire. Subsiste la *saisine d'office par la cour d'appel*.

I – Saisine par le ministère public

Le ministère public, c'est-à-dire le procureur de la République et le parquet général, dispose du droit de saisir la juridiction aux fins d'ouverture de la procédure de redressement judiciaire.

Le ministère public doit présenter au tribunal une requête indiquant les faits de nature à motiver sa demande. Le président du tribunal fera ensuite convoquer par le greffier le débiteur. Du fait de la suppression de la saisine d'office par le tribunal, le rôle du ministère public est renforcé.

II – Saisine d'office par la cour d'appel

La cour d'appel qui infirme ou annule un jugement statuant sur l'ouverture d'un redressement judiciaire ou d'une liquidation judiciaire peut d'office, soit ouvrir la procédure de redressement judiciaire, soit ouvrir la liquidation judiciaire.

Si la cour d'appel ouvre la procédure, il lui appartient de désigner les organes.

Le pouvoir d'évocation de la cour d'appel ne va cependant pas jusqu'à lui permettre d'ouvrir d'office une procédure alors qu'elle n'est saisie que d'une demande en paiement.

Ce n'est là qu'une application de l'effet dévolutif de l'appel, qui joue non seulement en cas d'infirmation, mais encore en cas d'annulation du jugement. L'effet dévolutif de l'appel, conformément au droit commun, sera écarté si la nullité résulte d'une absence d'acte introductif d'instance ou de l'irrégularité de cet acte.

Section 2 – La juridiction compétente

Lorsque le débiteur n'a d'activité qu'en France, seules sont applicables les règles de compétence en droit interne (§ 1). Lorsqu'une entreprise a son siège social à l'étranger, mais qu'elle exerce l'essentiel de ses activités en France, ou encore, lorsque l'entreprise exerce des activités dans plusieurs pays de la communauté européenne, des règles de droit international trouvent à s'appliquer (§ 2).

§ 1 – Les règles de compétence en droit interne

Lorsqu'une question de compétence se présente, deux interrogations doivent être formulées : quelle est la juridiction matériellement compétente (I) et quelle est celle territorialement compétente (II) ?

I – La compétence matérielle

Le Code de commerce prévoit que le tribunal de commerce est compétent si le débiteur exerce une activité commerciale ou artisanale.

Le tribunal de grande instance est compétent dans les autres cas.

Il n'est pas distingué selon que le débiteur est une personne physique ou une personne morale.

La forme civile ou commerciale de la personne morale ne constituera qu'une présomption, qui sera combattue sur démonstration que son activité permet de la qualifier de commerçante. L'emportera alors sur la forme de la personne morale, son objet.

II – La compétence territoriale

A – La compétence territoriale de principe

Aux termes de l'article R. 600-1, alinéa 1 du Code de commerce, le tribunal territorialement compétent pour connaître de la procédure collective est celui dans le ressort duquel le débiteur, personne morale, a son siège ou le débiteur, personne physique, a déclaré l'adresse de son entreprise ou de son activité. À défaut de siège en territoire français, le tribunal compétent est celui dans le ressort duquel le débiteur a le centre principal de ses intérêts en France.

Le siège social à prendre en compte est celui existant au jour du jugement d'ouverture. Toutefois, en cas de changement de siège de la personne morale dans les six mois ayant précédé la saisine du tribunal, le tribunal dans le ressort duquel se trouvait le siège initial demeure seul compétent.

Les auxiliaires de justice peuvent demander le renvoi devant une juridiction limitrophe, par application de l'article 47 C. pr. civ., pour éviter que l'affaire ne soit portée à la connaissance de la juridiction devant laquelle ils exercent leur profession.

Signalons que le décret n° 2005-1756 du 30 décembre 2005, complété par le décret n° 2006-185 du 20 février 2006, sélectionne les tribunaux compétents pour connaître des procédures de sauvegarde, de redressement et de liquidation judiciaires, afin d'éviter la connaissance de telles procédures par de trop petits tribunaux.

En outre, à compter du 1er mars 2016, certains tribunaux de commerce seulement auront connaissance des procédures collectives intéressant des personnes ayant une activité commerciale ou artisanale et remplissant les conditions suivantes :

- soit l'entreprise a au moins 250 salariés et réalise un chiffre d'affaires hors taxes net d'au moins 20 millions d'euros ;
- soit l'entreprise réalise un chiffre d'affaires hors taxes net d'au moins 40 millions d'euros ;
- soit une société détient ou contrôle une autre société, dès lors que le nombre de salariés des sociétés concernées est égal ou supérieur à 250 et que le montant net du chiffre d'affaires de l'ensemble de ces sociétés est d'au moins 20 millions d'euros ;

– soit une société détient ou contrôle une autre société, dès lors que le montant net du chiffre d'affaires de l'ensemble de ces sociétés est d'au moins 40 millions d'euros.

La compétence est également reconnue à ces tribunaux spécialisés, dans lesquels siégera de plein droit le président du tribunal de commerce dans le ressort duquel l'entreprise à des intérêts ou un juge délégué par lui, pour connaître des procédures d'insolvabilité européenne.

B – La dérogation aux règles de compétence territoriale sur décision de la cour d'appel ou de la Cour de cassation

L'article L. 662-2 du Code de commerce dispose que « lorsque les intérêts en présence le justifient, la cour d'appel peut décider de renvoyer l'affaire devant une autre juridiction de même nature, compétente dans le ressort de la cour, ou devant une juridiction spécialisée pour connaître des procédures de sauvegarde, de redressement judiciaire ou de liquidation judiciaire, dans des conditions fixées par décret. La Cour de cassation, saisie dans les mêmes conditions, peut renvoyer l'affaire devant une juridiction du ressort d'une autre cour d'appel ou devant une juridiction spécialisée ».

Les « intérêts en présence » évoqués par le texte semblent être relatifs à l'intérêt d'une bonne administration de la justice, et notamment la volonté de dépassionner les débats en dépaysant l'affaire, ou l'éviction des conflits d'intérêts. Cela sera aussi généralement le cas en présence de sociétés d'un même groupe déclarées en procédure collective devant des tribunaux différents.

Il existe également une prorogation de compétence lorsque l'ouverture d'une procédure collective fait suite à un mandat *ad hoc* ou à une procédure de conciliation qui ont été délocalisés. En ce cas, la juridiction désignée par le premier président de la cour d'appel ou, selon le cas, le premier président de la Cour de cassation, restera compétente pour l'ouverture de la procédure collective à une condition : la procédure collective devra immédiatement faire suite au mandat *ad hoc* ou à la conciliation.

La loi Macron du 6 août 2015 ajoute que si une procédure collective a été ouverte au bénéfice d'une société détenant ou contrôlant une autre société, le tribunal est compétent pour connaître de la procédure de la société contrôlée ou détenue. Si une procédure a été ouverte au bénéfice d'une société détenue ou contrôlée, cette procédure est renvoyée devant le tribunal de commerce spécialisé devant lequel une procédure a été ouverte au bénéfice de la société détenant ou contrôlant l'autre. Ces règles ont pour objet de concentrer devant la même juridiction la connaissance des difficultés d'un groupe de sociétés.

§ 2 – Les règles de compétence internationale

• **Si une entreprise a son siège social à l'étranger, mais exerce l'essentiel de ses activités en France,** les tribunaux français seront compétents pour ouvrir à son encontre une procédure collective puisqu'en application de l'article 1, alinéa 1 du décret du 28 décembre 2005, elle a en France le centre principal de ses intérêts.

En application du principe d'universalité de la faillite, la procédure collective ouverte par le juge français produira de plein droit ses effets dans les pays étrangers dans lesquels le débiteur a des biens, sous réserve de traités internationaux.

• **Lorsque le débiteur a des activités dans plusieurs pays de la communauté**, le règlement communautaire n° 1346/2000, du 29 mai 2000, révisé par le règlement n° 2015/848 du 20 mai 2015 entré en vigueur le 26 juin 2017, règle les conflits de compétence entre états de la communauté européenne dans lesquels une procédure collective s'ouvre alors. Le règlement prévoit l'ouverture d'une faillite principale au centre des intérêts principaux du débiteur (art. 3, § 2). Les effets de la faillite principale se produisent sans *exequatur* dans tous les pays de la Communauté Européenne où le débiteur a des biens. La loi du for (tribunal compétent) détermine les conditions d'ouverture, le déroulement et la clôture de la procédure.

Le règlement prévoit toutefois que, si le débiteur a un établissement secondaire dans un pays membre de la communauté autre que celui d'ouverture de la procédure, il y a place à ouverture d'une procédure secondaire, dont les effets seront strictement limités aux biens situés dans le pays d'ouverture de la procédure secondaire.

Section 3 – Le jugement d'ouverture

L'ouverture de la procédure est précédée d'une phase préparatoire (§ 1). Le jugement d'ouverture, qui fait l'objet d'une publicité (§ 2) contient des mesures importantes (§ 3). Il peut être remis en cause par l'exercice de recours (§ 4).

§ 1 – La phase préparatoire au jugement d'ouverture

Le tribunal statue sur l'ouverture de la procédure, après avoir entendu ou dûment appelé, en chambre du conseil, le débiteur et le représentant du comité d'entreprise ou, à défaut, les délégués du personnel. Le tribunal peut entendre toute personne dont l'audition lui paraît utile, et notamment entendre le représentant de l'État en sa demande. Il s'agit pour l'heure du commissaire au redressement productif.

Cette audition préalable est destinée à permettre au tribunal d'être exactement informé.

Si à la suite des auditions préalables, le tribunal n'est pas suffisamment informé, il peut désigner un juge enquêteur, qui peut se faire assister de toute personne de son choix dont les constatations sont consignées dans le rapport du juge.

§ 2 – La publicité du jugement d'ouverture

Le jugement d'ouverture d'une procédure collective fait l'objet de diverses publicités et mentions à des registres. L'une de ces publicités est d'une importance particulière : la publication au *Bulletin des annonces civiles et commerciales (Bodacc)*. Cette dernière fait en effet courir certains délais, tel celui de la déclaration des créances, de la demande en revendication, ainsi que le délai de tierce opposition.

§ 3 – Le contenu du jugement d'ouverture

Le jugement d'ouverture met en place les organes de la procédure (I) et prévoit des mesures de préservation des actifs de l'entreprise (II).

I – La mise en place des organes

Le pouvoir de nomination des organes appartient au tribunal.

Dans toute procédure de sauvegarde ou de redressement judiciaire, il y a place à nomination obligatoire d'un mandataire judiciaire, le cas échéant d'un administrateur judiciaire et d'un expert. À titre obligatoire, il convient encore de désigner un organe de représentation des salariés, s'il y en a.

En outre, il convient de nommer un juge-commissaire.

Enfin, le ministère public, qui n'est pas nommé par le tribunal, est présent dans toutes les procédures collectives.

A – Le mandataire judiciaire

Le mandataire judiciaire est un organe obligatoirement désigné par le tribunal à l'ouverture de la procédure de sauvegarde ou de redressement judiciaire. Il accomplit personnellement la mission qui lui est confiée, sous réserve qu'il puisse déléguer à un mandataire judiciaire salarié sa mission. Il est possible de désigner, dans certaines conditions, pour les dossiers importants, plusieurs mandataires judiciaires. Cette co-désignation est même parfois obligatoire, par exemple dans les groupes de sociétés ou au-delà de certains seuils.

Dans toutes les procédures, le ministère public peut proposer le nom d'un mandataire judiciaire.

Le tribunal recueille, pour nommer cet organe, l'avis des institutions mentionnées à l'article L. 3253-14 du Code du travail, c'est-à-dire l'AGS, lorsque le débiteur emploie au moins 50 salariés.

Le mandataire judiciaire a, dans le redressement judiciaire, les mêmes missions que dans la sauvegarde.

Ajoutons seulement que si un plan de cession est arrêté en redressement judiciaire, le mandataire judiciaire reçoit le prix de cession. Si le débiteur bénéficie d'un plan de redressement, il remet ce prix au commissaire à l'exécution du plan. Si le débiteur est soumis à une liquidation judiciaire, il conserve le prix de cession en sa qualité de liquidateur ou le remet au liquidateur désigné par le tribunal.

1. La défense de l'intérêt collectif des créanciers

Le mandataire judiciaire est investi du monopole de défense de l'intérêt collectif des créanciers. L'action tendant à la défense de l'intérêt collectif des créanciers est celle qui tend à la conservation ou à la reconstitution du gage commun, c'est-à-dire du gage accessible en théorie à tous les créanciers.

Ce monopole conduit à interdire aux créanciers la possibilité d'agir individuellement contre les tiers qui se seraient rendus responsables de l'aggravation du passif du débiteur. Le mandataire judiciaire ne défend pas l'intérêt d'un créancier ou d'un groupe de créanciers. Si le préjudice est individuel, seul le créancier concerné peut agir. Cette solution présente un intérêt tout particulier pour l'engagement des actions en responsabilité contre les tiers.

La loi de sauvegarde des entreprises introduit cependant un tempérament au principe énoncé, en attribuant aux contrôleurs le droit d'agir au lieu et place du mandataire judiciaire défaillant, pour assurer la défense de l'intérêt collectif des créanciers.

Le contrôleur devra adresser une mise en demeure au mandataire judiciaire d'avoir à exercer l'action, par lettre recommandée avec demande d'avis de réception. Si cette mise en demeure reste infructueuse plus de deux mois, le contrôleur aura alors le droit d'agir (C. com., art. R. 622-18).

Le produit de l'action restera cependant collectif.

2. La mission de vérification des créances

L'une des missions essentielles du mandataire judiciaire, qui entre d'ailleurs dans sa mission générale de défense de l'intérêt collectif des créanciers, est celle de vérification des créances, les créanciers devant le rendre destinataire de leurs déclarations de créances.

3. La consultation des créanciers

Dans le cadre de l'élaboration du plan de sauvegarde ou de redressement, il consulte les créanciers antérieurs sur les délais et remises qu'ils entendent consentir au débiteur.

B – L'administrateur judiciaire

Un administrateur doit obligatoirement être désigné à l'ouverture de la procédure, lorsque l'entreprise emploie au moins 20 salariés ou réalise au moins 3 millions d'euros de chiffre d'affaires hors taxes par an (C. com., art. L. 621-4 et D. 28 déc. 2005, art. 53). En deçà de ces seuils, sa présence est facultative.

En outre, en redressement judiciaire, si, en cours de période d'observation, des perspectives de cession de l'entreprise apparaissent, un administrateur judiciaire doit obligatoirement être désigné.

L'administrateur judiciaire accomplit personnellement la mission qui lui est confiée, sous réserve qu'il puisse déléguer à un administrateur judiciaire salarié sa mission.

Il est possible de désigner, dans certaines conditions, pour les dossiers importants, plusieurs administrateurs judiciaires. Cette co-désignation est même parfois obligatoire, par exemple dans les groupes de sociétés ou au-delà de certains seuils.

En sauvegarde, le débiteur peut proposer au tribunal le nom d'un administrateur judiciaire, ce qui est exclu si la procédure est un redressement judiciaire.

La mission de l'administrateur sera étudiée ultérieurement (v. p. 54).

C – L'expert

L'administrateur judiciaire peut demander la désignation d'un ou de plusieurs experts. En pratique, il s'agira le plus souvent d'experts en diagnostic d'entreprise, variété d'experts judiciaires.

La désignation d'un ou plusieurs experts est toujours facultative en sauvegarde.

Dans la procédure de redressement judiciaire, la désignation d'experts assistants en gestion est obligatoire lorsque, compte tenu des seuils, la nomination d'un administrateur est obligatoire et qu'il a au surplus été investi de la mission d'administration.

L'expert fournit à l'administrateur, ou selon le cas, au débiteur, les éléments utiles à l'établissement du bilan économique et social.

D – Les organes de défense des droits des salariés

1. Les institutions représentatives du personnel

Le Code de commerce confère aux institutions représentatives du personnel la qualité de partie :

– en les associant étroitement aux diverses étapes de la procédure, par des convocations ;
– en leur ouvrant de très larges possibilités d'appel.

Les institutions représentatives des salariés, c'est-à-dire le comité d'entreprise ou, selon le cas, les délégués du personnel, doivent désigner un représentant pour l'exercice de leur droit d'appel.

2. Le représentant des salariés

Un organe spécifique est désigné à l'ouverture de la procédure : le représentant des salariés.

Cet organe se voit conférer les attributions accordées par le livre VI du Code de commerce aux institutions représentatives du personnel, en l'absence de comité d'entreprise ou de délégué du personnel et est, en conséquence, investi de la qualité à exercer les voies de recours.

En outre, il assiste les salariés, auprès du mandataire judiciaire ou du liquidateur, pour l'établissement de leurs créances salariales.

E – Le juge-commissaire

1. La nomination du juge-commissaire

Le juge-commissaire est un magistrat désigné parmi les magistrats composant la juridiction d'ouverture de la procédure. Plusieurs juges-commissaires peuvent être désignés, dans des procédures intéressant des entreprises importantes.

Il ne doit pas être parent ou allié jusqu'au quatrième degré inclusivement du chef d'entreprise ou des dirigeants.

Sa nomination est, par principe, l'œuvre du tribunal, dans le jugement d'ouverture.

Le juge-commissaire prend ses fonctions au jour de sa désignation, c'est-à-dire au jour du prononcé du jugement d'ouverture.

Elles prennent fin :

– en liquidation judiciaire, au jour où le compte rendu de fin de mission du liquidateur a été approuvé ;
– à la reddition définitive des comptes de l'administrateur et du mandataire judiciaire, en cas d'arrêté d'un plan de redressement ou de sauvegarde ;
– à la date de la clôture anticipée, en période d'observation de la sauvegarde ou du redressement judiciaire.

2. La mission du juge-commissaire

a. Organe d'information

Aux termes de l'article L. 621-9 du Code de commerce, « le juge-commissaire est chargé de veiller au déroulement rapide de la procédure et à la protection des intérêts en présence ».

Le juge-commissaire est tenu informé par l'administrateur judiciaire, le mandataire judiciaire ou le liquidateur, du déroulement de la procédure.

Il peut solliciter du ministère public tous les renseignements qu'il détient, et qui pourraient être utiles à la procédure.

Pour se forger son opinion, il peut recueillir l'avis de personnes qualifiées, voire demander à des tiers de recueillir des informations, sans possibilité pour ces derniers de lui opposer le secret professionnel.

Ayant ainsi accès à une information complète sur la procédure, le juge-commissaire peut, à son tour, informer le tribunal, par voie de rapports, qui peuvent indifféremment être écrits ou oraux. Le rapport du juge-commissaire, lorsqu'il est prévu par les textes, est une formalité dont l'absence peut emporter nullité du jugement.

Le juge-commissaire informe aussi les organes de la procédure, en transmettant à l'administrateur, aux experts et au liquidateur tous documents utiles à l'accomplissement de leur mission.

b. Principales attributions

Le juge-commissaire a d'importants pouvoirs en matière de mesures conservatoires.

Ensuite, il dispose de pouvoirs de contrôle des organes de la procédure.

Il nomme les contrôleurs.

Le juge-commissaire délivre aux organes de la procédure des autorisations.

Les décisions du juge-commissaire interviennent sous forme d'ordonnances, puisqu'il est saisi par voie de requête.

Elles sont de trois natures :

1) De nature gracieuse, lorsqu'elles se contentent de donner une habilitation.

2) De nature contentieuse, lorsqu'elles tranchent un litige.

Le juge-commissaire est d'abord la juridiction exclusive du contentieux de la continuation des contrats en cours.

Il est l'organe central de la vérification du passif.

Le juge-commissaire a également des compétences importantes en matière de revendication ou de restitution. Après refus d'acquiescement du mandataire de justice compétent sur la demande présentée par le propriétaire, il est chargé de trancher la difficulté.

Qu'elles interviennent dans le domaine gracieux ou contentieux, les ordonnances du juge-commissaire ne présentent, par principe, pas le caractère d'acte d'administration judiciaire, mais ont la nature d'actes juridictionnels.

Le juge-commissaire doit statuer dans un délai « raisonnable ». À défaut, le tribunal peut être saisi par une partie ou le ministère public.

3) D'administration judiciaire. Il en est ainsi de l'ordonnance autorisant, en liquidation judiciaire, la vérification du passif chirographaire s'il apparaît que le produit des réalisations d'actifs sera absorbé par les créanciers chirographaires. Non susceptible de recours, la décision peut être revue à tout moment.

Précisons qu'il est fait interdiction au juge-commissaire de participer à la formation de jugement ou au délibéré, quelle que soit l'action en cause.

3. Les voies de recours sur les décisions du juge-commissaire

a. La voie de recours ouverte à une partie : principe du recours devant le tribunal

Aux termes de l'article R. 621-21, alinéa 4 du Code de commerce, « les ordonnances du juge-commissaire [...] peuvent faire l'objet d'un recours devant le tribunal... », qualifié d'opposition par la pratique.

La déclaration d'opposition doit être faite au greffe, dans un délai de dix jours à compter de la notification ou de sa communication aux organes. Elle prend la forme :

– soit une déclaration orale contre récépissé ;
– soit une déclaration écrite par lettre recommandée avec demande d'avis de réception.

Il importe ici d'indiquer que ce recours est ouvert non seulement aux parties *stricto sensu*, mais encore à toutes les personnes dont les droits risquent d'être affectés par l'ordonnance et qui doivent, en conséquence, être destinataires, par le greffe, de la notification de l'ordonnance.

b. La voie de recours ouverte à une partie : ouverture exceptionnelle de l'appel

La voie de recours de l'opposition est irrecevable lorsque le législateur prévoit explicitement que la décision du juge-commissaire, déférée à la censure, est susceptible d'appel. Le délai d'appel de 10 jours court à compter de la notification ou de la communication aux organes de la décision.

L'appel est ouvert dans trois séries d'hypothèses :

– les ordonnances statuant en matière de vérification et d'admission des créances ;
– les ordonnances statuant sur une substitution de garantie en période d'observation ;
– les ordonnances rendues en matière de réalisation d'actifs du débiteur en liquidation judiciaire, en application des articles L. 642-18 et L. 642-19 du Code de commerce.

c. L'ouverture de la réclamation à l'état des créances sur les ordonnances d'admission au passif

L'article R. 624-8, alinéa dernier du Code de commerce ouvre une voie de recours spécifique aux tiers, sur les décisions d'admission des créances au passif : la réclamation à l'état des créances, qui est une variété de tierce opposition.

d. L'ouverture de principe de l'appel sur le jugement statuant sur le recours à l'encontre de l'ordonnance du juge-commissaire

Les décisions par lesquelles le tribunal statue sur le recours à l'encontre des ordonnances du juge-commissaire seront susceptibles d'appel, faute de texte contraire, qui existe, par exemple, pour les décisions statuant sur la désignation des contrôleurs.

F – Le ministère public

1. La place générale du ministère public dans les procédures collectives

L'évolution du droit des procédures collectives s'est accompagnée d'une évolution du rôle du ministère public. C'est la traduction de la place accordée à l'intérêt général, dans le sauvetage des entreprises.

Le ministère public est un véritable organe de la procédure collective. Dans nombre d'hypothèses, la loi prévoit que l'avis du ministère public doit être recueilli. La loi va parfois plus loin en exigeant sa présence à l'audience, à peine de nullité du jugement.

2. L'information du ministère public

a. La communication des causes au ministère public

L'article 425, 2° du Code de procédure civile précise d'abord que le ministère public doit avoir communication des procédures de sauvegarde, de redressement judiciaire et de liquidation judiciaire, ainsi que des causes relatives à la responsabilité pécuniaire des dirigeants sociaux, des procédures de faillite personnelle et d'interdiction de gérer.

b. Les informations reçues du ministère public pendant le déroulement de la procédure

Le ministère public est tout à la fois un organe à informer et un organe d'information.

L'article L. 621-8, alinéa 1er du Code de commerce prévoit que l'administrateur et le mandataire judiciaire tiennent informé le ministère public du déroulement de la procédure.

Il doit être informé des audiences intéressant le sort de l'entreprise et reçoit communication de l'administrateur du rapport contenant bilan économique et social.

Le ministère public est également informé par le commissaire à l'exécution du plan du défaut d'exécution de celui-ci.

Dans le cadre de la poursuite des infractions pénales, le ministère public peut requérir de l'administrateur la remise de tous les actes et documents détenus par lui.

3. Les pouvoirs du ministère public

Le ministère public dispose d'un pouvoir qu'il est seul à détenir, le tribunal d'office n'ayant même pas ce pouvoir : il s'agit de la demande de renouvellement exceptionnel de la période d'observation faisant suite à un renouvellement classique.

Le ministère public peut encore demander :

– l'ouverture de la procédure de redressement ou de liquidation judiciaire, mais non de sauvegarde ;
– le renouvellement classique de la période d'observation.

Le ministère public occupe, sur un plan procédural, une place de choix dans le droit des procédures collectives, traduite au travers du Code de commerce par une très large ouverture de la voie de l'appel à son profit, alors même qu'il n'agirait que comme partie jointe, du moins par principe.

Le ministère public dispose de très nombreux recours à l'encontre des décisions du tribunal. Il peut faire appel des jugements scellant le sort de l'entreprise et celui du débiteur.

Il est même parfois seul titulaire du droit d'appel, par exemple pour l'appel des jugements statuant sur le renouvellement de la période d'observation.

Son appel est en outre, généralement, suspensif. Ce caractère est toutefois écarté lorsque le recours porte sur la décision ouvrant la sauvegarde ou le redressement judiciaire.

Le ministère public partage certains de ses pouvoirs spécifiques dans la procédure de redressement judiciaire avec le tribunal :

– demande de subordination du plan de redressement à l'éviction des dirigeants, à l'incessibilité ou à la cession forcée de leurs parts ou actions.
– demande de résiliation d'un contrat de location-gérance en préalable au plan de cession ;
– résolution du plan de cession faisant suite à la résiliation du contrat de location-gérance.

Le ministère public peut encore demander, dans le cadre de la procédure de redressement ou de liquidation judiciaire :

– la cessation d'activité et la conversion en liquidation judiciaire ;
– le déclenchement des sanctions contre le débiteur ou les dirigeants, qu'il s'agisse de la faillite personnelle ou de l'interdiction de gérer, de la saisine du tribunal aux fins de banqueroute ou d'autres infractions.

II – Les mesures de préservation des actifs

L'article L. 622-4 du Code de commerce énonce que « dès son entrée en fonction, l'administrateur est tenu de requérir du chef d'entreprise ou, selon le cas, de faire lui-même tous les actes nécessaires à la conservation des droits de l'entreprise contre les débiteurs de celle-ci et à la préservation des capacités de production ».

Les mesures de préservation des biens du débiteur tiennent essentiellement à *l'établissement de l'inventaire.*

Il est obligatoirement procédé à un inventaire dès l'ouverture de la procédure.

Il s'agit d'énumérer dans un document les biens qui sont entre les mains du débiteur, en les décrivant et en les évaluant sommairement.

L'établissement de l'inventaire est spécialement important pour le propriétaire astreint à revendiquer un bien meuble, puisqu'il établit son existence à la date du jugement d'ouverture.

Dans la procédure de sauvegarde, l'inventaire peut être l'œuvre du débiteur, si ce dernier le demande au tribunal et s'il commence rapidement les opérations d'inventaire. L'inventaire devra être certifié par un expert-comptable. Si le débiteur ne le demande pas ou s'il n'entreprend pas la confection de l'inventaire à bref délai ou encore s'il n'a pas terminé dans un certain délai l'inventaire, ce dernier sera alors réalisé par un ou plusieurs tiers, désignés par le tribunal, en fonction des biens à inventorier.

Dans le cadre de la **procédure de redressement judiciaire**, contrairement à la solution posée en sauvegarde, l'inventaire est ici toujours réalisé par un professionnel et non par le débiteur.

La prisée des biens du débiteur qui consiste en une évaluation précise des biens, s'impose, en outre, dans les procédures de redressement et de liquidation judiciaires, non dans la procédure de sauvegarde, qui n'a pas pour objectif la cession de l'entreprise.

§ 4 – Les recours sur la décision statuant sur l'ouverture

Une fois les auditions préalables intervenues et, le cas échéant, le rapport du juge enquêteur établi, le tribunal statue sur l'ouverture de la procédure.

Le jugement refusant l'ouverture de la procédure de sauvegarde ou de redressement judiciaire peut être frappé d'appel par le débiteur dans les dix jours de sa notification. Celui refusant l'ouverture du redressement judiciaire sollicité par le créancier peut être frappé d'appel par lui dans les 10 jours de sa notification.

Les tiers (notamment les créanciers) peuvent former une tierce opposition à l'encontre du jugement d'ouverture de la procédure de la procédure de sauvegarde ou de redressement, dans les dix jours de sa publication au *Bodacc.* Ils doivent soulever des moyens propres ou démontrer une fraude. L'appel est ouvert sur le jugement statuant sur la tierce opposition.

Section 4 – Les effets attachés au jugement d'ouverture

§ 1 – L'efficacité du jugement d'ouverture

Le jugement d'ouverture est doté d'une particulière efficacité. Par principe, une décision de justice ne produit ses effets qu'entre les parties à l'instance. Cette règle est ici écartée. Le jugement d'ouverture est en effet doté de l'autorité absolue de chose jugée.

En outre, le jugement d'ouverture, malgré la publicité dont il doit faire l'objet, est opposable à tous dès son intervention, et plus exactement, rétroagit à 0 h de sa date. Ainsi, tous les actes accomplis le jour du jugement d'ouverture sont réputés intervenus après jugement d'ouverture.

Une personne déjà placée en sauvegarde, en redressement ou en liquidation judiciaire, ne peut, avant la clôture de sa procédure, être à nouveau déclarée en sauvegarde, en redressement ou en liquidation judiciaire. Le principe d'unité du patrimoine y fait obstacle.

Il faut excepter le cas de l'entrepreneur individuel à responsabilité limitée (EIRL). Cet entrepreneur a en effet au moins deux patrimoines : celui affecté à l'entreprise et le patrimoine non affecté. La procédure collective n'est ouverte contre le débiteur que du chef de l'EIRL. Les effets de la procédure collective sont circonscrits au passif et à l'actif relatifs à l'entreprise. Il peut donc y avoir autant de procédures collectives que d'EIRL. Puisque le principe d'unité de patrimoine est ici écarté, symétriquement se trouve mis à l'écart le principe d'unicité de procédure collective.

§ 2 – L'attraction de compétence du tribunal de la faillite

Le tribunal saisi d'une procédure collective connaît de tout ce qui concerne la sauvegarde, le redressement et la liquidation judiciaire, la faillite personnelle ou autres sanctions prévues par le livre VI du Code de commerce.

Le tribunal de la procédure est compétent pour connaître des actions nées de la faillite, c'est-à-dire de l'action qui n'aurait pu naître sans jugement d'ouverture de sauvegarde, de redressement ou de liquidation judiciaire (ex : action en nullité de la période suspecte, action en comblement de passif). Sont également de la compétence du tribunal de la faillite les actions dont la solution dépend des règles de la procédure collective (ex : la détermination des paiements interdits).

À l'opposé, si le fait que le débiteur soit sous procédure collective est sans conséquence sur la solution du litige, et dès lors que cette action aurait pu naître sans la procédure collective, elle ne relève pas du tribunal de la faillite (ex : action en constatation de résiliation pour défaut de paiement antérieur au jugement d'ouverture). Il en est de même lorsque la compétence est attribuée à une juridiction de façon exclusive (au juge administratif ou fiscal par exemple). Les actions en responsabilité contre les organes sont de la compétence du tribunal de grande instance.

§ 3 – Les décisions du tribunal

I – L'exécution provisoire

L'exécution provisoire désigne la permission accordée par la loi ou par le juge de poursuivre l'exécution d'une décision soit immédiatement, soit à compter de sa notification ou de sa signification, nonobstant l'exercice d'une voie de recours à effet suspensif.

Par principe, les jugements et ordonnances rendues en matière de sauvegarde, de redressement ou de liquidation judiciaire et de rétablissement professionnel sont exécutoires de plein droit à titre provisoire.

II – Les voies de recours

Par rapport au droit commun, les voies de recours présentent, dans les procédures collectives, un caractère particulièrement restrictif, tant par leurs cas d'ouverture, que par la brièveté de leur délai (ex : l'appel est enfermé dans un délai de 10 jours). La volonté affichée par le législateur d'aller vite est en effet inconciliable avec une remise en cause des solutions retenues par la juridiction.

Chapitre 3
Les extensions de procédures

L'essentiel

Dans certaines hypothèses, les conditions classiques d'ouverture d'une procédure collective ne sont pas exigées. L'intéressé n'aura donc pas à avoir la qualité exigée, pas plus qu'il ne sera nécessaire de démontrer que sa situation économique correspond à celle exigée par la loi pour l'ouverture d'une procédure collective.
Il existe deux cas d'extension. Il s'agit de la fictivité et la confusion des patrimoines qui seront, dans un premier temps précisés (Section 1), avant que soit exposé leur régime (Section 2).

Section 1 – Cas d'extensions sur le fondement de la confusion des patrimoines ou de la fictivité

§ 1 – La fictivité

La fictivité met en œuvre la théorie générale de la simulation. Elle ne peut être constatée qu'en présence d'une personne morale. Il n'y a qu'apparence de personnalité morale.

Les indices de la fictivité seront trouvés dans l'absence de vie sociale. Les prétendus associés n'ont pas d'*affectio societatis.* Les assemblées générales ne se réunissent pas. Il n'est pas procédé à la tenue des comptes sociaux. La prétendue personne morale n'a pas d'activité distincte de celle du maître de l'affaire, personne physique, ce qui présuppose qu'il y ait véritablement un maître de l'affaire.

L'extension sur le fondement de la fictivité a pour objet de mettre en conformité une réalité juridique et une réalité économique, que l'apparence trompeuse avait voulu gommer, au préjudice des créanciers de la structure déclarée initialement en procédure collective.

§ 2 – La confusion des patrimoines

Contrairement à l'hypothèse de la fictivité, les personnalités juridiques des personnes auxquelles la procédure va être étendue sont ici bien réelles. Cependant, elles ne présentent pas, sur le plan patrimonial, l'étanchéité requise de structures ayant une vie propre. L'extension peut ici concerner tant des personnes morales que des personnes physiques.

Deux critères sont utilisés par la jurisprudence pour caractériser la confusion des patrimoines.

I – L'imbrication des masses actives ou passives des structures concernées

Elle sera révélée spécialement par une confusion des comptes, c'est-à-dire le désordre rendant impossible la détermination des droits de chacune des personnes concernées.

II – Les relations financières anormales

Est ici sanctionné, l'appauvrissement de l'une des personnes, par le transfert d'actifs au profit d'une autre. Il s'agit de rétablir le gage des créanciers, qui est atteint par la relation financière anormale, qui peut prendre la forme soit d'un flux financier illogique soit de l'absence d'un flux financier logiquement attendu. Le flux financier anormal pourra consister dans le support de charges appartenant à une structure par une autre, une mise à disposition gratuite de moyens matériels ou humains ou encore une surfacturation effectuée par l'une des structures au préjudice de l'autre par rapport à la prestation.

En marge de l'extension sur le fondement de la confusion des patrimoines, il faut signaler la possibilité d'une action en réunion de patrimoines, dans les procédures collectives intéressant les entrepreneurs individuels à responsabilité limitée. Il s'agit de faire rentrer dans le patrimoine affecté les biens compris dans le patrimoine non affecté pour des causes classiques de confusion des patrimoines. Il faut ajouter qu'il y a également place à une action en réunion de patrimoines, en cas de fraude, de manquement grave aux règles de l'affectation patrimoniale ou de non-respect des obligations comptables spéciales à l'EIRL.

Section 2 – Régime de l'extension sur le fondement de la confusion des patrimoines ou de la fictivité

§ 1 – Les modalités procédurales des extensions

I – Saisine du tribunal de la faillite

La saisine du tribunal aux fins d'extension appartient au mandataire judiciaire, au liquidateur, à l'administrateur judiciaire et au ministère public. Depuis l'ordonnance du 12 mars 2014, elle appartient également, d'une manière curieuse, au débiteur.

En cas de carence du mandataire judiciaire ou du liquidateur, un contrôleur pourra à titre subsidiaire engager cette action.

Le tribunal de la faillite de la procédure la première ouverte sera compétent pour connaître de l'extension aux autres structures, quel que soit leur siège social.

II – Délai de l'action

Aucun délai de l'action en extension n'est posé. Cependant, l'extension ne pourra plus intervenir si un plan de sauvegarde ou de redressement a été arrêté au profit soit du débiteur soit de la personne à laquelle il est envisagé d'étendre la procédure. La solution est la même en cas d'adoption d'un plan de cession.

Au contraire, le prononcé de la liquidation judiciaire ne fait pas obstacle à l'extension, laquelle pourra être prononcée jusqu'à la clôture de la procédure.

§ 2 - Les effets des extensions

L'extension d'une procédure pour fictivité ou confusion des patrimoines produit sans rétroactivité la création d'une masse active et passive unique, ce qui entraîne un certain nombre de conséquences.

- Une seule procédure de vérification des créances sera conduite par un seul et même organe.
- Les actifs de chacune des structures seront réunis et réalisés au profit des créanciers de toutes les structures.
- La juridiction saisie, pour l'élaboration d'un plan de sauvegarde ou de redressement, devra prendre en compte l'intégralité du passif et des actifs. Il y aura unicité de solution. Symétriquement, la résolution de ce plan s'imposera à toutes les sociétés auxquelles la procédure aura été étendue.
- Les créanciers titulaires de privilèges généraux pourront faire valoir leurs privilèges pour la distribution du prix de vente d'un actif appartenant à une structure autre que celle qui est leur débiteur.
- Si la procédure étendue est un redressement ou une liquidation judiciaire, la date de cessation des paiements retenue sera identique pour toutes les structures, les personnes auxquelles la procédure est étendue n'ayant d'ailleurs pas à être en état de cessation des paiements.

§ 3 - Les limites aux effets de l'extension liées au maintien de la personnalité morale en cas d'extension sur le fondement de la confusion des patrimoines

S'il y a fictivité, la personnalité morale apparente de la structure à laquelle la procédure a été étendue n'existe pas.

Au contraire, en cas de confusion des patrimoines, les personnalités juridiques subsistent, ce qui emporte un certain nombre de conséquences. Ainsi, la condamnation d'un dirigeant à combler le passif d'une personne morale sera-t-elle limitée au seul passif de la société dirigée. Le cautionnement donné au débiteur ne peut être étendu aux personnes morales confondues.

Le maintien de la personnalité juridique des structures autorisera la juridiction à n'arrêter qu'un plan de cession partielle.

Chapitre 4
Les règles particulières à la sauvegarde accélérée

L'essentiel

Afin de permettre un passage éclair sous procédure judiciaire, et éviter ainsi les perturbations inhérentes aux procédures collectives, le législateur a créé la procédure de sauvegarde accélérée.

La sauvegarde accélérée obéit à des règles particulières (Section 1). Il existe une variante, dénommée sauvegarde financière accélérée (Section 2).

Section 1 – La sauvegarde accélérée classique

La sauvegarde accélérée, a été créée par l'ordonnance du 12 mars 2014 ; elle constitue une variante de la sauvegarde. S'appliquent à elle, par principe, les règles de la sauvegarde de droit commun, à moins qu'il n'en soit autrement disposé par les règles particulières régissant la sauvegarde accélérée.

Dans la sauvegarde accélérée, le conciliateur inscrit sur la liste des administrateurs judiciaires sera, par principe, désigné administrateur. Le conciliateur inscrit sur la liste des mandataires judiciaires sera nommé mandataire judiciaire.

Cette procédure présuppose une procédure de conciliation en cours. Le débiteur peut avoir sollicité l'ouverture de la conciliation alors même qu'il était en état de cessation des paiements, mais depuis moins de 45 jours. Le ministère public peut demander au tribunal de mettre fin à la procédure de sauvegarde accélérée si la date de cessation des paiements apparaît antérieure au délai de 45 jours par rapport à l'ouverture de la conciliation.

Le débiteur doit justifier avoir élaboré un projet de plan susceptible de recueillir un soutien suffisamment large de la part de ses créanciers, et cela dans un délai compatible avec l'adoption du plan, soit 3 mois. Ainsi, la période d'observation est ici limitée à trois mois, ce délai n'étant pas prorogeable.

La sauvegarde accélérée ne correspond pas au schéma de droit commun. La solution de sauvetage aura ici été préparée en amont, pendant une procédure de conciliation. Un accord a presque été trouvé, seuls quelques créanciers s'y étant opposé. Dans la sauvegarde accélérée, il n'y a pas place à établissement du bilan économique et social. Le plan, en outre, a été préparé en amont. Il n'y a donc pas non plus place à l'élaboration d'un projet de plan, ce dernier étant déjà prêt.

Dans ces conditions, le débiteur qui est une entreprise d'une certaine taille, soit au regard de son chiffre d'affaires, soit au regard du nombre de salariés employés, pour forcer la main à quelques créanciers va demander l'ouverture d'une sauvegarde accélérée. Même si les seuils rendant obligatoire la constitution des comités de créanciers ne sont pas atteints, ces comités seront constitués.

À défaut de plan adopté dans ces délais, il est mis fin à la procédure, qui ne peut donc être convertie.

Section 2 - La sauvegarde financière accélérée

La sauvegarde financière accélérée a été créée par la une loi du 22 octobre 2010. L'ordonnance du 12 mars 2014 l'a conservée, mais elle n'est plus qu'une sous-catégorie de la sauvegarde accélérée.

Si le tribunal statuant sur l'ouverture d'une sauvegarde accélérée constate, au vu des comptes du débiteur, que la nature de l'endettement rend vraisemblable l'adoption d'un plan sérieux par les seuls créanciers membres du comité des établissements de crédit et s'il y a lieu par l'assemblée des obligataires – endettement financier –, il peut, à la demande du débiteur, décider de limiter les effets de la procédure à ces seuls créanciers. Il y a alors ouverture d'une sauvegarde financière accélérée (SFA).

Dans le mois de l'ouverture de la sauvegarde – ce délai pouvant être prorogé pour un mois –, le plan devra être adopté par un vote à la majorité des deux tiers, en montant de créances, d'abord par les membres du comité, puis par les obligataires. Ainsi, la période d'observation est ici limitée à un mois, ce délai étant prorogeable un mois.

À défaut d'adoption d'un plan dans ces délais, il sera mis fin à la procédure.

La SFA a un caractère semi-collectif. Seul sera constitué le comité des établissements de crédit.

Ne seront consultés sur les propositions de plan que les membres de ce comité, ainsi, le cas échéant, que les obligataires, réunis en une assemblée générale.

En effet, la SFA n'a pas d'impact sur les créanciers non-membres du comité des établissements de crédit et non obligataires. Pour ces créanciers, notamment les fournisseurs et les créanciers publics, tout se passe comme si le débiteur était resté *in bonis*.

Dans le mois de l'ouverture de la sauvegarde – ce délai pouvant être prorogé pour un mois –, le plan devra être adopté par un vote à la majorité des deux tiers, en montant de créances, d'abord par les membres du comité, puis par les obligataires.

À défaut, il sera mis fin à la procédure.

Sous-titre 2

La phase préparatoire à la solution : la période d'observation

Avant de pouvoir adopter une solution de sauvetage, il est indispensable de connaître exactement l'entreprise. C'est la raison pour laquelle il faut l'observer. La période d'observation est par essence une période de poursuite d'activité qu'il faut nécessairement encadrer. C'est pourquoi le fonctionnement général de la période d'observation doit être précisé (Chapitre 1).

La situation financière de l'entreprise justifie que le législateur ait offert à l'entreprise des moyens afin de lui permettre de poursuivre son activité (Chapitre 2).

Chapitre 1
Le fonctionnement général de la période d'observation

L'essentiel

La période d'observation permet la détermination des causes et de l'ampleur des difficultés et prépare une solution de sauvetage. Sa durée doit être précisée (Section 1). Par nature, il s'agit d'une période de poursuite de l'activité (Section 2).

Section 1 – La durée de la période d'observation

§ 1 – Les règles générales relatives à la durée de la période d'observation

L'article L. 621-3, alinéa 1 du Code de commerce prévoit une durée initiale maximum de période d'observation de 6 mois, renouvelable une fois pour une durée de 6 mois à la demande de l'administrateur judiciaire, du mandataire judiciaire ou du ministère public. En outre, sa prolongation peut être exceptionnellement décidée pour une durée de 6 mois, mais seulement sur demande du ministère public. Les voies de recours sur les décisions de renouvellement de la période d'observation qui sont rendues par le tribunal sont fermées à tous, sauf au ministère public.

Pour les entreprises agricoles, la durée de la période d'observation peut être allongée jusqu'à la fin de l'année culturale, dans le but de ne pas faire cesser l'activité alors que la récolte n'a pas encore été effectuée ou que le cycle d'élevage n'est pas achevé (C. com., art. L. 621-3, al. 2).

Un nouveau délai de période d'observation peut être accordé par la cour d'appel en cas d'infirmation du jugement d'ouverture et de renvoi de l'affaire devant le tribunal.

De même, la durée de la période d'observation est prolongée en cas d'arrêt de l'exécution provisoire à la suite d'un appel du jugement de liquidation sur conversion, du jugement arrêtant ou rejetant le plan de sauvegarde ou de redressement. Dans toutes ces hypothèses, la durée de la période d'observation ne sera prolongée que si le premier président de la cour d'appel, saisi d'une demande d'arrêt de l'exécution provisoire, y fait droit.

Alors que dans la procédure de sauvegarde, la période d'observation se poursuit de plein droit, jusqu'au terme fixé par le tribunal dans le jugement d'ouverture, en redressement judiciaire, le tribunal, au plus tard deux mois après l'ouverture décide, au vu d'un rapport établi par l'administrateur et à son défaut par le débiteur, s'il y a lieu de poursuivre la période d'observation, si le débiteur dispose des capacités de financement de la période d'observation.

§ 2 – Les conversions de procédure

À tout moment de la période d'observation, les organes de la procédure peuvent demander qu'il y soit mis fin, en convertissant la sauvegarde en redressement ou en liquidation judiciaire (I) ou en convertissant le redressement en liquidation (II).

I – La conversion de la sauvegarde

A – La conversion de la sauvegarde en une autre procédure en cas de cessation des paiements

La procédure de sauvegarde ne peut être ouverte qu'en l'absence d'état de cessation des paiements. C'est pourquoi, deux textes du Code de commerce régissent le sort de la procédure de sauvegarde lorsque l'état de cessation des paiements est caractérisé pendant la période d'observation et prévoient une conversion de la procédure en redressement, voire en liquidation judiciaire. La période d'observation pourra dépasser les délais légaux, le Code prévoyant en effet en ce cas, que « lorsqu'il convertit la procédure de sauvegarde en procédure de redressement judiciaire, le tribunal peut, si nécessaire, modifier la durée de la période d'observation restant à courir » (C. com., art. L. 622-10, al. 4).

Dans une première hypothèse, le tribunal s'est trompé dans son appréciation, lors de l'ouverture de procédure. La conversion en redressement judiciaire apparaît alors comme la technique adaptée à la rectification de l'erreur d'appréciation. Le tribunal devra fixer une date de cessation des paiements antérieurement à l'ouverture de la procédure de sauvegarde, c'est-à-dire au jugement d'ouverture, permettant la création d'une période suspecte. La saisine du tribunal aux fins de conversion de la procédure de sauvegarde en redressement judiciaire sera l'œuvre de l'administrateur ou du mandataire judiciaire, ou enfin du ministère public, lorsque la cessation des paiements préexistait à l'ouverture.

Dans une seconde hypothèse, la cessation des paiements, qui n'existait pas avant l'ouverture de la procédure, intervient pendant la période d'observation. Il y a également place à conversion de la sauvegarde en redressement, voire en liquidation judiciaire, si les conditions sont réunies. Il n'y aura pas ici de période suspecte. En cas de caractérisation de l'état de cessation des paiements en cours de procédure de sauvegarde, un contrôleur, le ministère public, le débiteur, le mandataire judiciaire et l'administrateur pourront saisir le tribunal, lequel pourra également se saisir d'office (C. com., art. L. 622-10, al. 2).

B – La conversion de la sauvegarde en redressement judiciaire en l'absence de cessation des paiements

Le débiteur a la possibilité de demander au tribunal la conversion de la sauvegarde en redressement judiciaire, si l'adoption d'un plan de sauvegarde est manifestement impossible et si la clôture de la procédure de sauvegarde devait conduire, de manière certaine et à bref délai, à la cessation des paiements.

En outre, depuis l'ordonnance du 12 mars 2014, dans les procédures ouvertes avec comités de créanciers, à défaut d'adoption de plan et alors qu'il y a imminence de la cessation des paiements, le ministère public, le mandataire judiciaire ou l'administrateur judiciaire peuvent demander la conversion en redressement judiciaire.

Notons que, dans ces deux hypothèses, par exception, le redressement judiciaire sera prononcé sans cessation des paiements.

II – La conversion du redressement judiciaire

S'il apparaît que le redressement de l'entreprise est manifestement impossible, la procédure de redressement pourra être convertie en liquidation judiciaire. Les organes de la procédure pourront solliciter du tribunal cette conversion à tout moment de la période d'observation.

§ 3 – Les issues de la période d'observation sans solution

I – Fin prématurée de la sauvegarde

Il existe deux hypothèses dans lesquelles la procédure de sauvegarde pourra prendre fin sans pourtant qu'une solution (adoption d'un plan ou conversion en une autre procédure) soit adoptée à l'issue de la période d'observation.

A – La disparition des difficultés ayant conduit à l'ouverture de la sauvegarde

La loi de sauvegarde des entreprises prévoit explicitement que le débiteur peut demander qu'il soit mis fin à la procédure si les difficultés qui ont conduit à l'ouverture de la procédure de sauvegarde ont disparu en période d'observation (C. com., art. L. 622-12). Dès lors que le débiteur rapporte cette preuve, le tribunal est tenu de clôturer la sauvegarde. Le débiteur sort de la procédure collective et redevient pleinement maître de ses droits.

B – Le défaut d'adoption d'un plan dans les délais légaux de la période d'observation

La sauvegarde pourra également prendre fin si un plan de sauvegarde n'est pas adopté dans les délais légaux. La saisine du tribunal aux fins de clôture de la procédure appartient, selon l'article R. 626-18, alinéa 2 du Code de commerce, au ministère public, aux mandataires de justice, et également à tout créancier.

Observons que, en ce cas, les difficultés ne seront pas réglées.

II – Fin prématurée du redressement

La procédure de redressement est conçue pour déboucher, à l'issue de la période d'observation, sur un *plan de redressement*. Il existe cependant une possibilité de clôture du redressement si le débiteur dispose de sommes suffisantes pour payer ses dettes échues et les frais de la procédure collective. Cette clôture n'est toutefois qu'une faculté pour le tribunal.

Section 2 – La poursuite de l'activité

§ 1 – La répartition des tâches entre le chef d'entreprise et l'administrateur judiciaire

Le législateur procède à une répartition des tâches entre le chef d'entreprise et l'administrateur judiciaire. Cette répartition est dénommée « administration contrôlée ». Si le débiteur est un entrepreneur individuel à responsabilité limitée, seule la gestion du patrimoine affecté est concernée par l'administration contrôlée.

I – La situation du débiteur en l'absence d'administrateur

En l'absence d'administrateur, le débiteur ou les dirigeants de la personne morale restent pleinement maîtres de leurs droits. Ils sont toujours les chefs d'entreprise, sous réserve de quelques rares pouvoirs confisqués au débiteur.

II – Les pouvoirs propres de l'administrateur judiciaire

L'administrateur a des pouvoirs propres, qui lui sont toujours confiés, quelles que soient sa mission et la procédure dans laquelle il est nommé :

- élaboration du bilan économique et social ;
- pouvoir d'opter sur la continuation des contrats en cours ;
- fonctionnement des comptes bancaires du débiteur en cas d'interdiction bancaire de celui-ci.

En sauvegarde, l'élaboration du projet de plan appartient au débiteur. Il reçoit pour cela l'assistance de l'administrateur. Dans le redressement judiciaire, le pouvoir d'élaborer le projet de plan appartient à l'administrateur judiciaire.

III – Les pouvoirs variables de l'administrateur judiciaire

Le tribunal, à l'ouverture de la procédure, va en outre confier à l'administrateur une mission variable.

• **En cas d'ouverture d'une procédure de sauvegarde**, l'administrateur peut se voir confier soit une :

- mission de surveillance. L'administrateur se contente de surveiller la gestion du débiteur, sans prendre ici d'initiative en matière de gestion ; le contrôle est ici effectué *a posteriori* ;
- mission d'assistance. L'administrateur assiste le débiteur dans la gestion. Tous les grands choix pour l'entreprise sont pris en système de cogestion, un peu comme s'il y avait deux chefs d'entreprise.

Le caractère volontariste de la procédure de sauvegarde, d'une part, et le fait qu'elle soit ouverte sans cessation des paiements, d'autre part, justifient l'impossibilité de confier une mission d'administration dans cette procédure.

• **En cas d'ouverture d'une procédure de redressement judiciaire,** l'administrateur peut se voir confier soit une :

- mission d'assistance, comme dans la procédure de sauvegarde ;
- mission d'administration. L'administrateur assure alors seul la gestion de l'entreprise. Le débiteur est dessaisi, comme s'il était en liquidation judiciaire.

Que ce soit en sauvegarde ou en redressement judiciaire, la mission de l'administrateur judiciaire pourra, en cours de procédure, être modifiée par le tribunal.

IV - Les pouvoirs résiduels du débiteur

A - Les droits propres et les droits extrapatrimoniaux

Quelle que soit la mission de l'administrateur judiciaire, le débiteur conserve des droits propres et ses droits extrapatrimoniaux, à l'identique de la situation existant pour le dessaisissement résultant d'un jugement de liquidation judiciaire. Cette question sera traitée ultérieurement (v. p. 101).

B - Les actes de gestion courante

L'acte de gestion courante apparaît comme l'acte permettant à l'entreprise de fonctionner au quotidien, par exemple par la conclusion de contrats de transport pour l'acheminement de la marchandise vendue ou par le jeu de commandes effectuées pour les besoins de l'activité commerciale.

À l'inverse, les actes qui ne présentent pas un caractère répétitif ne peuvent être considérés comme des actes de gestion courante.

L'acte de gestion courante ne sera valablement accompli par le débiteur, nonobstant la restriction de pouvoir qui l'atteint, que si son cocontractant est de bonne foi, laquelle est présumée, c'est-à-dire s'il est resté dans l'ignorance de la restriction de pouvoirs atteignant le débiteur.

V - La sanction des règles relatives à la répartition des pouvoirs

Le non-respect de la répartition des pouvoirs entre l'administrateur judiciaire et le débiteur sera sanctionné par l'inopposabilité de l'acte accompli à la procédure collective, c'est-à-dire aux créanciers et à leur représentant, et non par une nullité. Cette inopposabilité fera obstacle à la naissance de créances régulières après le jugement d'ouverture.

Seule la procédure collective peut s'en prévaloir, non les partenaires du débiteur.

§ 2 - Les actes interdits et ceux soumis à l'habilitation du juge-commissaire

I - Le fondement du dispositif d'habilitation

La gravité de certains actes pour l'entreprise justifie leur interdiction, tant pour l'administrateur judiciaire, que pour le débiteur.

Afin d'introduire dans le système d'interdiction une certaine souplesse, que nécessite parfois le sauvetage de l'entreprise ou l'intérêt collectif des créanciers, selon le cas, le législateur a prévu des habilitations judiciaires.

II - Les modalités de l'autorisation du juge-commissaire

L'autorisation préalable du juge-commissaire est une condition de validité de l'opération. Le juge-commissaire ne pourra donc autoriser, après coup, l'opération.

L'autorisation du juge-commissaire sera sollicitée par requête présentée par le débiteur, en sauvegarde. Elle est sollicitée par l'administrateur judiciaire en redressement judiciaire, si ce dernier a une mission de représentation, par le débiteur et l'administrateur, si ce dernier a une mission d'assistance, par le débiteur seul, en l'absence d'administrateur.

L'habilitation doit être spéciale.

III – Le domaine des habilitations judiciaires

A – Les compromis et transactions

Le Code de commerce prévoit que le juge-commissaire peut autoriser le chef d'entreprise ou l'administrateur à compromettre ou transiger.

B – Les actes de disposition étrangers à la gestion courante, la constitution de sûretés

Les actes de disposition étrangers à la gestion courante sont représentés, pour l'essentiel, par les ventes. Le juge-commissaire peut les autoriser. Le Code de commerce prévoit encore que « le juge-commissaire peut autoriser le chef d'entreprise ou l'administrateur à consentir une hypothèque, un gage ou un nantissement ».

L'ordonnance du 12 mars 2014 limite toutefois les pouvoirs du juge-commissaire, en présence d'actes susceptibles d'avoir une influence déterminante sur l'issue de la procédure. On peut prendre l'exemple de la vente d'un fonds de commerce, qui peut conduire à rendre impossible le sauvetage de l'entreprise. Pour de tels actes, le juge-commissaire ne peut statuer qu'après avoir recueilli l'avis du ministère public.

C – Le paiement d'une créance antérieure

Le juge-commissaire peut également autoriser le débiteur ou l'administrateur à payer une créance antérieure pour :

- retirer une chose gagée ou retenue (droit de rétention) ;
- lever l'option d'achat d'un contrat de crédit-bail ;
- permettre le retour de biens transférés à titre de garantie dans un patrimoine fiduciaire.

IV – Les sanctions des actes accomplis sans autorisation

A – La sanction civile

L'acte passé sans autorisation préalable du juge-commissaire est atteint d'une nullité absolue, que tout intéressé, en ce compris le ministère public, peut demander au tribunal de la faillite de prononcer, dans le délai de 3 ans de l'acte, ou de sa publicité s'il y est soumis (C. com., art. L. 622-7-III).

B – La sanction pénale

L'article L. 654-8-1°du Code de commerce punit d'un emprisonnement de 2 ans et d'une amende de 30 000 € tout commerçant, artisan, agriculteur, professionnel indépendant ou dirigeant d'une personne morale qui, pendant la période d'observation, a passé un acte ou d'effectuer un paiement en violation de l'article L. 622-7.

L'article L. 654-8-2°du même Code punit de la même peine cette personne qui effectue un paiement interdit

La sanction est également applicable, aux termes de l'article L. 654-8 3° du Code de commerce, à toute personne qui, pendant la période d'observation, a passé avec le débiteur l'un des actes mentionnés au 1° ci-dessus ou en a reçu un paiement irrégulier.

§ 3 – La fixation par le juge-commissaire de la rémunération du débiteur ou des dirigeants

Le juge-commissaire, dans la procédure de redressement judiciaire, et non dans celle de sauvegarde, fixe la rémunération du débiteur personne physique, ainsi que celles des dirigeants sociaux. Il ne peut en revanche modifier les salaires perçus par les dirigeants en une qualité autre que celle de dirigeant. En l'absence de rémunération, il fixe le montant des subsides.

Chapitre 2
Les moyens de la poursuite d'activité

L'essentiel

> *Le législateur s'est employé à donner à l'entreprise les moyens de poursuivre son activité pendant la période d'observation, en lui permettant de continuer les contrats qui la lient à ses cocontractants (Section 1) et en lui donnant les moyens juridiques de financer la poursuite d'activité (Section 2).*

Section 1 – Les contrats de l'entreprise

Le législateur a instauré, tant en sauvegarde qu'en redressement judiciaire, des règles générales de continuation des contrats en cours (§ 1), et des règles spéciales propres à certains contrats (§ 2).

§ 1 – Les règles générales de continuation des contrats en cours

I – La notion de contrat en cours

Le contrat en cours peut être défini comme celui qui, à la date du jugement d'ouverture de la procédure collective, laisse à la charge du partenaire contractuel du débiteur l'obligation essentielle et caractéristique, par exemple la délivrance de la chose dans un contrat de vente.

L'application des dispositions relatives à la continuation des contrats en cours suppose qu'au jour du jugement d'ouverture et même au jour de l'option, le contrat ne soit ni résilié, ni arrivé à terme. À défaut, les règles de la continuation des contrats ne peuvent trouver application.

Par principe, le jugement d'ouverture reste sans effet sur le contrat.

Les clauses de résiliation de plein droit pour survenance d'une procédure de sauvegarde ou de redressement judiciaire sont réputées non écrites. Il en est de même des clauses augmentant les obligations ou diminuant les droits du débiteur du fait de l'ouverture de sa procédure collective.

II – L'option sur la continuation du contrat en cours

Cette question intéresse non seulement la période d'observation, mais aussi la liquidation judiciaire. Des développements particuliers intéresseront cette question en liquidation judiciaire (v. p. 102).

A – Le titulaire de l'option

En période d'observation :

– l'administrateur est le titulaire de l'option ;

– à défaut d'administrateur judiciaire, l'option appartient au débiteur. Cependant, si le débiteur veut opter pour la continuation du contrat, il devra avoir l'avis conforme du mandataire judiciaire.

B – L'exercice de l'option sur la poursuite du contrat

Cette option peut être une **décision spontanée** de l'administrateur ou du débiteur autorisé par le mandataire judiciaire. Si ce dernier n'émet pas d'avis favorable, le juge-commissaire peut autoriser le débiteur à opter en faveur de la continuation du contrat. L'option peut encore émaner du liquidateur.

Le cocontractant peut adresser une **mise en demeure** à l'administrateur ou, à son défaut, au débiteur. En toute hypothèse, la mise en demeure n'est pas obligatoire. Il s'agit d'une simple faculté ouverte au cocontractant, destinée à lui permettre d'être fixé rapidement sur le sort de son contrat.

III – Les 4 situations possibles à l'issue de l'option

A – La continuation du contrat

Le cocontractant a mis en demeure l'organe compétent, et ce dernier a opté dans le délai d'un mois, en faveur de la continuation du contrat. Le contrat devra, par principe, être poursuivi aux mêmes conditions que celles existant au jour de l'ouverture de la procédure. À défaut, le contrat sera résilié de plein droit, mais seulement après que le juge-commissaire aura constaté cette résiliation.

Les conséquences de la continuation du contrat ne sont pas exactement les mêmes en sauvegarde et en redressement judiciaire :

- **En sauvegarde**, le débiteur doit payer la contrepartie du contrat continué, selon les stipulations contractuelles, c'est-à-dire à l'échéance convenue. À défaut de paiement à l'échéance en sauvegarde, le contrat sera résilié de plein droit, sauf si le cocontractant accepte d'accorder des délais de paiement à l'organe compétent.

- **En redressement judiciaire**, le Code de commerce prévoit un paiement au comptant, le débiteur ne pouvant plus bénéficier des délais de paiement consentis par les fournisseurs. À défaut de paiement au comptant, en redressement judiciaire, le contrat sera résilié de plein droit, sauf si le cocontractant accepte d'accorder des délais de paiement à l'organe compétent. Ici encore, le juge commissaire devra constater cette résiliation de plein droit.

Quelle que soit la procédure, après avoir opté pour la continuation du contrat, le débiteur ou l'administrateur peuvent décider de mettre fin au contrat à exécution ou paiement échelonnés dans le temps, s'ils s'aperçoivent qu'ils ne disposent pas des fonds leur permettant d'assurer le paiement du terme suivant.

B – La non-continuation

À l'intérieur du délai d'un mois de la mise en demeure, l'organe compétent peut opter pour la non-continuation du contrat.

Si cette option est la suite d'une mise en demeure qui lui a été adressée, cela entraîne *ipso facto* la résiliation du contrat à la date de réception de la réponse sur l'option. Il y aura lieu de déclarer au passif l'indemnité de résiliation dans le mois de cette date.

Si cette option intervient spontanément, c'est-à-dire sans qu'une mise en demeure ait été préalablement effectuée, l'option de non-continuation ne vaut pas résiliation. Elle autorise le cocontractant à faire prononcer la résiliation par le juge de droit commun, non par le juge-commissaire. Elle permet également à l'administrateur de demander au juge-commissaire de prononcer la résiliation. Il faut toutefois, en ce dernier cas, ainsi que l'indique l'article L. 622-13-IV du Code de commerce, que, d'une part, la résiliation soit nécessaire à la sauvegarde et que, d'autre part, elle ne porte pas une atteinte excessive aux intérêts du cocontractant.

C – L'absence de réponse de l'organe compétent

Si dans le délai d'un mois de la mise en demeure adressée par le cocontractant, aucune réponse n'est fournie, il y a résiliation du contrat (C. com., art. L. 622-13, al. 1). La règle est de fond, non de preuve.

D – Le différé d'option

L'organe compétent (l'administrateur ou, à son défaut, le débiteur ou le liquidateur) peut solliciter du juge-commissaire un différé d'option. Il demande à celui-ci de lui accorder un délai supplémentaire pour opter.

Le juge-commissaire peut accorder une prorogation de 2 mois maximum, pour prendre parti sur la continuation du contrat.

L'ordonnance autorisant le différé d'option devra être rendue avant l'expiration du mois imparti pour répondre.

À l'expiration du différé d'option, on se retrouvera dans l'une des trois situations précédentes.

IV – Les créances nées entre le jugement d'ouverture et la date d'option

Dans les quatre situations évoquées précédemment, les créances qui naissent entre le jugement d'ouverture et la date d'option (en faveur ou non de la continuation des contrats), sont couvertes par les dispositions de l'article L. 622-17 du Code de commerce, qui accordent un traitement préférentiel aux créanciers postérieurs, s'agissant de créances nées en contrepartie d'une prestation fournie au débiteur. En effet, tant que l'option sur la continuation n'est pas intervenue, le cocontractant est obligé de fournir la prestation promise, ce qui justifie qu'il puisse en obtenir paiement à l'échéance.

Le contrat en cours au jour du jugement d'ouverture ne peut pas être résilié tant que l'option n'est pas intervenue (explicitement ou implicitement).

Le cocontractant doit remplir ses obligations comme si le contrat était continué. En contrepartie, le législateur lui accorde un régime identique à celui du cocontractant dont le contrat est continué.

Par la suite, si le contrat est continué, les créances nées de la continuation seront considérées comme des créances nées régulièrement après le jugement d'ouverture.

En revanche, l'indemnité de résiliation du contrat (continué ou non) sera traitée comme une créance antérieure, qui devra être déclarée au passif dans le délai du mois de la résiliation de plein droit ou de la notification de la décision prononçant la résiliation.

§ 2 – Les règles spéciales à certains contrats

I – Les règles spéciales au bail des locaux professionnels

A – La coordination des règles du statut des baux commerciaux avec celles du droit des entreprises en difficulté

L'ouverture d'une procédure collective n'a pas pour effet d'écarter les dispositions protectrices du locataire, posées par les articles L. 145-1 et suivants du Code de commerce. Au contraire, il s'opère une coordination de ces règles avec celles du droit des procédures collectives de paiement, qui aboutit à un renforcement de la protection du locataire.

Cela explique des règles particulières – protectrices de l'entreprise en difficulté locataire – concernant la résiliation du contrat pour non-paiement de loyers antérieurs. Ces règles ne s'appliqueront pas si la cause de la résiliation n'est pas le non-paiement des loyers (exemple : déspécialisation du fond, non-assurance des locaux loués).

B – Les conditions de résiliation du bail commercial au jour du jugement d'ouverture pour défaut de paiement de loyers antérieurs

• Des loyers sont restés impayés avant jugement d'ouverture.

• Un commandement de payer visant la clause résolutoire insérée au contrat de bail est resté sans effet avant jugement d'ouverture.

• Une décision de justice rendue par le président du TGI, statuant en référés, a été rendue avant jugement d'ouverture, pour constater la résiliation du bail, et est devenue définitive (c'est-à-dire passée en force de chose jugée) avant jugement d'ouverture.

C – L'impossible résiliation du bail des locaux professionnels après jugement d'ouverture pour défaut de paiement de loyers antérieurs

Si la résiliation pour défaut de paiement de loyers antérieurs au jugement d'ouverture n'a pas été constatée avant jugement d'ouverture, elle ne pourra plus l'être après jugement d'ouverture. La solution dépasse les effets classiques de la règle de l'arrêt des poursuites individuelles. En effet, cette règle, qui interdit les actions en paiement et en résiliation, n'interdit pas, par principe, de faire constater une résiliation.

D – La résiliation du contrat après jugement d'ouverture

• L'une des grandes incertitudes de la loi de sauvegarde des entreprises a été de déterminer s'il fallait ou non coordonner les règles du droit commun de la continuation du contrat en cours avec celles spécifiques à la résiliation des baux commerciaux. L'ordonnance de réforme du 18 décembre 2008 a dissipé toute ambiguïté à ce sujet. Les règles relatives à l'option sur la continuation des contrats en cours sont inapplicables au bail des locaux professionnels.

• L'administrateur ou à son défaut le débiteur, avec l'avis conforme du mandataire judiciaire, peut décider spontanément de ne pas continuer le contrat. Contrairement à la solution posée en droit commun de la continuation des contrats en cours, cette décision entraînera résiliation du contrat.

S'il y a option pour la continuation du contrat, le défaut de paiement des loyers postérieurs à l'ouverture de la procédure collective pourra entraîner la résiliation du bail. Cependant, l'article L. 622-14 du Code de commerce oblige le bailleur à attendre trois mois à compter du jugement d'ouverture. Il se fondera alors sur le non-paiement de loyers ou de charges relatives à une période postérieure au jugement d'ouverture.

• Le constat de la résiliation pourra intervenir, dans tous les cas après avoir respecté le préalable du commandement de payer visant la clause résolutoire, au choix du bailleur :

- soit, après par saisine du juge-commissaire, qui rendra une ordonnance constatant la résiliation de plein droit ;
- soit, selon le droit commun du statut des baux commerciaux, par saisine du président du TGI statuant en référés.

Dans les deux cas, des délais de grâce pourront être accordés au locataire ou à son administrateur.

• L'inexploitation des lieux loués pendant la période d'observation n'est pas une cause de résiliation du contrat.

II – Les règles particulières au contrat de fiducie

L'ordonnance du 18 décembre 2008 a innové, en prévoyant l'exclusion du régime de la continuation des contrats en cours, des contrats de fiducie, sans distinguer selon qu'il s'agit d'une fiducie-sûreté ou d'une fiducie gestion. L'administrateur judiciaire ou le débiteur ne pourra mettre fin, sur option, au contrat de fiducie, ce qui assure la protection du bénéficiaire de ce contrat.

Il est possible, dans le mécanisme de la fiducie-sûreté, de prévoir que les biens transférés dans le patrimoine fiduciaire resteront à disposition du débiteur. En ce cas, une convention doit régler les modalités de conservation de l'usage ou de la jouissance de ces biens. Cette convention liant le fiduciaire et le débiteur constituant reste, pendant la période d'observation, soumise aux règles de continuation des contrats en cours. Cette disposition permet ainsi de paralyser, pendant la période d'observation et celle d'exécution des plans de sauvegarde et de redressement, l'efficacité de la fiducie-sûreté. En revanche, cette convention n'est plus régie par les règles de la continuation des contrats en cours en liquidation judiciaire. Il faut comprendre que le jeu de la fiducie-sûreté ne peut être paralysé en liquidation judiciaire.

III – Les règles particulières au contrat de travail

A – Le principe de continuation de plein droit du contrat de travail

Le jugement d'ouverture de la procédure de sauvegarde ou de redressement judiciaire ne met pas fin au contrat de travail. En principe, le contrat se continue aux mêmes conditions.

Le salarié n'aura donc pas à mettre en demeure son employeur d'avoir à opter sur la poursuite de son contrat.

B – La rupture du contrat de travail

Les règles relatives à la rupture du contrat de travail diffèrent selon la phase pendant laquelle interviennent les licenciements.

• La procédure de **sauvegarde** ne contient pas de règles particulières, de sorte que le droit commun doit continuer à s'y appliquer. L'heure n'est pas aux licenciements économiques massifs, l'entreprise n'étant pas en cessation des paiements. La procédure de sauvegarde se trouve *a priori* pénalisée par rapport au redressement judiciaire.

• En procédure de **redressement judiciaire**, le législateur a aménagé les règles des licenciements pour motif économique. En revanche, le droit commun du licenciement continue à s'appliquer en matière de licenciements trouvant leur cause dans un motif autre qu'économique.

• Si des licenciements sont envisagés pendant la période d'observation du redressement judiciaire, ils doivent être autorisés par le juge-commissaire. Ils le seront s'ils sont urgents, inévitables et indispensables.

L'ordonnance du juge-commissaire devra être antérieure à la lettre de licenciement. À défaut, le licenciement sera privé de cause réelle et sérieuse.

Les licenciements seront mis en œuvre par l'administrateur et, en son absence, par le chef d'entreprise.

Pour ne pas priver de cause réelle et sérieuse le licenciement, la lettre de licenciement devra impérativement viser l'ordonnance du juge-commissaire ayant autorisé les licenciements.

Sous peine de nullité des licenciements, les autorités administratives de même que les institutions représentatives du personnel, devront être informées préalablement des licenciements économiques envisagés.

Effectifs de l'entreprise	Institution représentative du personnel à informer
1 à 9 salariés	Le représentant des salariés
10 à 49 salariés	Les délégués du personnel
50 salariés et +	Les membres du comité d'entreprise

Les règles de reclassement des salariés doivent être respectées, ainsi que celles relatives au plan de sauvegarde de l'emploi en cas de licenciements massifs.

Section 2 – Le financement de la poursuite d'activité

Par hypothèse, l'entreprise en sauvegarde et celle en redressement judiciaire connaissent des difficultés. Même si la première n'est pas en état de cessation des paiements, sa situation de trésorerie sera, en période d'observation, le plus souvent délicate. *A fortiori* en sera-t-il ainsi pour la seconde. Pourtant, l'argent est bien le nerf du sauvetage recherché. Des règles spéciales ont été posées, pour cette raison, par le législateur au profit des créanciers postérieurs afin de faciliter le financement de la période d'observation (§ 1). Une autre source de financement pourra être trouvée dans les réalisations d'actifs en période d'observation (§ 2).

§ 1 – Le traitement préférentiel réservé à certains créanciers postérieurs, moyen de financement de la poursuite d'activité

Les créanciers postérieurs sont, pour la plupart, des partenaires indispensables à la poursuite de l'activité. C'est la raison pour laquelle le législateur les traite de façon particulière à l'article L. 622-17 du Code de commerce, pour la sauvegarde et le redressement judiciaire. Des règles spéciales, qui seront étudiées séparément, concernent la liquidation judiciaire (v. p. 105).

La détermination du *domaine de la règle du traitement préférentiel* revêt une importance spéciale du fait du *régime de la règle du traitement préférentiel.*

I – Le domaine de la règle du traitement préférentiel

Pour déterminer le domaine de la règle, il convient d'abord de procéder à *la difficile délimitation des créances antérieures et des créances postérieures*, puis de préciser *la date butoir de naissance des créances postérieures.*

Non seulement les créances doivent être nées après jugement d'ouverture, mais il faut s'assurer encore de la régularité de *la naissance des créances postérieures.* La loi de sauvegarde des entreprises a en outre introduit une distinction entre ces créances nées régulièrement après le jugement d'ouverture, en fonction d'un *critère téléologique d'élection au traitement préférentiel.*

A – La difficile délimitation des créances antérieures et des créances postérieures

1. Le principe de délimitation

La distinction entre les créances antérieures et postérieures au jugement d'ouverture est posée dans deux articles fondamentaux du Code de commerce :

• L'article L. 622-24 du Code qui prévoit, en son alinéa 1, que les créanciers, dont la créance est née antérieurement au jugement d'ouverture, doivent la déclarer au passif. Cet article est le corollaire de l'article L. 622-21 du Code qui énonce que les créanciers antérieurs ne peuvent plus poursuivre le débiteur en justice après le jugement d'ouverture.

• L'article L. 622-17 du Code, applicable en sauvegarde et en redressement judiciaire – dont les solutions sont reproduites en liquidation judiciaire par l'article L. 641-13 –, dispose que les créanciers, dont la créance est née postérieurement au jugement d'ouverture, doivent être payés à l'échéance. Ils n'ont donc pas à déclarer cette créance au passif, et ne sont pas concernés par l'article L. 622-21 qui interdit les actions en justice.

Afin de distinguer les créances antérieures et les créances postérieures, il convient de raisonner en termes de fait générateur de la créance, sans avoir égard à l'exigibilité de la créance. Si, l'événement donnant naissance à la créance est antérieur au jugement d'ouverture, la créance sera antérieure. Si le fait générateur est postérieur au jugement d'ouverture, la créance sera postérieure.

2. Les applications principales

Dans les contrats synallagmatiques, la tendance est de trouver le fait générateur de l'obligation de payer dans la contrepartie de l'obligation. Ainsi, dans la vente, l'obligation de l'acheteur naît de la délivrance de la chose. Si la livraison est antérieure au jugement d'ouverture, la créance du prix est une créance antérieure.

Ce raisonnement permet, en outre, d'assurer une symétrie entre la date de naissance de la créance et la continuation des contrats en cours, en présence de contrats à exécution successive.

Dans le bail, convention par laquelle une personne s'engage à faire jouir une autre personne d'un bien pendant un certain temps, et moyennant un certain prix que cette dernière s'engage à payer, le bailleur contracte l'obligation d'assurer au preneur la jouissance. À chaque période de jouissance, correspond un loyer. Le fait générateur de la créance de loyer est donc la jouissance procurée. Si la période de jouissance procurée est antérieure au jugement d'ouverture, la créance de loyer correspondante est également antérieure. Peu importe la date d'exigibilité du loyer.

Dans les contrats unilatéraux, la tendance est au contraire de placer le fait générateur à la conclusion du contrat. De manière classique, dans le contrat de prêt, le fait générateur de la créance du prêteur était trouvé dans la remise des fonds. La solution a ensuite été abandonnée par la jurisprudence, qui s'est départie de l'analyse du prêt en un contrat réel pour y voir un contrat consensuel, lorsque le prêteur est un établissement de crédit. Le fait générateur de l'obligation de rembourser est désormais trouvé dans l'acceptation de l'offre préalable, dans les crédits à la consommation et dans les crédits immobiliers à l'habitat, à la signature du contrat, en dehors du domaine du Code de la consommation. En revanche, si le prêteur n'est pas un établissement de crédit, le prêt reste un contrat réel. Il ne naît que de la remise de la chose, laquelle fait naître l'obligation de rembourser.

Les créances délictuelles ont pour fait générateur la faute commise.

Les créances fiscales et sociales ont des faits générateurs précisés par des textes spéciaux, qui sont sans rapport avec la date d'exigibilité des impôts ou des cotisations. À titre d'exemple, le fait générateur de l'impôt sur le revenu est l'expiration de l'année qui sert de calcul à l'impôt.

B – La date butoir de naissance des créances postérieures

Pour bénéficier du traitement de faveur posé par les articles L. 622-17 et L. 641-13 du Code de commerce, la créance doit encore être née après le jugement d'ouverture, mais avant une certaine date butoir.

1. La période d'observation

Il n'y a d'abord pas de difficulté à reconnaître le bénéfice de l'article L. 622-17 aux créances nées pendant la période d'observation, et même si, *a priori*, les délais maxima de période d'observation sont dépassés.

2. L'arrêté des plans de sauvegarde et de redressement

Après l'arrêté d'un plan de sauvetage, les créances postérieures ne peuvent plus, par principe, naître. La solution s'applique que le tribunal ait arrêté un plan de sauvegarde ou de redressement. À compter de cette date, le débiteur retrouve la pleine maîtrise de ses droits.

3. La résolution des plans de sauvegarde et de redressement

En cas de résolution d'un plan de sauvegarde avec ou pour survenance de l'état de cessation des paiements, il y a ouverture d'une seconde procédure, qui est soit un redressement judiciaire, soit une liquidation judiciaire.

En cas de résolution d'un plan de redressement, avec état de cessation des paiements, il y a ouverture d'une seconde procédure, qui est nécessairement une liquidation judiciaire.

Dans la seconde procédure collective, les créances postérieures de la première, qui n'ont pas été payées, deviennent des créances antérieures, en conservant toutefois le privilège conféré par l'article L. 622-17 du Code si ce privilège a été conservé dans la première (v. p. 68).

4. La liquidation judiciaire

Les créances nées après jugement de liquidation sont couvertes, selon certaines limites (v. p. 104) par les dispositions de l'article L. 641-13.

C – La régularité de la naissance des créances postérieures

Pour bénéficier des dispositions de l'article L. 622-17 du Code de commerce, les créances postérieures au jugement d'ouverture doivent encore être nées « régulièrement ». Il n'en sera ainsi que dans la mesure du respect des règles de l'administration contrôlée, qui assurent une répartition des pouvoirs entre le débiteur et l'administrateur.

Si la créance n'est pas née régulièrement, il en résulte l'impossibilité d'attribution du traitement préférentiel. La créance est hors procédure. Son paiement ne pourra intervenir qu'après clôture de la procédure.

D – Le critère téléologique d'élection au traitement préférentiel

Pour assurer une précieuse trésorerie à l'entreprise, qui constitue une clé de son redressement futur, la loi de sauvegarde des entreprises, en rupture marquée par rapport à la législation précédente, a introduit des critères téléologiques d'attribution du traitement préférentiel. Toutes les créances nées régulièrement après le jugement d'ouverture ne bénéficieront donc pas du traitement préférentiel.

Le législateur opère une sélection entre ces créances. Pour bénéficier du traitement préférentiel, la créance devra être née soit :

– pour les besoins du déroulement de la procédure : il s'agit là de toutes les créances inhérentes à la procédure collective, qui n'auraient pu naître sans l'ouverture de celle-ci, et notamment les frais et honoraires de la procédure de sauvegarde ou de redressement ;

– pour les besoins de la période d'observation : il s'agit là principalement de créances qui auraient pu naître en dehors de toute procédure collective. Ce sont les créances inhérentes à la poursuite d'activité, spécialement les créances fiscales et sociales ;

– en contrepartie d'une prestation fournie au débiteur, en relation ou non avec son activité professionnelle, pendant la période d'observation : il s'agit là des créances nées de la poursuite des contrats en cours et de celles nées de la conclusion de contrats nouveaux. Il s'agit de créances contingentes par rapport à la procédure collective.

E – Les créances non éligibles au traitement préférentiel

Le titulaire d'une créance, qui est née régulièrement après le jugement d'ouverture, mais qui ne correspond pas aux critères téléologiques d'attribution du traitement préférentiel, est globalement traité comme un créancier antérieur. C'est un créancier postérieur « non méritant ».

II – Le régime de la règle du traitement préférentiel

L'article L. 622-17 du Code de commerce accorde aux créanciers postérieurs deux prérogatives essentielles : *la règle du paiement à l'échéance et la règle du paiement par privilège*.

A – La règle du paiement à l'échéance

1. L'énoncé de la règle

Aux termes des dispositions de l'article L. 622-17-I du Code de commerce, « Les créances nées régulièrement après le jugement d'ouverture [...] sont payées à leur échéance ». Cela signifie que le titulaire d'une telle créance doit être payé selon les dispositions légales ou contractuelles applicables à sa créance.

2. Les conséquences de la règle

Le créancier postérieur éligible au traitement préférentiel n'est pas concerné par un certain nombre de restrictions atteignant les créanciers antérieurs. C'est ainsi qu'il y a :

• Inapplication de la règle de l'arrêt des poursuites individuelles : le créancier postérieur éligible au traitement préférentiel ayant le droit d'être payé à l'échéance, peut demander en justice, soit le paiement, soit la résiliation du contrat pour défaut de paiement d'une créance postérieure.

• Inapplication de la règle de l'arrêt des voies d'exécution : le créancier postérieur éligible au traitement préférentiel pouvant demander en justice son paiement, peut obtenir l'exécution forcée de son titre. Il n'est donc pas concerné par la règle de l'arrêt des voies d'exécution. Comme il peut obtenir son paiement en justice, il peut faire inscrire des sûretés en garantie de son paiement. Cette règle autorise, par principe, le créancier postérieur à pratiquer toutes saisies en exécution de son titre.

Cependant, la rigueur de cette règle a été tempérée par le législateur qui rend insaisissables les sommes déposées par les mandataires de justice à la Caisse des dépôts et consignations, ce qui prive d'une grande partie de son intérêt la disposition régissant le traitement postérieur des créanciers postérieurs élus au traitement préférentiel.

• Inapplication de la règle de l'arrêt du cours des intérêts : le créancier postérieur n'est pas concerné par la règle de l'arrêt du cours des intérêts.

• Inapplication des remises et délais du plan de sauvegarde ou de redressement : puisque le créancier postérieur doit être payé à l'échéance, sa créance ne peut être soumise aux remises ou aux délais d'un plan de sauvegarde ou de redressement. Son titulaire ne peut, au titre de cette créance, être membre d'un comité de créanciers. Cette créance ne peut donc être intégrée dans un tel plan.

B – La règle du paiement par privilège

1. Le caractère subsidiaire de la règle du paiement par privilège

La règle du paiement par privilège n'est que subsidiaire par rapport à la règle du paiement à l'échéance. Si le créancier postérieur éligible au traitement préférentiel n'est pas payé à l'échéance, la règle du paiement par privilège trouvera à s'appliquer.

2. Nature du droit de priorité

L'article L. 622-17-II du Code de commerce, en rupture avec la solution de la législation précédente, n'institue plus au profit de son bénéficiaire un simple droit de priorité, mais un véritable privilège, de portée absolument générale sur les biens du débiteur. Ce privilège subsistera dans la seconde procédure ouverte suite à la résolution du plan de sauvegarde ou de redressement.

3. Le classement dit externe

Il s'agit ici de classer les créanciers postérieurs par rapport aux autres créanciers.

Le législateur opère une distinction, dans le classement, selon que le débiteur est ou non en liquidation judiciaire.

• **Le classement est le suivant en dehors de la liquidation judiciaire :**

Rang 1 : Le super-privilège des salaires, puis le privilège des producteurs agricoles et du façonnier.

Rang 2 : Les frais de justice postérieurs au jugement d'ouverture et utiles au déroulement de la procédure.

Rang 3 : Le privilège de la conciliation.

Rang 4 : Les créanciers postérieurs privilégiés avec leurs 3 rangs, que nous allons examiner ci-après.

Rang 5 : Les créanciers antérieurs titulaires de certaines sûretés générales ou spéciales selon leur rang.

Rang 6 : Les créanciers chirographaires.

4. Le classement dit interne

Il s'agit ici de classer les créanciers postérieurs entre eux.

• **En dehors de la liquidation judiciaire :**

Rang 1 : Les créances salariales qui n'ont pas été avancées par l'AGS.

Rang 2 : Les prêts conclus après jugement d'ouverture avec l'autorisation du juge-commissaire et les créances résultant de la continuation des contrats, et pour lesquelles le cocontractant accepte de recevoir un paiement différé.

Rang 3 : Les autres créanciers postérieurs privilégiés selon leur rang. Figurent ici d'abord les créanciers titulaires de privilèges généraux, par exemple le Trésor public, puis les créanciers postérieurs privilégiés « ordinaires ».

5. La conservation du privilège

Le privilège est attribué de plein droit en fonction de sa créance au créancier qui en est titulaire. Toutefois, et de manière nouvelle par rapport à la législation précédente, le législateur oblige le créancier à certaines démarches pour pouvoir conserver son privilège.

En dehors de la liquidation judiciaire, les créances postérieures privilégiées nées pendant la période d'observation doivent être portées à la connaissance de l'administrateur ou, à son défaut, du mandataire judiciaire et, lorsque cet organe a cessé ses fonctions, du commissaire à l'exécution du plan ou du liquidateur, dans le délai d'un an à compter de la fin de la période d'observation (C. com., art. L. 622-17-IV).

Le commissaire à l'exécution du plan dépose ensuite cette liste au greffe dans certains délais (C. com., art. R. 622-15). Le greffier fait publier au *Bulletin officiel des annonces civiles et commerciales (Bodacc)* une insertion indiquant ce dépôt. Tout intéressé peut contester cette liste devant le juge-commissaire dans un délai d'un mois à compter de la publication de cet avis de dépôt. Les créances rejetées de cette liste par le juge-commissaire sont réputées avoir été déclarées régulièrement au passif et sont donc traitées comme des créances antérieures. Elles seront ensuite vérifiées.

Si le créancier ne procède pas à cette information sur l'existence de sa créance postérieure privilégiée, sa créance demeure une créance postérieure éligible au traitement préférentiel, lui donnant le droit d'être payé à l'échéance, mais il perd son privilège.

C – Le sort des créanciers postérieurs non éligibles au traitement préférentiel

Le titulaire d'une créance antérieure non éligible au traitement préférentiel se voit appliquer trois règles fondamentales du traitement réservé aux créanciers antérieurs.

• Le créancier postérieur non éligible au traitement préférentiel se voit appliquer la règle de l'interdiction du paiement des créances (C. com., art. L. 622-7). Il ne peut donc être payé à l'échéance et ne pourra que participer à des répartitions chirographaires ou être payé par les dividendes du plan de sauvegarde ou de redressement.

Pour des raisons humanitaires, le législateur écarte toutefois cet alignement sur le sort des créanciers antérieurs pour une catégorie de créanciers postérieurs non éligibles au traitement préférentiel : les créanciers d'aliments.

• Le créancier postérieur non éligible au traitement préférentiel se voit appliquer la règle de l'arrêt et de l'interruption des poursuites individuelles et des voies d'exécution (C. com., art. L. 622-21-I et II). Il ne peut donc, pour obtenir le paiement de sa créance, poursuivre le débiteur.

• Le créancier postérieur non éligible au traitement préférentiel, qui ne peut obtenir paiement de sa créance et ne peut poursuivre en paiement le débiteur, doit corrélativement se soumettre à la déclaration de sa créance au passif, exactement comme un créancier antérieur. Une exception est cependant posée au profit des créanciers d'aliments.

§ 3 – Les réalisations d'actifs en période d'observation, autre source de financement

La période d'observation n'est pas conçue pour le désintéressement des créanciers. Il en résulte *le caractère exceptionnel des réalisations d'actifs du débiteur.* Le prix de vente des biens réalisés n'est pas distribué aux créanciers. Au contraire est posé *le principe de consignation du prix.* Par exception, *la possibilité d'une substitution de garantie* ainsi que celle d'un *paiement provisionnel* peuvent être envisagées.

I – Le caractère exceptionnel des réalisations d'actifs du débiteur

La période d'observation est préparatoire à une solution pour l'entreprise. Par principe, les réalisations d'actifs seront peu nombreuses en cette période.

Une distinction s'impose selon qu'il s'agit *de la réalisation des biens non grevés de sûretés ou de la réalisation des biens grevés de sûretés.*

A – La réalisation des biens non grevés de sûretés

En dehors des ventes de biens non immobilisés au sens comptable, qui rentrent dans le cadre de l'activité du débiteur et qui, en conséquence, sont des actes de gestion courante, le Code de commerce envisage la possibilité pour le juge-commissaire d'autoriser le chef d'entreprise, en sauvegarde, à faire un acte de disposition étranger à la gestion courante de l'entreprise. En redressement judiciaire, cette autorisation sera donnée à l'administrateur judiciaire si ce dernier a une mission de représentation, au débiteur et à d'administrateur si ce dernier a une mission d'assistance, ou au débiteur en l'absence d'administrateur.

Les fonds provenant de la vente des biens, dès lors qu'ils ne sont pas grevés de sûretés, seront remis à l'entreprise. Ils constitueront, pour elle, de la trésorerie.

B – La réalisation des biens grevés de sûretés

Aux termes de l'article L. 622-8, alinéa 1 du Code de commerce, « en cas de vente d'un bien grevé d'un privilège spécial, d'un nantissement, d'un gage ou d'une hypothèque, la quote-part du prix correspondant aux créances garanties par ces sûretés est versée en compte de dépôt à la Caisse des dépôts et consignations ». Le texte poursuit en énonçant que les créanciers seront payés après adoption du plan, en fonction de leur rang.

La vente de biens grevés de sûretés s'analyse en un acte de disposition étranger à la gestion courante.

Le mécanisme d'habilitation judiciaire visé à l'article L. 622-7 et les sanctions du dispositif visées au même article (v. p. 55) devront donc être respectés.

II – Le principe de consignation du prix

A – Le domaine de la consignation du produit des réalisations d'actifs en période d'observation

L'article L. 622-8, alinéa 1 du Code de commerce vise la « *vente d'un bien grevé d'un privilège spécial, d'un nantissement, d'un gage ou d'une hypothèque* ».

Toutefois, le texte n'a pas vocation à régir les gages assortis d'un droit de rétention. Le créancier rétenteur devra être payé. Le bien qu'il retient ne pourra être vendu sans retrait, c'est-à-dire sans paiement préalable. Indiquons toutefois que le droit de rétention fictif reconnu par l'article 2286-4° du Code civil, au profit des créanciers gagistes sans dépossession est neutralisé en période d'observation : il est inopposable, en application de l'article L. 622-7-I, alinéa 2 du Code de commerce. La vente des biens gagés pourra, en conséquence, intervenir, avec l'obligation de consignation correspondante.

B – La consignation de la quote-part du prix correspondant aux créances garanties

L'article L. 622-8, alinéa 1 du Code de commerce prévoit que la quote-part du prix correspondant aux créances garanties est versée à la Caisse des dépôts et consignations.

La consignation ne concerne que la quote-part relative aux créances garanties. L'excédent doit immédiatement être remis à l'entreprise, pour lui assurer de la trésorerie.

C – Le paiement des créanciers titulaires de la sûreté sur le bien vendu

Le paiement des créanciers n'interviendra qu'après expiration de la période d'observation. Un plan de sauvegarde ou de redressement est arrêté : il y aura un versement au profit du créancier titulaire de la sûreté par anticipation sur les dividendes qu'il aurait dû toucher dans le cadre du plan. Ces dividendes, dans l'hypothèse où ils ne seraient pas complètement payés, seront réduits à due concurrence des paiements reçus.

S'il y a liquidation judiciaire, les sommes consignées seront distribuées dans le cadre des répartitions liquidatives.

Dans les deux hypothèses, le créancier inscrit sur le bien grevé entrera en concours avec les créanciers de rang préférable.

III – La possibilité d'une substitution de garantie

A – L'énoncé de la règle relative à la substitution de garantie en période d'observation

La substitution de garantie est réglementée par l'article L. 622-8, alinéa 3 du Code de commerce.

Elle constitue une exception au principe de consignation posé par l'alinéa 1.

La formule se révèle spécialement intéressante pour l'entreprise débitrice. En effet, plutôt que de voir consignés les fonds provenant de la vente des biens puis, après adoption d'une solution, distribués aux créanciers inscrits, ces fonds vont être affectés à la poursuite de l'activité. Ils constitueront ainsi, pour leur totalité, une source de financement pour l'entreprise.

B – Le domaine de la substitution de garantie en période d'observation

Étant une exception au principe de consignation énoncé par l'article L. 622-8, alinéa 1, il faut décider que le domaine de la substitution de garanties est identique à celui de cette disposition.

En conséquence, le droit de rétention fait obstacle à l'utilisation de la substitution de garantie, sous réserve de ce qui a été expliqué pour les créanciers gagistes sans dépossession.

C – La condition de fond de la substitution de garantie en période d'observation : l'équivalence de la garantie substituée

La substitution de garantie est subordonnée à la fourniture d'une garantie équivalente à la garantie substituée.

D – Les modalités procédurales de la substitution de garantie en période d'observation

L'article L. 622-8, alinéa 3 prévoit qu'il appartient aux parties de se rapprocher pour convenir de la substitution de sûreté et, qu'à défaut, il y a lieu de saisir le juge-commissaire.

Ce dernier rendra en conséquence une ordonnance d'autorisation de substitution de garanties. Le juge-commissaire sera saisi par voie de requête.

Par exception, son ordonnance ne sera pas susceptible d'un recours devant le tribunal, mais d'appel, qui sera suspensif, l'ordonnance du juge-commissaire n'étant pas ici revêtue de l'exécution provisoire.

E – Les effets de la substitution de garanties. Radiation des inscriptions

Si la substitution est décidée, la radiation de l'ancienne sûreté sera requise par le demandeur à la substitution ou par son bénéficiaire, sur injonction faite par le juge-commissaire dans son ordonnance. Identiquement, l'inscription de la nouvelle sûreté sera requise par le demandeur à la substitution ou par son bénéficiaire.

L'ancienne sûreté ne pourra être radiée qu'après constitution de la garantie substituée.

Les frais de la nouvelle inscription et de la radiation incombent au débiteur.

Du fait de la substitution de garanties, les créanciers seront payés dans les conditions classiques applicables à la solution qu'arrêtera le tribunal à l'issue de la période d'observation.

IV – La possibilité d'un paiement provisionnel

A – L'énoncé de la règle

Soucieux de restaurer les droits des créanciers titulaires de sûretés spéciales, le législateur, depuis la loi du 10 juin 1994, a introduit la possibilité d'un paiement provisionnel en période d'observation, conservé par la loi de sauvegarde des entreprises.

L'article L. 622-8, alinéa 2 permet au juge-commissaire d'« *ordonner le paiement provisionnel de tout ou partie de leurs créances aux créanciers titulaires de sûretés sur le bien* ».

B – Les modalités du paiement provisionnel en période d'observation

La compétence appartient au juge-commissaire, saisi par voie de requête, qui statue par voie d'ordonnance.

La demande émane du créancier. Il doit joindre à sa requête une copie de sa déclaration de créance et les documents justificatifs de sa créance.

C – Les conditions de fond de la décision de paiement provisionnel

Peu importe que le créancier ait été admis au passif.

Par principe, le créancier qui sollicite un paiement provisionnel devra fournir une garantie émanant d'un établissement de crédit (C. com., art. L. 622-8, al. 2), car il s'expose à devoir restituer ce qu'il a reçu, si la somme perçue ne lui est finalement pas due. Cependant, le Trésor public et les organismes sociaux et assimilés sont dispensés de fournir la garantie. En outre, le juge-commissaire peut motiver son ordonnance de paiement provisionnel pour dispenser le créancier d'avoir à fournir la garantie.

La provision est allouée à hauteur d'un montant non sérieusement contestable en fonction de la déclaration de créance, des documents justificatifs et du rang de collocation de la créance.

Sous-titre 3
Les solutions de sauvetage

La sauvegarde et le redressement judiciaire sont deux procédures collectives ayant pour objet le sauvetage de l'entreprise. Signalons toutefois que le plan de redressement peut n'avoir comme objet que l'apurement du passif du débiteur, sans solution de sauvetage de l'entreprise.
Tenter de sauver une entreprise est une opération complexe qui se déroule en plusieurs étapes.
Il faut commencer par s'intéresser à la préparation du sort de l'entreprise (Chapitre 1). Il y a ensuite place, si la tentative est fructueuse, à l'adoption du plan (Chapitre 2), puis à son exécution (Chapitre 3). Pendant cette dernière, des difficultés d'exécution peuvent survenir (Chapitre 4).

Chapitre 1
La préparation du sort de l'entreprise

L'essentiel

Pendant la période d'observation, tout doit être mis en œuvre pour essayer de sauver l'entreprise. Par principe, cette dernière se confond, dans son traitement, avec le débiteur, faute de personnalité morale de l'entreprise. La solution est évidente pour les débiteurs personnes morales. Mais elle doit aussi être posée en présence d'un débiteur personne physique. Ce dernier ne pourra espérer poursuivre son activité que si son passif est intégralement traité, qu'il soit professionnel ou non. Cette observation repose sur le principe d'unicité du patrimoine, qui implique que tout l'actif réponde de tout le passif. Cette remarque doit être tempérée, depuis la création, par la loi du 15 juin 2010, de l'entrepreneur à responsabilité limitée (EIRL). La procédure collective n'atteint que les actifs et passifs relatifs à l'entreprise à patrimoine affecté. Il n'est pas question de traiter, dans le cadre de la procédure collective, toutes les difficultés financières du débiteur, personne physique, mais seulement de se préoccuper du sauvetage de l'EIRL.
Dans la tentative de sauvetage de l'entreprise, la première étape est l'élaboration du bilan économique et social (Section 1) car il faut déterminer l'origine et l'importance des difficultés. Il faut ensuite élaborer un voire plusieurs projets de plan (Section 2). Dans ce cadre, il y a place à la consultation des créanciers antérieurs (Section 3). Une mesure conservatoire mérite d'être précisée : l'incessibilité des parts et actions des dirigeants, en ce qu'elle est destinée à faciliter l'adoption du plan de redressement (Section 4).

Section 1 – L'élaboration du bilan économique et social

§ 1 – L'objet du bilan économique et social

Le bilan économique et social est une étude précise de la situation de l'entreprise. C'est un document rétrospectif sur le passé.

Matériellement, il prend la forme d'un rapport, qui contient l'origine, l'importance et la nature des difficultés de l'entreprise, selon l'article L. 623-1, alinéa 2. L'alinéa 3 ajoute que, dans le cas où l'entreprise exploite une ou des installations classées au sens du titre Ier du livre V du Code de l'environnement, le bilan économique et social est complété par un bilan environnemental.

§ 2 – L'élaboration du bilan économique et social

Le bilan économique et social est élaboré par l'administrateur judiciaire avec l'assistance du débiteur. En l'absence d'administrateur judiciaire, le bilan économique et social n'est pas exigé.

Le bilan économique et social doit être communiqué avant l'expiration de la période d'observation, au débiteur, au comité d'entreprise ou aux délégués du personnel, au mandataire judiciaire, à l'inspection du travail et aux contrôleurs.

Section 2 - Les projets de plan

§ 1 - Les auteurs de projet de plan

Le projet de plan est un document prospectif sur l'avenir.

Dans la procédure de **sauvegarde**, l'élaboration du projet de plan est l'œuvre du débiteur, avec l'assistance de l'administrateur.

Pendant la période d'observation du **redressement judiciaire**, l'administrateur est chargé de l'établir avec l'assistance du débiteur. L'administrateur consulte le mandataire judiciaire et entend toute personne susceptible de l'informer sur la situation, les perspectives de redressement, les modalités de règlement du passif et les conditions sociales de la poursuite d'activité.

Si l'administrateur judiciaire ne présente pas de projet de plan, le débiteur peut en présenter un. En l'absence d'administrateur, l'élaboration du projet de plan incombe au débiteur. Il pourra se faire assister par un expert.

Depuis l'ordonnance du 12 mars 2014, les créanciers, dans le cadre de la procédure avec comités, peuvent aussi présenter des projets de plan, concurremment ou non avec celui du débiteur.

§ 2 - Le contenu du projet de plan

Le projet de plan comporte trois volets correspondant aux trois finalités des procédures de sauvegarde et de redressement judiciaire.

Il s'agit de brosser le tableau le plus précis possible de l'avenir de l'entreprise, compte tenu des solutions envisagées.

Le projet de plan doit contenir :

– **un volet économique.** Il s'agit de déterminer les perspectives de redressement en fonction des possibilités et des modalités d'activités, de l'état du marché et des moyens de financement disponibles ;

– **un volet financier.** Il s'agit de prévoir les modalités de règlement du passif et les garanties éventuelles que le chef d'entreprise doit souscrire pour en assurer l'exécution ;

– **un volet social.** Il s'agit d'exposer et de justifier le niveau et les perspectives d'emploi, ainsi que les conditions sociales envisagées pour la poursuite d'activité. Si le projet de plan prévoit des licenciements, il rappelle les mesures déjà intervenues et définit les actions à entreprendre pour l'indemnisation des salariés concernés et leur reclassement. Observons toutefois que les licenciements économiques, dans la procédure de sauvegarde, obéiront au droit commun.

Indiquons que le plan de redressement peut cependant n'avoir comme objectif que le paiement du passif du débiteur. Dans ce cas, il n'est pas question de continuer l'activité et par conséquent de sauver l'entreprise et les emplois.

Section 3 – La consultation des créanciers antérieurs

Pendant la période d'observation, s'il apparaît qu'un plan de sauvetage est envisageable, les créanciers antérieurs, dont les droits peuvent être affectés par le plan, seront consultés, individuellement ou collectivement, sur les délais et remises qu'ils entendent consentir au débiteur. La loi de sauvegarde des entreprises invite à distinguer deux procédures de consultation des créanciers : la procédure de consultation des créanciers avec comités de créanciers et la procédure ordinaire de consultation des créanciers, cependant que cette distinction est supprimée dans la sauvegarde accélérée où la procédure est obligatoirement suivie avec des comités de créanciers (v. p. 48). Des règles particulières sont, en outre, applicables aux créanciers publics, dans les procédures avec ou sans comités.

§ 1 – La consultation des créanciers non publics

I – La consultation des créanciers en l'absence de comités de créanciers

Les créanciers non publics ont 30 jours pour répondre au courrier de consultation émanant du mandataire judiciaire, leur demandant s'ils acceptent les délais de paiement et remises de dettes proposés.

S'ils ne répondent pas, ils sont présumés avoir accepté les délais et remises proposés dans la consultation.

S'ils répondent :

– le tribunal devra tenir compte des délais qu'ils ont acceptés, sans pouvoir les allonger ; ces délais acceptés peuvent être supérieurs à 10 ans.
– le tribunal devra également tenir compte des remises acceptées. Le tribunal ne pourra pas imposer des remises aux créanciers, sauf à commettre un excès de pouvoir ;
– si les créanciers refusent les délais proposés, le tribunal pourra imposer des délais uniformes aux créanciers réfractaires, qui ne pourront excéder 10 ans. En revanche, le tribunal ne pourra pas imposer de remise aux créanciers réfractaires.

La durée du plan ne peut être supérieure à 10 ans. Telle est également la limite des délais imposés aux créanciers par le tribunal. Ces délais peuvent être portés à 15 ans pour les agriculteurs. Notons que les délais de remboursement peuvent donc être plus longs que la durée du plan.

II – La consultation des créanciers en présence de comités de créanciers

A – Domaine des procédures avec comités de créanciers

Dès lors que l'entreprise dépasse l'un des deux seuils alternatifs fixés par décret, des comités de créanciers doivent impérativement être constitués pour l'élaboration du plan de sauvegarde. L'article R. 626-52 du Code de commerce fixe ainsi les seuils :

150 salariés et 20 millions d'euros de chiffre d'affaires hors taxes. Dans l'un de ces cas, les comités de créanciers sont obligatoires.

En deçà de ces seuils, dès lors que les comptes du débiteur sont tenus par un expert-comptable ou certifiés par un commissaire aux comptes, l'administrateur ou le débiteur peut solliciter du juge-commissaire la possibilité qu'il soit fait application de la procédure avec comités de créanciers. En l'absence d'administrateur, le juge-commissaire nommera un organe faussement qualifié d'administrateur, dont la tâche se résumera en réalité à l'animation des comités de créanciers.

B - Constitution des comités de créanciers

L'administrateur – le vrai ou le faux – devra constituer, dans le mois de l'ouverture de la procédure, deux comités de créanciers.

Le premier sera celui des établissements de crédit, au sens du Code monétaire et financier. Figurent dans ce comité, des créanciers titulaires d'une créance antérieure au jugement d'ouverture, qui sont des établissements de crédit ou assimilés, ainsi que les titulaires de créances, qui leur ont été transmises, et qui étaient initialement détenues par un établissement de crédit ou par un fournisseur et toute entité auprès de laquelle le débiteur a conclu une opération de crédit.

Le second comité regroupera les principaux fournisseurs de biens ou de services, c'est-à-dire des créanciers antérieurs détenant, au vu des documents comptables du débiteur, au moins 3 % du passif fournisseur. Les petits fournisseurs pourront être interrogés par l'administrateur en vue d'une participation à ce comité.

Si la créance est transmise, par quelque moyen que ce soit, après le jugement d'ouverture, le nouveau titulaire de la créance sera membre de droit du comité auquel appartenait le cédant de la créance.

En présence d'obligataires, il y a également place à une consultation de ces derniers, par le biais d'une assemblée générale unique d'obligataires.

C - Présentation des propositions aux créanciers

En sauvegarde, le débiteur présentera aux comités, et à l'ensemble des obligataires réunis en une assemblée générale, avec l'assistance éventuelle de l'administrateur, les propositions de plan. En redressement judiciaire, la présentation des propositions de plan est l'œuvre de l'administrateur judiciaire. Tout créancier membre d'un comité peut également présenter au comité un projet de plan.

Les créanciers, qui ne sont pas membres des comités, sont consultés dans les conditions applicables à la procédure sans comités.

D - Vote des comités de créanciers sur les propositions de plan

Les comités doivent se prononcer, après discussion avec le débiteur et l'administrateur, sur chaque projet de plan, le cas échéant modifié, dans un délai de vingt à trente jours suivant la présentation du projet de plan du débiteur. À défaut de projet de plan présenté par le débiteur, l'administrateur peut demander au juge-commissaire de fixer une date à laquelle les comités se prononceront.

Chacun des deux comités doit voter séparément les propositions. Elles ne seront acceptées que si un vote favorable des créanciers, détenant au moins 2/3 des créances en montant, intervient. Les deux comités devront en outre accepter les propositions.

Si les deux comités ont accepté aux conditions de majorité indiquées les propositions, celles-ci s'imposent aux minoritaires, lesquels peuvent ainsi se voir imposer délais de paiement et remises de dettes, qui peuvent ici excéder 10 ans. Le tribunal n'est cependant pas tenu d'arrêter le plan de sauvegarde ou de redressement s'il estime que les intérêts de tous les créanciers ne sont pas suffisamment protégés.

Précisons que l'assemblée générale des obligataires vote dans les conditions des comités de créanciers, mais après le vote des deux comités, dès lors que ce denier est favorable.

Si le vote favorable des comités de créanciers n'intervient pas – soit par suite de refus soit parce que les comités n'ont pas été consultés ou même constitués –, il est mis fin aux comités de créanciers et les opérations se poursuivent dans les conditions d'une procédure sans comité de créanciers. Toutefois, depuis l'ordonnance du 12 mars 2014, l'administrateur peut demander que le tribunal fixe un nouveau délai pour l'adoption du plan, dans les limites de la période d'observation.

§ 2 – Les règles particulières de consultation des créanciers publics

Les créanciers publics sont consultés sur les remises de dettes selon des modalités particulières. Les administrations fiscales et sociales peuvent en effet accorder des remises du principal de la dette, à l'exclusion des impôts indirects et des cotisations sociales salariales. L'ouverture des procédures de sauvegarde et de redressement emporte remise de plein droit des pénalités, majorations et intérêt de retard portant sur des créances sociales et fiscales.

La demande de remise de dettes publiques n'est pas directement présentée aux créanciers concernés. Dans la procédure de sauvegarde ou de redressement judiciaire, l'article R. 626-13 du Code de commerce prévoit que la demande doit être déposée auprès de la Commission des chefs de services financiers, par l'administrateur judiciaire ou le mandataire judiciaire, dans les deux mois à compter de l'ouverture de la procédure de redressement judiciaire ou de sauvegarde, sous peine de forclusion. La réponse des créanciers publics doit être notifiée par le président de la commission ou son délégataire. L'absence de réponse, dans le délai de dix semaines courant à compter non du dépôt de la demande, mais seulement du jour où une demande étayée par des pièces complètes a été déposée, vaut refus.

Ces remises seront faites concomitamment à l'effort consenti par les créanciers privés. Les remises de dettes publiques ne pourront dépasser un double plafond en montant et en en taux.

En outre, les créanciers publics seront consultés sur les délais de paiement, selon les règles applicables aux créanciers non publics non-membres des comités.

Section 4 – L'incessibilité des parts et actions des dirigeants, mesure destinée à faciliter l'adoption du plan de redressement

§ 1 – L'énoncé de la règle

L'article L. 631-10, alinéa 1 du Code de commerce prévoit, à partir du jugement d'ouverture, une cessibilité des parts ou actions de la société débitrice, ainsi que des certificats d'investissement ou de droit de vote détenus par les dirigeants de celle-ci, dans les conditions qu'il fixe. Par son caractère très restrictif, la cessibilité encadrée s'analyse plutôt en une mesure d'incessibilité. La mesure posée en redressement judiciaire n'existe pas dans la procédure volontariste de sauvegarde.

§ 2 – Le but de la règle

Le but de la règle est double :

1) préparer l'élimination de l'influence des dirigeants, qui pourraient être tentés de placer des hommes de paille par le biais de cessions de leurs parts ou actions, dont le vote aux assemblées risquerait de compromettre le redressement recherché ;

2) contrôler les cessions de parts ou actions qui pourraient aboutir à une cession du contrôle de la société en dehors de la décision du tribunal, ce qui rendrait ensuite impossible un plan de redressement par cession des actions.

§ 3 – Le domaine de la règle

I – Les titres concernés

L'incessibilité de l'article L. 631-10 du Code de commerce ne peut concerner que les parts ou actions détenus par les dirigeants, de droit ou de fait. Les droits des associés même majoritaires ne peuvent être concernés, dès lors qu'ils ne sont pas dirigeants.

II – La durée de la règle

L'incessibilité se poursuit pendant toute la durée de la période d'observation et cesse de plein droit à l'expiration de celle-ci.

§ 4 – Les modalités de la règle

La cessibilité est enfermée dans certaines conditions. La compétence appartient exclusivement au tribunal.

Pour assurer le contrôle des cessions, l'administrateur, et à son défaut, le mandataire judiciaire, va demander l'ouverture d'un compte spécial bloqué.

Les actions ou certificats d'investissement ou de droit de vote devront être obligatoirement inscrits et virés à un compte spécial ouvert, jusqu'à l'arrêté du plan ou la clôture des opérations, au nom du titulaire, compte bloqué sur lequel aucun mouvement ne peut être effectué sans l'autorisation du juge-commissaire.

§ 5 – La sanction de la règle

L'article L. 631-10 du Code de commerce édicte la nullité de la cession intervenue en méconnaissance de la mesure d'incessibilité.

La bonne ou mauvaise foi du tiers acquéreur reste sans conséquence.

Cette nullité a un caractère absolu. Aucune prescription particulière n'a été posée.

Chapitre 2
L'adoption du plan

L'essentiel

> *À l'issue de la période d'observation, le tribunal décidera l'arrêté du plan, s'il existe une possibilité sérieuse pour l'entreprise d'être sauvée.*
> *Un contenu variable du plan peut être constaté (Section 1).*
> *L'efficacité de la décision mérite d'être précisée (Section 2).*
> *Enfin, il y aura lieu d'apporter des précisions sur les voies de recours ouvertes sur la décision statuant sur le plan (Section 3).*

Section 1 – La variabilité du contenu du plan

Le plan peut être assorti de déclinaisons :

– il peut y avoir ou non changement de structure sociale ;

– le tribunal, constatant l'existence de plusieurs branches d'activité, peut décider (sur la demande du débiteur, en sauvegarde), d'en arrêter une ;

– le tribunal peut décider (sur la demande du débiteur, en sauvegarde) d'adjoindre une activité ;

– le tribunal peut décider (sur la demande du débiteur, en sauvegarde) de céder une branche d'activité. Il y a alors un plan assorti d'une cession partielle, qu'on appelle plan de cession partielle ;

– il peut y avoir une cession des parts et actions de la société débitrice (volontairement décidée en sauvegarde). La personne morale continue, mais avec des associés et dirigeants différents. On parle de plan par voie de cession des actions.

Certaines règles de restructuration des personnes morales sont communes à la sauvegarde et au redressement (§ 1). D'autres sont propres au redressement (§ 2).

§ 1 – Les règles de restructuration des personnes morales communes à la sauvegarde et au redressement judiciaire

I – La libération du capital social

Le jugement d'ouverture rend exigible le montant non libéré du capital.

La solution est applicable en toutes procédures collectives. Est ainsi mise à l'écart la règle de droit commun des sociétés, selon laquelle la dette de libération d'apport ne devient exigible que sur la seule décision des organes sociaux compétents ou à la dissolution de la société.

L'article L. 624-20 du Code de commerce, qui pose la règle de fond, est complété, sur un plan procédural, par l'alinéa 2 de l'article L. 622-20 du Code de commerce, qui donne qualité au mandataire judiciaire pour mettre en demeure un associé ou un actionnaire de verser les sommes restant dues sur le montant des parts ou actions souscrites par lui. Ainsi, le fonctionnement démocratique des sociétés est ici perturbé par cette règle nouvelle, car le mandataire judiciaire se substitue à la décision des organes sociaux.

II – La modification du capital social

Lorsque le projet de plan prévoit une augmentation de capital, les assemblées compétentes doivent être consultées, car le tribunal ne pourra l'imposer. Le calcul des majorités est assoupli par rapport au droit commun des sociétés.

Les associés ou actionnaires peuvent bénéficier de la compensation entre leur dette de libération de l'apport et une créance détenue sur la société, par exemple une avance en compte-courant.

III – La reconstitution des capitaux propres

Le droit des entreprises en difficulté appréhende d'une manière particulière l'obligation de reconstitution des capitaux propres, en neutralisant, au moins momentanément, la dissolution pour défaut de reconstitution, cette dernière pouvant intervenir après l'adoption du plan, à laquelle ce dernier est pourtant subordonné.

• La reconstitution des capitaux propres ne peut être imposée par le tribunal dans le cadre de la **procédure de sauvegarde**, à l'identique de la solution posée pour l'augmentation du capital social, qui ne peut être décidée par le jugement adoptant le plan, mais doit être votée par l'assemblée des associés.

• Dans le cadre de la procédure de **redressement judiciaire**, l'ordonnance du 12 mars 2014 permet de forcer la main des associés ou actionnaires. En effet, à défaut de reconstitution des capitaux propres conformément à l'article L. 626-3, l'administrateur a qualité pour demander la désignation d'un mandataire chargé de convoquer l'assemblée compétente et de voter à la place du ou des associés ou actionnaires opposants lorsque le projet de plan prévoit, en faveur d'une ou plusieurs personnes qui s'engagent à respecter le plan, une modification du capital ou des cessions de parts sociales, de titres de capital ou de valeurs mobilières donnant accès au capital.

Cette disposition contrarie ouvertement le jeu du fonctionnement démocratique des sociétés.

Cette mesure très attentatoire aux droits de l'associé n'est posée que dans la procédure de redressement judiciaire, non dans la procédure de sauvegarde.

IV – Les autres modifications des statuts

Si le débiteur est une personne morale, c'est-à-dire, le plus souvent, une société, le plan devra préciser les modifications des statuts nécessaires à la continuation de l'entreprise. Ces modifications ne peuvent être imposées par le tribunal. Elles seront prises par l'assemblée des associés et le seront sous condition de l'arrêté du plan, qui seul les justifiait. Si l'assemblée n'a pas statué au jour de l'adoption, elle est convoquée par l'administrateur, sur mandat du tribunal, qui pourra assouplir les conditions de majorité et de quorum.

§ 2 – Les règles de restructuration des personnes morales propres au redressement judiciaire

I – L'incessibilité prévue à l'article L. 631-19-1 du Code de commerce

La mesure prévue par l'article L. 631-19-1, alinéa 2 du Code de commerce permet à la juridiction, saisie comme pour l'éviction des dirigeants, de subordonner l'adoption d'un plan de redressement et non de sauvegarde à l'incessibilité des actions ou parts des dirigeants.

Cette mesure n'est pas une fin en soi. Elle n'est que le préliminaire du transfert du droit de vote qui permettra l'élimination de l'ancienne influence dangereuse des dirigeants. Le tribunal prononçant l'incessibilité des parts ou actions décidera que le droit de vote attaché sera exercé, pour une durée qu'il fixe, par un mandataire de justice *ad hoc*.

Cette neutralisation des dirigeants évite des votes aux assemblées, par des personnes auxquelles les parts auraient été cédées, et qui ne seraient que des hommes de paille, votant sous la dictée de dirigeants, leur vote étant inconciliable avec l'intérêt de l'entreprise, dont le redressement est recherché.

La cession des parts ou actions au mépris de l'incessibilité est frappée de nullité absolue.

II – La cession forcée des parts ou actions détenues par les dirigeants

L'article L. 631-19-1, alinéa 2 du Code de commerce, après avoir énoncé que le tribunal peut subordonner l'adoption du plan de redressement à l'incessibilité des parts ou actions détenues par le (ou les) dirigeant(s), si la survie de l'entreprise le requiert, indique qu'il peut encore ordonner la cession de ces actions ou parts sociales, le prix de cession étant fixé à dire d'expert. Il est saisi comme pour l'éviction des dirigeants.

La mesure est ici plus brutale, car elle n'est pas du ressort de la collectivité des associés, mais de celle du tribunal. Elle a pour finalité l'élimination de l'influence des dirigeants du groupement en empêchant que l'exécution du plan de redressement ne soit paralysée par un vote ultérieur de l'assemblée générale.

Le plus souvent, elle a pour objet de permettre une cession des parts ou des actions au repreneur des actions qui s'engage à apporter à la société débitrice l'argent frais dont elle a besoin pour son redressement.

Le dirigeant évincé dispose de la possibilité de faire appel de la décision qui prononce son éviction, même s'il s'agit du jugement arrêtant le plan. Son appel sera limité en ce cas au dispositif de la décision intéressant son éviction.

III – L'éviction des dirigeants

Selon l'article L. 631-19-1, alinéa 1 du Code de commerce, le tribunal, sur la demande du ministère public, peut subordonner l'adoption du plan au remplacement d'un ou plusieurs dirigeants de l'entreprise. Le texte apporte une exception lorsque le débiteur exerce une activité professionnelle libérale soumise à un statut législatif ou réglementaire.

L'objectif du texte est de faire en sorte que les droits des dirigeants ne fassent pas obstacle au sauvetage de l'entreprise, en éliminant l'influence de dirigeants malhonnêtes ou incompétents. Un tel texte, dans la procédure de sauvegarde, procédure volontariste et dans laquelle le chef d'entreprise doit rester aux commandes, étonnait. Elle a logiquement été supprimée par l'ordonnance du 18 décembre 2008, pour être cantonnée au redressement judiciaire.

La mesure n'est pas mise en œuvre par le tribunal, mais par la collectivité des associés, et constitue une condition de l'arrêté du plan.

IV – La dilution et la cession forcée des parts des associés pour permettre l'entrée au capital social de nouveaux associés ou actionnaires s'engageant à exécuter le plan

Lorsqu'une ou plusieurs personnes autres que des associés ou actionnaires s'engagent à exécuter le plan de redressement, sous la condition d'une participation au capital de la société débitrice, le projet de plan voté par les comités et, s'il y a lieu, par l'assemblée des obligataires, est soumis aux assemblées mentionnées à l'article L. 626-3, c'est-à-dire aux assemblées compétentes pour voter une augmentation de capital.

L'ordonnance du 12 mars 2014 entendait aller plus loin si les modifications du capital social rendues nécessaires par le redressement n'étaient pas votées par les assemblées. C'est finalement la loi Macron du 6 août 2015 qui crée un article L. 631-19-2 du Code de commerce pour répondre à cette préoccupation.

La disposition est strictement cantonnée. Il faut être en présence d'une entreprise d'au moins 150 salariés ou d'une entreprise dominante au sens du droit du travail d'une ou de plusieurs entreprises dont l'effectif total est d'au moins 150 salariés. La disparition de cette entreprise doit être de nature à causer un trouble grave à l'économie régionale ou nationale et au bassin d'emploi. La modification du capital social doit être la seule solution sérieuse permettant d'éviter ce trouble et de permettre la poursuite de l'activité. La solution n'est pas applicable lorsque le débiteur exerce une activité professionnelle libérale soumise à un statut législatif ou réglementaire.

Si toutes les conditions sont réunies, le tribunal, après avoir examiné les possibilités de cession totale ou partielle de l'entreprise, peut, à la demande de l'administrateur judiciaire ou du ministère public, et à l'issue d'un délai de trois mois après le jugement d'ouverture, en cas de refus par les assemblées d'adopter la modification du capital social prévue par le projet de plan de redressement, en faveur d'une ou de plusieurs personnes qui se sont engagées à exécuter le plan :

– désigner un mandataire chargé de convoquer l'assemblée compétente et de voter l'augmentation de capital en lieu et place des associés ou actionnaires ayant refusé la modification du capital, à hauteur du montant prévu par le plan. La libération de l'augmentation de capital pourra intervenir par compensation avec les créances détenues sur la société, qui ont été admises au passif et dans la limite de la réduction dont elles sont l'objet dans le plan.

– Le tribunal peut aussi ordonner au profit des personnes qui se sont engagées à exécuter le plan, la cession de tout ou partie des parts ou actions des associés ayant refusé la modification du capital social et qui détiennent la majorité ou une minorité de blocage dans les assemblées générales. Les clauses d'agrément sont évidemment réputées non écrites. En l'absence d'accord sur la valeur des parts, un expert est désigné.

Lorsque le tribunal statue sur la cession des droits sociaux donnant accès au capital, les débats doivent avoir lieu en présence du ministère public, au contradictoire des associés concernés. Les institutions représentatives du personnel sont entendues.

Le tribunal subordonne l'adoption du plan à l'engagement des bénéficiaires de la cession forcée de conserver les parts ou actions pendant un temps déterminé par le tribunal, qui ne peut excéder la durée du plan. Le plan ne peut être arrêté que sous la condition du paiement comptant du prix de cession des parts sociales ou actions. La sanction d'une cession des parts ou actions au mépris de l'engagement n'est pas prévue par le texte. Puisqu'il s'agit d'un engagement souscrit par une personne tenue d'exécuter le plan, il faut décider qu'il y a place à résolution du plan.

La décision du tribunal est susceptible d'appel de la part du ministère public, du débiteur, de l'administrateur, du mandataire judiciaire, des institutions représentatives du personnel, des associés ou actionnaires parties à la cession ou qui ont refusé la modification du capital ainsi que des cessionnaires.

Cette solution est tout à fait novatrice, en neutralisant les associés majoritaires. C'est une façon énergique de « tordre le cou aux actionnaires majoritaires », qui ne veulent plus mettre la main à la poche, pour participer à une augmentation de capital nécessaire au sauvetage de l'entreprise.

L'appel sur la décision statuant sur la cession forcée de leurs droits sociaux est ouvert aux associés ou actionnaires, aux cessionnaires, au débiteur, à l'administrateur, au mandataire judiciaire, aux institutions représentatives du personnel ainsi qu'au ministère public.

V - Les licenciements économiques

L'article L. 631-19-II règle la question des licenciements pour motif économique prévus par le plan de redressement. Des assouplissements par rapport à la réglementation des licenciements économiques sont ici posés.

Si des licenciements économiques sont envisagés dans le cadre du plan de redressement, c'est le jugement arrêtant le plan qui les prévoira.

Les licenciements économiques devront être mis en œuvre par l'administrateur et, à son défaut, par le chef d'entreprise dans le mois du jugement arrêtant le plan. La lettre de licenciement devra impérativement viser le jugement arrêtant le plan.

En droit commun du travail, les licenciements économiques obligent l'employeur à tenter le reclassement des salariés lorsque les licenciements économiques sont importants. Cela prend la forme d'un plan de sauvegarde de l'emploi. Ces règles de droit du travail sont applicables dans toutes les procédures collectives.

Section 2 - L'efficacité de la décision d'adoption du plan

Le jugement qui arrête le plan en rend les dispositions opposables à tous. Créanciers et débiteurs ne pourront donc méconnaître les dispositions du plan.

Afin de rendre attractive la procédure de sauvegarde, les dispositions du plan de sauvegarde bénéficient aux personnes physiques coobligées, celles ayant souscrit une sûreté personnelle, celles ayant affecté ou cédé un bien en garantie. Ces personnes pourront ainsi bénéficier des délais et des remises dont profitera le débiteur dans le cadre du plan de sauvegarde. Pareil bénéfice n'existe pas dans le plan de redressement.

Section 3 – Les recours sur la décision d'adoption du plan

La décision arrêtant ou rejetant le plan est, aux termes de l'article L. 661-1-I, 6° du Code de commerce, susceptible d'appel par :

– le ministère public ;
– l'administrateur ;
– le mandataire judiciaire ;
– le comité d'entreprise ou à défaut les délégués du personnel ;
– le débiteur ;
– le « créancier ayant formé une contestation en application de l'article L. 626-34-1 ». Il s'agit du créancier membre d'un comité, qui entend contester les modalités de composition des comités et des votes au sein de ces comités.

La décision arrêtant le plan est susceptible d'une tierce opposition réformation, de la part des tiers et notamment de la part des créanciers.

Chapitre 3
L'exécution du plan

L'essentiel

Il convient d'abord de déterminer le contenu de l'exécution du plan (Section 1). La surveillance de l'exécution du plan sera assurée par le commissaire à l'exécution du plan (Section 2). Si le plan va jusqu'à son terme, il y aura lieu de constater sa complète exécution (Section 3).

Section 1 – Le contenu de l'exécution du plan de sauvegarde ou de redressement

§ 1 – Les règles générales d'apurement du passif

Une fois le jugement intervenu, le débiteur redevient *in bonis.* Il n'y a plus de procédure collective.

De l'ancienne procédure collective, il ne subsiste plus que l'obligation de respecter les dispositions du plan, et spécialement de payer les créanciers selon les modalités du plan.

Le paiement du passif antérieur intervient sous forme de dividendes, par principe portables, et payables périodiquement. Le premier paiement ne peut intervenir au-delà d'un délai d'un an. Au-delà de la deuxième année, le montant de chacune des annuités prévues par le plan ne peut, sauf dans le cas d'une exploitation agricole, être inférieur à 5 % du passif admis. Ces deux règles ne s'appliquent toutefois que sauf décision contraire des créanciers consultés individuellement, et sont sans application pour les créanciers membres des comités.

À défaut d'exécution spontanée, le commissaire à l'exécution du plan procédera, au besoin par voie forcée, au recouvrement des dividendes.

Le débiteur devra s'acquitter des obligations du plan selon les termes du jugement. Il ne pourra pas payer plus rapidement sous peine de sanctions pénales atteignant également le créancier.

§ 2 – Les règles particulières d'apurement du passif

I – L'interdiction des remises et délais pour certains créanciers

L'article L. 626-20 du Code de commerce indique que certaines créances ne peuvent, sauf acceptation des créanciers, faire l'objet de remise ou de délai.

Il s'agit des créances salariales et des petites créances, c'est-à-dire celles dont le montant est inférieur à 500 € ainsi que les créances super-privilégiées de salaires. Celles couvertes par le privilège de la conciliation peuvent faire l'objet de remises et de délais acceptés, mais non imposés.

II - Les créanciers ayant accordé des délais conventionnels plus longs que les délais du plan

L'article L. 626-18, alinéa 1 du Code de commerce, après avoir posé le principe du traitement égalitaire entre les créanciers n'ayant pas accepté les délais du plan, pose une restriction pour les créanciers à terme ayant stipulé des délais plus longs que ceux du plan.

Les délais conventionnels plus longs que les délais imposés aux créanciers n'ayant pas accepté les délais du plan, qui resteraient à courir au jour du plan, seront maintenus.

III - La vente de biens grevés de sûretés pendant l'exécution du plan

Si, en phase d'exécution du plan, intervient la vente d'un bien grevé d'une sûreté spéciale, l'article L. 626-22 du Code de commerce a vocation à s'appliquer. Trois règles sont alors posées par le texte :

– Selon cette disposition, « en cas de vente d'un bien grevé d'un privilège spécial, d'un gage, d'un nantissement ou d'une hypothèque [...], les créanciers bénéficiaires de ces sûretés ou titulaires d'un privilège général sont payés sur le prix après le paiement des créances garanties par le privilège établi aux articles L. 143-10, L. 143-11, L. 742-6 et L. 751-15 du Code du travail (devenus C. trav., art. L. 3253-2 et L. 3253-3, L. 3253-4 et L. 7313-8) ». Ainsi, les créanciers titulaires de sûretés seront classés sur le prix de vente du bien et seront payés après le super-privilège des salaires.

– L'alinéa 2 de cet article poursuit en indiquant qu'« ils reçoivent les dividendes à échoir d'après le plan, réduits en fonction du paiement anticipé, selon l'ordre de préférence existant entre eux ». Ils seront donc payés plus rapidement que ce que prévoit le plan.

– Par exception, les créanciers titulaires de la sûreté ne percevront pas immédiatement ce qui leur est dû, si le tribunal leur impose une substitution de garantie (C. com., art. L. 626-22, al. 3), laquelle, comme en période d'observation (v. p. 71), devra être équivalente pour les créanciers.

IV - L'interdiction bancaire atteignant le débiteur

Selon l'article L. 626-13 du Code de commerce, lorsque le débiteur fait l'objet d'une interdiction d'émettre des chèques mise en œuvre à l'occasion du rejet d'un chèque émis avant le jugement d'ouverture de la procédure, l'arrêté du plan par le tribunal entraîne la levée de plein droit de cette mesure.

V - La levée d'option du crédit-bail pendant l'exécution du plan

Par une clause de style, les contrats de crédit-bail prévoient que la levée d'option (c'est-à-dire la possibilité pour le locataire de devenir propriétaire à l'issue de la période de location), ne sera possible que si le locataire paye la totalité de ce qu'il doit au crédit-bailleur au titre du contrat. Une difficulté surgit si, parmi les sommes dues, figurent des créances antérieures au jugement d'ouverture, que le débiteur, par principe, ne peut payer plus rapidement que ce que prévoit le plan.

Pour sortir de l'impasse, le législateur a prévu que les délais du plan prenaient fin pour le crédit-preneur s'il veut lever l'option. Le débiteur doit donc tout payer pour lever l'option, sans pouvoir se prévaloir des délais du plan qui n'existaient plus à l'égard du crédit-bailleur. Il pourra toutefois se prévaloir des remises de dettes consenties.

Section 2 – La surveillance de l'exécution du plan par le commissaire à l'exécution du plan

§ 1 – La nomination du commissaire à l'exécution du plan

L'article L. 626-25, alinéa 1 du Code de commerce indique que « le tribunal nomme [...] un commissaire à l'exécution du plan ». Il peut s'agir, précise le texte, soit de l'administrateur judiciaire, soit du mandataire judiciaire.

La durée de sa mission est celle de la durée de l'exécution du plan.

§ 2 – La mission du commissaire à l'exécution du plan

Le commissaire à l'exécution du plan a :

- une mission générale. L'article L. 626-25, alinéa 1 du Code de commerce prévoit que le commissaire à l'exécution du plan est un organe « chargé de veiller à l'exécution du plan ». L'article L. 626-25, alinéa 5, dans ce contexte, prévoit que le commissaire à l'exécution du plan « rend compte au président du tribunal et au ministère public du défaut d'exécution du plan », et cela par un rapport. *A priori*, c'est sa seule fonction. Il n'est plus question d'administrer l'entreprise aux lieu et place du débiteur. Il n'a pas pour fonction d'assister ou de représenter le débiteur. Il a un monopole de recouvrement des dividendes du plan, les créanciers étant individuellement privés de ce droit ;
- des missions spéciales. Par exemple : il peut agir en nullité de la période suspecte ; il peut poursuivre les instances engagées avant le jugement qui arrête le plan, soit par l'administrateur, soit par le mandataire judiciaire (C. com., art. L. 626-25, al. 2) ; il a la mission nouvelle, qui consacre l'extension jurisprudentielle des textes anciens, d'introduire des actions dans l'intérêt collectif des créanciers, notamment des actions en responsabilité contre les tiers. De façon générale, il devient, après l'adoption du plan, l'organe de défense de l'intérêt collectif des créanciers, reprenant en cela la mission du mandataire judiciaire.

Section 3 – La décision constatant l'exécution de ses obligations par le débiteur

Le Code de commerce prévoit une officialisation de la complète exécution des obligations du débiteur au titre du plan, afin de lui permettre plus facilement d'obtenir du greffe la radiation des mentions relatives à l'existence de sa procédure collective.

Signalons que, dans le souci de rendre plus attractive la sauvegarde, le débiteur a la possibilité de solliciter la radiation des mentions relatives à sa procédure de sauvegarde portées aux registres et répertoires professionnels qui le concernent, à l'expiration d'un délai de deux ans courant à compter de l'arrêté du plan. Cette mesure ne profite pas au débiteur ayant obtenu un plan de redressement.

Chapitre 4
Les difficultés d'exécution du plan

L'essentiel

Dans l'exécution du plan, le débiteur peut rencontrer certaines difficultés, qui peuvent conduire à une modification du plan de sauvegarde (Section 1). Parfois, la modification n'ayant pas été sollicitée ou s'avérant impossible, il faudra constater l'inexécution du plan (Section 2).

Section 1 – La modification du plan

§ 1 – La demande de modification

Selon l'article L. 626-26 du Code de commerce, le débiteur peut demander au tribunal une modification substantielle dans les moyens du plan.

La procédure de modification suppose une déclaration du débiteur au greffe du tribunal de la faillite et un rapport du commissaire à l'exécution du plan.

L'ordonnance du 12 mars 2014 ajoute que le commissaire à l'exécution du plan peut également saisir le tribunal aux fins de modification du plan, mais seulement si la modification est favorable aux créanciers. En pratique, il faut comprendre que les délais de remboursement seront réduits.

Si les modifications portent sur les modalités d'apurement du passif, le greffier du tribunal doit informer les créanciers intéressés, qui ont alors 15 jours pour faire valoir leurs observations au commissaire à l'exécution du plan.

La décision qui interviendra sera un jugement modificatif de plan, obéissant aux mêmes voies de recours que le jugement arrêtant le plan, sous réserve de l'impossibilité pour le mandataire judiciaire de faire appel.

§ 2 – Les conditions de fond de la demande de modification

La modification doit être substantielle. Elle ne peut être de détail.

La modification doit porter sur les objectifs et les moyens du plan. Toute modification affectant l'un de ces trois éléments doit être considérée comme portant sur les objectifs du plan : la sauvegarde de l'entreprise, des emplois, et l'apurement du passif.

Mais seul un élément nouveau par rapport aux éléments existant au jour de l'arrêté du plan pourra motiver la modification.

§ 3 – Les règles spéciales en cas d'arrêté du plan après vote favorable des comités de créanciers

Lorsque le plan de sauvegarde aura été arrêté après vote favorable des comités de créanciers, la modification de ce plan obéira aux règles ayant présidé à son adoption

(C. com., art. L. 626-31, al. 2). En conséquence, les comités de créanciers devront être consultés et la modification supposera un vote favorable à la condition de majorité de l'arrêté du plan.

Section 2 – La résolution du plan

§ 1 – La résolution du plan de sauvegarde

I – La cessation des paiements et la résolution du plan

En rupture avec la législation antérieure, la loi du 26 juillet 2005 instaure un lien entre la cessation des paiements et la résolution du plan.

En cas d'inexécution du plan, de quelque nature qu'elle soit – inexécution financière, sociale ou économique –, le tribunal peut prononcer la résolution du plan si le débiteur n'est pas en état de cessation des paiements (C. com., art. L. 626-27-I, al. 1). Le tribunal appréciera l'opportunité de la solution.

Si l'inexécution du plan s'accompagne de l'état de cessation des paiements, le tribunal a l'obligation de prononcer la résolution du plan (C. com., art. L. 626-27-I, al. 2).

II – Les modalités de la demande en résolution du plan de sauvegarde

Seul le tribunal qui a ouvert la procédure collective est compétent pour prononcer la résolution.

Selon l'article L. 626-27-II du Code de commerce, la demande de résolution du plan peut intervenir :

- par saisine d'un créancier, peu important le montant de sa créance ;
- par saisine du ministère public ;
- par saisine du commissaire à l'exécution du plan.

III – Les effets de la résolution du plan

A – En cas de cessation des paiements : l'ouverture d'une nouvelle procédure collective

En cas de cessation des paiements, la résolution du plan entraîne l'ouverture d'une nouvelle procédure, qui pourra être, en présence d'un plan de sauvegarde, soit un redressement judiciaire, avec possibilité ultérieure d'arrêté d'un plan de redressement, soit une liquidation judiciaire (C. com., art. L. 626-27-I, al. 2).

Les créanciers ayant déclaré leur créance au passif de la première procédure retrouvent l'intégralité de leurs droits. Les sacrifices qu'ils avaient acceptés ou qui leur avaient été imposés par le tribunal sont supprimés. Ils sont dispensés d'avoir à déclarer à nouveau leurs créances (C. com., art. L. 626-27-III).

Les créanciers antérieurs qui avaient omis de déclarer leur créance au passif de la première procédure pourront procéder à la déclaration de leur créance au passif de cette seconde procédure.

Les créanciers postérieurs de la première procédure déclareront leur créance au passif de la seconde. Ils en seront toutefois dispensés s'ils ont porté leur créance à la connaissance des organes de la première procédure.

Les personnes dont la créance est née après l'arrêté du plan déclareront leurs créances et seront soumises aux contraintes de toute procédure collective.

Dans la seconde procédure, les propriétaires de meubles se trouvant entre les mains du débiteur seront astreints à revendiquer (v. p. 186).

Les propriétaires qui n'avaient pas eu gain de cause dans une procédure de revendication dans le cadre de la première procédure, peuvent présenter une demande en revendication, dans la seconde procédure, indépendante de la première, pour rendre opposable à la seconde procédure leur droit de propriété non perdu, mais seulement inopposable à la première procédure.

B - En l'absence de cessation des paiements : l'absence d'ouverture d'une nouvelle procédure collective

Si la résolution du plan, laquelle est ici facultative, est prononcée en l'absence de cessation des paiements, il n'y a pas place à ouverture d'une seconde procédure.

Les créanciers soumis au plan sont restaurés dans leurs droits. Les délais du plan prennent fin. Ils peuvent donc poursuivre le débiteur en paiement.

Il se peut alors que le débiteur se retrouve en cessation des paiements. Il y a alors place à ouverture d'une seconde procédure, qui peut être un redressement ou une liquidation judiciaire.

Si la cessation des paiements est la conséquence de la résolution du plan prononcée à titre facultatif, les créanciers ayant déclaré au passif de la première procédure seront dispensés de déclarer au passif de la seconde.

§ 2 - La résolution du plan de redressement

En cas de cessation des paiements, la résolution du plan de redressement, qui est obligatoire, entraîne l'ouverture d'une nouvelle procédure, qui ne pourra être qu'une liquidation judiciaire (C. com., art. L. 626-27-I, al. 2), contrairement à la solution posée en cas de résolution du plan de sauvegarde s'accompagnant de l'état de cessation des paiements (v. p. 92).

En l'absence de cessation des paiements, s'il y a inexécution du plan, la résolution est facultative. Elle met fin à la procédure, sans ouverture concomitante d'une nouvelle procédure. Cependant, les créanciers retrouveront tous leurs droits, ce qui entraînera vraisemblablement très rapidement une nouvelle cessation des paiements du débiteur. Dans cette hypothèse, une nouvelle procédure, qui pourra être un redressement ou une liquidation judiciaire, pourra s'ouvrir.

Titre 2

Les procédures non orientées vers le sauvetage des entreprises

Le Code de commerce régit deux procédures non orientées vers le sauvetage des entreprises : la liquidation judiciaire (Sous-titre 1) et le rétablissement professionnel (Sous-titre 2), cette dernière procédure ne concernant que le débiteur personne physique et n'étant pas une procédure collective.

Sous-titre 1

La liquidation judiciaire

La liquidation judiciaire, bien qu'elle soit une procédure autonome, n'en demeure pas moins subsidiaire. Il n'y a place à l'ouverture d'une liquidation judiciaire (Chapitre 1) immédiate que si le débiteur en état de cessation des paiements, ne peut se redresser. La liquidation judiciaire peut aussi être prononcée sur conversion d'une autre procédure collective.
Il convient d'exposer successivement le fonctionnement général de la liquidation judiciaire (Chapitre 2).
La liquidation judiciaire a pour finalité le paiement des créanciers par la réalisation des actifs du débiteur. Cependant, la liquidation judiciaire n'est pas exclusive, depuis la loi de sauvegarde des entreprises, de l'arrêté d'un plan de cession. Bien que constituant pour l'entreprise une technique de redressement, elle représente pour le débiteur une opération de nature liquidative puisqu'il est question de vendre un actif contre paiement d'un prix de cession qui va permettre de payer une partie de son passif. Ces questions seront abordées dans le cadre des opérations de la liquidation judiciaire (Chapitre 3).
Lorsque ces opérations de réalisation des actifs et de paiement des créanciers sont terminées, il convient de s'intéresser à la fin de la procédure de liquidation judiciaire (Chapitre 4).

Chapitre 1
L'ouverture de la liquidation judiciaire

L'essentiel

À l'occasion de l'ouverture d'une sauvegarde ou d'un redressement judiciaire, diverses règles ont été examinées, qui méritent quelques précisions lorsque l'on s'intéresse à l'ouverture de la liquidation judiciaire.

Section 1 – Les conditions de fond d'ouverture de la liquidation judiciaire

§ 1 – La qualité exigée du débiteur

La qualité exigée du débiteur pour son placement en liquidation judiciaire est identique à celle exigée pour le redressement judiciaire.

Une précision doit toutefois être apportée. Le tribunal peut, malgré la dissolution de la personne morale, être saisi aux fins d'ouverture de la procédure de liquidation judiciaire au plus tard dans l'année qui suit sa radiation consécutive à la publication de la clôture des opérations de liquidation au sens du droit des sociétés, et sur demande exclusive des créanciers.

Si la personne morale n'est pas soumise à immatriculation, le délai d'un an court à compter de la publication de l'achèvement de la liquidation au sens du droit des sociétés.

§ 2 – La situation économique du débiteur

Une précision contenue à l'article L. 640-1 alinéa 1 du Code de commerce, doit être apportée quant à sa situation économique. La liquidation judiciaire ne sera prononcée que dans la situation précisée par le législateur : si le redressement du débiteur, en état de cessation des paiements, est manifestement impossible.

Section 2 – Les conditions de forme d'ouverture de la liquidation judiciaire

De façon préliminaire, indiquons que les règles relatives à la compétence, à la préparation du jugement et à sa publicité sont identiques à celles exposées en sauvegarde (v. p. 32 s.).

§ 1 – La saisine de la juridiction

Les règles de saisine sont les mêmes que celles exposées pour le redressement judiciaire.

Signalons seulement que si la saisine en ouverture d'une liquidation judiciaire émane du créancier, ce dernier devra l'accompagner des pièces établissant l'impossibilité manifeste du redressement de son débiteur. Indiquons également que le créancier peut assigner à titre principal en liquidation judiciaire et subsidiairement en liquidation judiciaire ou inversement.

§ 2 – Le contenu du jugement d'ouverture ou de conversion en liquidation judiciaire

Contrairement à l'ouverture d'une sauvegarde ou d'un redressement judiciaire, il n'y a pas, en liquidation judiciaire, place à observation de l'entreprise, puisque celle-ci n'est pas destinée à être sauvée entre les mains du débiteur. Il n'y a donc pas de période d'observation.

Au contraire, l'activité cesse par principe, à moins que ne soit décidée une poursuite provisoire d'activité pour une durée limitée.

La liquidation judiciaire peut être prononcée à tout moment de la période d'observation, par conversion du redressement ou de la sauvegarde, si, en ce dernier cas, apparaît l'état de cessation des paiements, lorsque les chances de redressement n'existent plus.

Le jugement de conversion – jugement prononçant la liquidation judiciaire par opposition au jugement l'ouvrant – peut être frappé d'appel par le débiteur, l'administrateur, le mandataire judiciaire et le ministère public.

I – La mise en place des organes

Les organes examinés pour la sauvegarde sont également présents dans le cadre de la liquidation judiciaire, sous une réserve. Il n'y a pas ici de mandataire judiciaire, mais un liquidateur.

Des précisions doivent être apportées en ce qui concerne l'administrateur judiciaire, le juge-commissaire et le ministère public.

Enfin, il n'y a pas, en liquidation judiciaire, place pour la nomination d'experts en diagnostic d'entreprise.

A – Le liquidateur

Lorsqu'une procédure de liquidation judiciaire immédiate est ouverte, ou lorsqu'une liquidation judiciaire est prononcée sur conversion d'une sauvegarde ou d'un redressement judiciaire, un liquidateur est obligatoirement nommé. Dans certaines conditions, il est possible de nommer un deuxième liquidateur. Notons que la loi Macron du 6 août 2015, dans les liquidations judiciaires sans salarié et lorsque le montant du chiffre d'affaires hors taxes est inférieur ou égal à 100 000 euros, autorise la désignation comme liquidateur d'un huissier de justice.

Le liquidateur a la mission, qu'il poursuit en cas de conversion de la sauvegarde ou du redressement en liquidation judiciaire, du mandataire judiciaire.

Le débiteur, en liquidation judiciaire, est dessaisi. Le liquidateur le représente pour tous les actes de nature patrimoniale.

À défaut d'administrateur judiciaire, le liquidateur administre l'entreprise en cas de poursuite provisoire de l'activité.

Le liquidateur a en charge la réalisation des actifs du débiteur.

Il doit ensuite en répartir le produit entre les créanciers selon leur rang, y compris lorsque l'entreprise fait l'objet d'un plan de cession.

B – L'administrateur judiciaire

Si une poursuite provisoire de l'activité est autorisée en liquidation judiciaire, un administrateur judiciaire doit obligatoirement être nommé lorsque l'entreprise emploie au moins 20 salariés ou réalise au moins 3 millions d'euros de chiffre d'affaires hors taxes par an (C. com., art. L. 621-4 et D. 28 déc. 2005, art. 53). En deçà de ces seuils, sa nomination est facultative. Sa mission est alors d'administrer l'entreprise.

C – Le juge-commissaire

Les règles relatives au juge-commissaire sont globalement les mêmes en liquidation judiciaire et en sauvegarde.

Précisons seulement une incompatibilité spécifique à la liquidation judiciaire : il ne doit pas être partenaire d'un Pacs.

Ses fonctions prennent fin en liquidation judiciaire, au jour où le compte rendu de fin de mission du liquidateur a été approuvé.

D – Le ministère public

1. La communication des causes au ministère public

L'article 425-2, 2° du Code de procédure civile précise d'abord que le ministère public doit avoir communication des procédures de liquidation judiciaires, des causes relatives à la responsabilité pécuniaire des dirigeants sociaux ainsi que des procédures de faillite personnelle et d'interdiction de gérer.

2. Les informations reçues du ministère public pendant le déroulement de la procédure

Ces règles ont été précisées pour la sauvegarde (v. p. 41).

Indiquons seulement ici le liquidateur tient informé le ministère public du déroulement de la procédure. Il en est de même pour en ce qui concerne les résultats de l'activité à l'issue de la période de poursuite provisoire de l'activité en liquidation judiciaire.

Le liquidateur doit remettre au procureur de la République des informations trimestrielles (C. com., art. L. 641-7) et, au moins une fois par an, un rapport indiquant les différentes opérations de réalisation des actifs et l'état des répartitions.

3. Les pouvoirs du ministère public

Le ministère public partage certains de ses pouvoirs avec le tribunal :

- demande de résiliation d'un contrat de location-gérance en préalable au plan de cession ;
- résolution du plan de cession faisant suite à la résiliation du contrat de location-gérance.

Le ministère peut encore demander :

- l'ouverture de la liquidation judiciaire ;
- l'engagement de la responsabilité pour insuffisance d'actif contre les dirigeants de la personne morale débitrice ;

– le déclenchement des sanctions contre le débiteur ou les dirigeants, qu'il s'agisse de la faillite personnelle ou de l'interdiction de gérer, de la saisine du tribunal aux fins de banqueroute ou d'autres infractions.

II – Les mesures conservatoires

Contrairement à la solution posée en sauvegarde, l'inventaire est ici toujours réalisé par un professionnel et non par le débiteur.

L'apposition des scellés est une mesure facultative, qui n'est prévue qu'en liquidation judiciaire.

Elle assure un maximum de sécurité pour éviter les soustractions ou détournements d'actifs.

La mesure peut concerner tout ou partie des biens du débiteur, selon la décision du juge-commissaire.

La prisée des biens du débiteur s'impose, en outre, dans les procédures de redressement et de liquidation judiciaires, non dans la procédure de sauvegarde, qui n'a pas pour objectif la cession de l'entreprise.

III – Les recours sur la décision statuant sur l'ouverture

Les recours sont identiques à ceux intéressant la procédure de redressement judiciaire (v. p. 42). Une règle jurisprudentielle particulière doit cependant être précisée. Elle intéresse la tierce-opposition émanant des associés indéfiniment responsables du passif social. Ces derniers sont considérés par la jurisprudence comme des personnes ayant un moyen propre à invoquer, ce qui justifie la recevabilité de leur tierce-opposition, contrairement à la solution retenue en sauvegarde et en redressement judiciaire où l'on considère, de manière plus classique, qu'ils sont représentés par la société débitrice.

Section 3 – L'extension de la procédure

Les possibilités d'extension de la procédure déjà examinées pour la sauvegarde et le redressement existent à l'identique pour la liquidation judiciaire.

Chapitre 2
Le fonctionnement général de la liquidation judiciaire

L'essentiel

La liquidation judiciaire produit des effets particuliers sur le débiteur, dont il faut exposer la situation (Section 1).
Elle a également un impact sur l'activité de l'entreprise (Section 2).
Des règles particulières sont posées en ce qui concerne les créances postérieures (Section 3).

Section 1 – La situation du débiteur

§ 1 – L'absence de dissolution des sociétés

Avant l'ordonnance du 12 mars 2014, la liquidation judiciaire emportait dissolution des sociétés (C. civ., art. 1844-7, 7°). Le Code de commerce avait été contraint de prévoir que les fonctions du dirigeant social ne prenaient pas fin par le prononcé de la liquidation judiciaire. Le dirigeant social en fonction lors du prononcé de la liquidation le demeurait, sauf disposition contraire des statuts ou décision de l'assemblée générale.

L'ordonnance du 12 mars 2014, de manière plus simple, décale la dissolution au jour de la seule clôture de la procédure de liquidation judiciaire pour insuffisance d'actif.

§ 2 – Le dessaisissement du débiteur

La liquidation judiciaire emporte dessaisissement du débiteur de l'administration de ses droits patrimoniaux, présents et même ceux échus après la liquidation judiciaire.

Le dessaisissement désigne la réduction de pouvoirs du débiteur, qui est destinée à protéger le gage commun des créanciers.

Le débiteur est représenté par le liquidateur.

Le débiteur ne peut plus contracter, ni agir ou défendre seul en justice.

Les actes accomplis en violation du dessaisissement sont inopposables à la procédure collective mais restent efficaces entre les parties. Les actions en justice menées au mépris du dessaisissement sont irrecevables.

Cependant, le dessaisissement n'affecte pas les droits extrapatrimoniaux du débiteur, par exemple les actions relatives à son état et à sa capacité. Toutefois, les actions mixtes sont soumises au dessaisissement pour leur aspect patrimonial.

En outre, le débiteur conserve des droits propres, lesquels visent les hypothèses où le livre VI du Code de commerce ouvre une action ou un recours au débiteur. On ajoutera que la jurisprudence peut elle-même reconnaître au débiteur un droit propre en dehors de tout texte, dès lors que l'action ou le recours en question est en rapport direct avec le déroulement de la procédure. Depuis la loi de sauvegarde des entreprises, le débiteur personne physique en liquidation judiciaire ne peut plus exercer d'activité indépendante (C. com., art. L. 641-9-III).

Pour tenir compte du dessaisissement qui frappe le débiteur, professionnel libéral, en liquidation judiciaire et des contraintes inhérentes au respect du secret professionnel, et qui lui interdit l'exercice personnel effectif de son activité, l'article R. 641-36-I, alinéa 1 du Code de commerce dispose que « lorsque le débiteur exerce une profession libérale soumise à un statut législatif ou réglementaire ou dont le titre est protégé, le tribunal désigne, lors de l'ouverture de la procédure, le représentant de l'ordre professionnel ou de l'autorité compétente dont, le cas échéant, il relève, aux fins d'exercer les actes de la profession ».

Section 2 – L'activité de l'entreprise

§ 1 – Le principe de cessation de l'activité

Par principe, la liquidation judiciaire entraîne l'arrêt de l'activité, et l'obligation, aux fins de prise en charge par l'AGS des indemnités de rupture, de licencier les salariés dans un délai de 15 jours, porté à 21 en cas d'élaboration d'un plan de sauvegarde de l'emploi.

Par exception, le tribunal peut autoriser la poursuite provisoire de l'activité, pour une durée maximale de trois mois (renouvelable une fois sur demande du ministère public). Pour les exploitations agricoles, la poursuite de l'activité peut être autorisée jusqu'à la fin de l'année culturale.

L'autorisation de poursuite provisoire de l'activité peut être accordée :

- si l'intérêt public l'exige ;
- si l'intérêt des créanciers l'exige ;
- si un plan de cession totale ou partielle est envisagé afin de permettre la présentation d'offres de cession.

§ 2 – Le maintien des contrats en cours

I – Les règles de droit commun relatives à la continuation des contrats en cours

Notons d'abord que, même en dehors de toute poursuite d'activité, les contrats en cours ne sont pas résiliés du seul fait de l'ouverture de la liquidation judiciaire ou de la conversion de la sauvegarde ou du redressement judiciaire en liquidation judiciaire, et qu'ils peuvent même être continués.

En phase de liquidation judiciaire, le titulaire de l'option est le liquidateur, sauf si un administrateur judiciaire est en place, auquel cas il est le titulaire de l'option.

Après avoir opté pour la continuation du contrat, le liquidateur peut décider de mettre fin au contrat à exécution ou paiement échelonnés dans le temps, s'il s'aperçoit qu'il ne dispose pas des fonds lui permettant d'assurer le paiement du terme suivant.

Le 3° du III de l'article L. 641-11-1 du Code de commerce permet au liquidateur d'obtenir une résiliation de plein droit du contrat, en informant le cocontractant qu'il met fin au contrat, lorsque la prestation du débiteur est de nature financière.

Le IV de l'article L. 641-11-1 du Code de commerce permet au liquidateur de faire prononcer judiciairement la résiliation du contrat, lorsque la prestation du débiteur ne porte pas sur le paiement d'une somme d'argent. Le liquidateur doit saisir en ce sens le juge-commissaire, pour que celui-ci prononce – et non pas simplement constate – la résiliation. Il aura un pouvoir d'appréciation, et cela d'autant que cette résiliation devra, d'une part, être nécessaire aux opérations de liquidation et, d'autre part, ne pas porter une atteinte excessive aux intérêts du cocontractant.

II - Les règles spéciales au bail des locaux professionnels

Des règles identiques à celles posées en sauvegarde pour la résiliation du contrat de bail après jugement d'ouverture existent pour la liquidation judiciaire, sous réserve des précisions suivantes.

L'administrateur ou le liquidateur, selon le cas, peut décider spontanément de ne pas continuer le contrat. Contrairement à la solution posée en droit commun de la continuation des contrats en cours, cette décision entraînera résiliation des contrats.

En cas de liquidation judiciaire, l'article L. 641-12-3° du Code de commerce impose que la demande du bailleur, fondée sur le non-paiement de loyers et charges afférents à une occupation postérieure au jugement d'ouverture, soit introduite au moins trois mois après l'ouverture de la procédure collective, comme cela est le cas en période d'observation.

L'article L. 641-12-2° du Code impose au bailleur d'introduire sa demande fondée sur des causes non financières antérieures au jugement d'ouverture au plus tard dans les trois mois de la publication au *Bodacc* du jugement de liquidation.

Des délais de grâce pourront être accordés au liquidateur.

III - Les règles particulières à la fiducie

La convention de mise à disposition n'est plus régie par les règles de la continuation des contrats en cours en liquidation judiciaire. Il faut comprendre que le jeu de la fiducie-sûreté ne peut jamais être paralysé en liquidation judiciaire.

IV - Les règles particulières de licenciement économique dans la liquidation judiciaire

Aucune autorisation n'est nécessaire pour licencier en dehors de la poursuite provisoire de l'activité.

En revanche, les licenciements économiques à effectuer pendant la période de poursuite provisoire de l'activité en liquidation judiciaire obéissent au régime de ceux effectués en période d'observation du redressement judiciaire.

Le licenciement devra intervenir dans les 15 jours de la liquidation judiciaire, ou, en cas de poursuite provisoire de l'activité, dans les 15 jours de l'expiration de cette période. Ce délai de 15 jours est remplacé par un délai de 21 jours en cas d'élaboration d'un plan de sauvegarde de l'emploi. En outre, si un plan de cession est arrêté en liquidation judiciaire, les licenciements pourront intervenir dans le mois de l'arrêté du plan de cession.

La liquidation judiciaire n'est pas un cas de force majeure, exonératoire de responsabilité pour l'employeur.

V – Les règles particulières au contrat de société

Il y a perte de la qualité d'associé dans les sociétés civiles, en cas de redressement judiciaire ou de liquidation judiciaire atteignant l'un des associés (C. civ., art. 1860), laquelle n'est cependant effective qu'après remboursement des droits sociaux de l'associé.

Section 3 – Les créances postérieures

§ 1 – La date butoir de naissance des créances postérieures

Les créances nées après jugement de liquidation sont couvertes par les dispositions de l'article L. 641-13. Peu importe qu'elles soient nées pendant la poursuite provisoire de l'activité autorisée en liquidation judiciaire, s'il s'agit de créances nées pour les besoins du déroulement de la liquidation judiciaire. En dehors de ce type de créances, en revanche, il faut qu'il s'agisse de créances nées pendant cette poursuite d'activité. Toutefois, depuis l'ordonnance du 12 mars 2014 seront également éligibles les créances nées en liquidation judiciaire, même en dehors de la poursuite d'activité, pour les besoins de la vie courante et les créances nées de la poursuite des contrats par le liquidateur.

§ 2 – La régularité de la naissance des créances postérieures

Pour bénéficier des dispositions de l'article L. 641-13 du Code de commerce, les créances postérieures au jugement d'ouverture doivent encore être nées « régulièrement ». Il n'en sera ainsi que dans la mesure du respect des règles du dessaisissement, qui assurent une répartition des pouvoirs entre le débiteur et le liquidateur.

Si la créance n'est pas née régulièrement, il en résulte l'impossibilité d'attribution du traitement préférentiel. La créance est hors procédure. Son paiement ne pourra pas intervenir.

§ 3 – Le critère téléologique d'élection au traitement préférentiel

Le législateur opère une sélection entre ces créances. Pour bénéficier du traitement préférentiel, la créance devra être née soit :

– pour les besoins du déroulement de la procédure : il s'agit là de toutes les créances inhérentes à la procédure collective, qui n'auraient pu naître sans l'ouverture de celle-ci, et notamment les frais et honoraires de la procédure de liquidation judiciaire ;

– pour les besoins de la poursuite provisoire de l'activité en liquidation judiciaire. Il s'agit là de créances inhérentes à la poursuite d'activité, notamment les créances fiscales et sociales nées de la poursuite d'activité ;

– en contrepartie d'une prestation fournie au débiteur, en relation ou non avec son activité professionnelle, pendant la poursuite provisoire de l'activité autorisée en liquidation judiciaire : il s'agit là des créances nées de la poursuite des contrats en cours et de celles nées de la conclusion de contrats nouveaux. Il s'agit de créances contingentes par rapport à la procédure collective.

L'ordonnance du 12 mars 2014 ajoute le critère de l'exécution d'un contrat décidée soit en période d'observation, soit en liquidation. Cet ajout est spécialement utile pour les créances contractuelles nées en dehors de la poursuite provisoire d'activité autorisée en liquidation judiciaire.

L'ordonnance du 12 mars 2014 ajoute enfin les créances nées pour les besoins de la vie courante du débiteur personne physique. La solution est précieuse pour les créances nées en dehors de la poursuite provisoire d'activité autorisée en liquidation judiciaire, sans rapport avec les créances contractuelles.

§ 4 – Le régime du traitement préférentiel

I – La règle du paiement à l'échéance

L'article L. 641-13 du Code de commerce accorde aux créanciers postérieurs une première prérogative essentielle : *la règle du paiement à l'échéance*, qui fonctionne comme dans la sauvegarde (v. p. 67). Une seule précision mérite d'être signalée : celle de l'inapplication de la règle de l'interdiction de la reprise des poursuites individuelles après clôture pour insuffisance d'actif de la procédure de liquidation judiciaire : le créancier postérieur éligible au traitement préférentiel peut agir en justice et n'est pas concerné par la règle de l'arrêt des poursuites individuelles. Logiquement, il n'est pas davantage concerné par une règle qui lui interdit de retrouver son droit de poursuite individuelle, après clôture pour insuffisance d'actif de la procédure.

II – La règle du paiement par privilège

A – Le classement

L'article L. 641-13 du Code de commerce accorde aux créanciers postérieurs une seconde prérogative essentielle : *la règle du paiement par privilège qui mérite quelques précisions. Rappelons d'abord que le liquidateur opère deux classements entre les créanciers.*

• Un premier classement dit externe permet de classer les créanciers postérieurs par rapport aux autres créanciers. Le législateur opère une distinction, dans le classement, selon que le débiteur est ou non en liquidation judiciaire.

En liquidation judiciaire, ce classement est le suivant :

Rang 1 : Le super-privilège des salaires, puis le privilège des façonniers et du producteur agricole.

Rang 2 : Les frais de justice postérieurs au jugement d'ouverture et utiles au déroulement de la procédure.

Rang 3 : Le privilège de la conciliation.

Rang 4 : Les créanciers antérieurs titulaires de sûretés immobilières. L'ordonnance du 12 mars 2014 a compris, ce que n'avait pas fait le législateur précédent, que les sûretés assorties d'un droit de rétention, notamment le gage, n'avaient pas à être classées, puisque le droit de rétention autorise une satisfaction du créancier rétenteur sans concours avec d'autres. La loi se contente désormais de prévoir que le classement intervient sans préjudice des droits de rétention opposables à la procédure collective.

Rang 5 : Les créanciers postérieurs privilégiés avec leurs quatre rangs, ci-après examinés.

Rang 6 : Les autres créanciers antérieurs selon leur rang.

• Un second classement dit interne permet de classer les créanciers postérieurs **entre eux.**

En liquidation judiciaire, ce classement est le suivant :

Rang 1 : Les créances salariales qui n'ont pas été avancées par l'AGS.

Rang 2 : Les prêts conclus après jugement d'ouverture avec l'autorisation du juge-commissaire et les créances résultant de la continuation des contrats, et pour lesquelles le cocontractant accepte de recevoir un paiement différé.

Rang 3 : Les créances salariales avancées par l'AGS.

Rang 4 : Les autres créanciers postérieurs privilégiés selon leur rang. Figurent ici d'abord les créanciers titulaires de privilèges généraux, par exemple le Trésor public, puis les créanciers postérieurs privilégiés « ordinaires ».

B – La conservation du privilège

Le privilège est attribué de plein droit en fonction de sa créance au créancier qui en est titulaire. Toutefois, le législateur oblige le créancier à certaines démarches pour pouvoir conserver son privilège.

En liquidation judiciaire, l'article L. 641-13-IV prévoit que ces créances doivent être portées à la connaissance du liquidateur, dans le délai de 6 mois à compter de la publication du jugement ouvrant ou prononçant la liquidation ou, le cas échéant, dans le délai d'un an à compter de celle du jugement arrêtant le plan de cession.

Le liquidateur dépose ensuite cette liste au greffe dans certains délais (C. com., art. R. 641-39). Le greffier fait publier au *Bulletin officiel des annonces civiles et commerciales (Bodacc)* une insertion indiquant ce dépôt. Tout intéressé peut contester cette liste devant le juge-commissaire dans un délai d'un mois à compter de la publication de cet avis de dépôt. Les créances rejetées de cette liste par le juge-commissaire sont réputées avoir été déclarées régulièrement au passif et sont donc traitées comme des créances antérieures.

Chapitre 3
Les opérations de liquidation judiciaire

L'essentiel

La première étape est celle de la réalisation des actifs du débiteur. Il peut s'agir de réalisations d'actifs isolés (Section 1) ou d'une réalisation globale des actifs par la cession d'entreprise (Section 2). Une fois les biens vendus, le paiement des créanciers pourra intervenir (Section 3).

Section 1 – Les réalisations d'actifs isolés du débiteur

§ 1 – Les règles du régime général

Il y a lieu de préciser :
- *les règles communes de réalisation des biens du débiteur ;*
- *les règles de réalisation des biens immeubles du débiteur ;*
- *les règles de réalisation des biens meubles du débiteur ;*

I – Les règles communes de réalisation des biens du débiteur

A – La nécessité d'une publicité préalable à la vente

Le Code de commerce, dans le souci d'accroître la transparence de la procédure de liquidation, de faire en sorte que le prix des biens vendus soit juste et que les acquéreurs éventuels puissent tous intervenir, pose une obligation de publicité préalable avant toute cession d'entreprise ou réalisation d'actif. L'article L. 642-22 dispose en ce sens que « toute cession d'entreprise et toute réalisation d'actif doivent être précédées d'une publicité dont les modalités sont déterminées par un décret en Conseil d'État en fonction de la taille de l'entreprise et de la nature des actifs à vendre ».

Les modalités de cette publicité sont déterminées par l'article R. 642-40 du Code de commerce, qui indique que la publicité de toute réalisation d'actif doit être faite par voie électronique, ce qui permet d'assurer une publicité nationale et internationale, et par voie de presse. Il appartient au juge-commissaire de déterminer s'il y a lieu d'effectuer une publicité par voie de presse pour les actifs de faible valeur (C. com., art. R. 642-40, al. 2).

B – La nécessité d'une ordonnance préalable du juge-commissaire

La première étape de principe de réalisation de biens appartenant au débiteur est l'ordonnance du juge-commissaire. Celui-ci doit autoriser la vente par le liquidateur. À défaut d'ordonnance préalable, la vente est frappée de nullité absolue.

Le juge-commissaire détermine la forme de la vente et ses conditions essentielles, après avoir recueilli les observations du débiteur.

L'ordonnance doit être notifiée à toutes les personnes dont les droits risquent de se trouver affectés par la vente. Ces personnes doivent être considérées comme des parties à la décision autorisant ou ordonnant la vente et, en conséquence, disposent d'un droit de former appel. Il en est ainsi du créancier inscrit sur le bien ou du bailleur en cas de vente du fonds de commerce.

C - Le principe de la vente par le liquidateur

Par principe, c'est le liquidateur qui procède aux opérations de réalisation des actifs du débiteur.

D - La vente par le créancier inscrit sur le bien en cas d'inaction du liquidateur

Si le liquidateur n'a pas entrepris la vente d'un bien grevé de sûreté, dans les 3 mois du jugement prononçant la liquidation, le créancier inscrit sur le bien peut obtenir une ordonnance du juge-commissaire pour être autorisé à procéder à la vente forcée du bien.

Toutefois ce délai est allongé lorsque, en liquidation judiciaire, un délai a été fixé par le tribunal pour présenter des offres de cession, jusqu'à l'expiration de ce délai. Le créancier inscrit ne pourra alors entreprendre la vente du bien que si ce dernier n'est pas inclus dans le périmètre du plan de cession (C. com., art. L. 643-2, al. 2).

Le prix de vente devra cependant être remis au liquidateur, qui seul pourra le répartir entre les créanciers.

E - La réalisation des biens et les régimes matrimoniaux

1. Les biens communs

La procédure collective a un effet réel et joue comme une saisie collective. Or l'article 1413 du Code civil permet à un conjoint d'engager seul la communauté. On comprend, dans ces conditions, que la liquidation judiciaire frappe tous les biens communs. L'époux commun en biens, qui est resté *in bonis*, et les créanciers de ce dernier, ne peuvent en disposer.

Le liquidateur n'a pas besoin de l'autorisation de l'époux *in bonis* pour vendre les biens communs.

2. Les biens propres

La procédure collective n'affecte pas les biens propres de l'époux *in bonis.* Ce dernier peut demander la distraction de la procédure collective de ses propres biens par une action en revendication, qui obéit aux règles classiques des actions en revendication et en restitution dans les procédures collectives.

F - La réalisation des biens indivis

Le Code de commerce ne règle pas les modalités de réalisation des biens indivis. Dans son silence, deux situations doivent être distinguées :

- Si l'indivision est apparue avant l'ouverture de la procédure collective, les règles de l'indivision s'appliqueront. Les créanciers de l'indivision – plus juridiquement les créanciers de tous les indivisaires – pourront saisir les biens indivis et les faire vendre.

Ils seront payés avant tout partage. À défaut de vente par ces créanciers, le liquidateur devra provoquer le partage, par une action en licitation-partage, vendre le bien et attribuer aux indivisaires *in bonis* leurs parts dans le produit de la vente du bien indivis. Ces derniers pourront résister au partage en proposant de payer la dette du coindivisaire en liquidation, ce qui supposera que le passif soit vérifié. Ainsi, dans cette situation, l'indivision l'emporte sur la procédure collective.

• Si l'indivision est apparue après l'ouverture de la procédure collective, le liquidateur pourra vendre les biens indivis, sans contrainte particulière, en méconnaissant ainsi l'indivision. La procédure collective l'emporte alors sur l'indivision.

G – Les biens grevés d'une clause d'inaliénabilité

La jurisprudence décide que le liquidateur est sans qualité pour demander la mainlevée de l'inaliénabilité grevant le bien donné. L'appréciation de l'intérêt supérieur du donataire à faire lever l'inaliénabilité grevant le bien semble appartenir à sa seule appréciation, en ce qu'il constitue un droit propre non soumis au dessaisissement. Mais la solution n'est pas encore certaine en jurisprudence.

H – Les biens échus sur succession pendant la liquidation judiciaire

Les biens ou droits acquis sur succession pendant la liquidation judiciaire ne peuvent, sauf accord du débiteur, être réalisés par le liquidateur. Ce dernier ne peut davantage provoquer le partage pouvant en résulter. Après clôture de la liquidation judiciaire pour insuffisance d'actifs, les créanciers retrouvent leur droit de poursuite individuelle sur ces biens.

II – Les règles de réalisation des biens immeubles du débiteur

Le Code de commerce envisage trois formes de ventes des immeubles du débiteur en liquidation : *la vente sur saisie immobilière, la vente sur adjudication amiable* et la *vente de gré à gré* (C. com., art. L. 642-18). Deux précisions préalables de première importance pour les débiteurs physiques s'imposent.

• Une première difficulté se présente pour les biens objets d'une déclaration notariée d'insaisissabilité. Ce mécanisme, qui permet de rendre insaisissables les immeubles bâtis ou non d'un débiteur, dès lors qu'ils ne sont pas à usage professionnel, repose sur une double publicité, au registre professionnel du débiteur, d'une part, et à la conservation des hypothèques, d'autre part. La déclaration est opposable aux créanciers professionnels postérieurs à la seconde des publicités et leur interdit de saisir l'immeuble du débiteur. La déclaration notariée est en revanche inopposable aux autres créanciers, ce qui les autorise à saisir l'immeuble. Dès lors que, d'une part, la publicité a été effectuée avant le jugement d'ouverture et, que, d'autre part, existent des créanciers ayant le droit de saisir l'immeuble et d'autres n'ayant pas ce droit, la déclaration notariée d'insaisissabilité est opposable au liquidateur, ce qui lui interdit de vendre l'immeuble du débiteur, lequel ne fait pas partie du gage commun des créanciers et échappe, en conséquence, à l'effet réel – effet de saisie collective – de la procédure collective.

• Une deuxième difficulté est issue de la loi Macron du 6 août 2015, qui a créé l'insaisissabilité légale de la résidence principale. Cette mesure a pour objet de rendre automatique l'insaisissabilité de la résidence qui assure le logement du débiteur, sans qu'il soit besoin d'une quelconque déclaration, dès lors que le débiteur personne physique est immatriculé à un registre professionnel – cas des commerçants et des artisans – ou exerce une activité agricole ou indépendante. L'insaisissabilité n'est pas absolue, comme cela était déjà le cas de l'insaisissabilité résultant de la déclaration notariée. Elle n'est posée qu'à l'encontre des créanciers professionnels postérieurs à l'entrée en vigueur de la loi Macron, soit le 8 août 2015. *A contrario*, l'immeuble assurant le logement du débiteur reste saisissable de la part des créanciers non professionnels, quelle que soit la date de naissance de leur créance, ainsi que de la part des créanciers professionnels dont la créance est née avant l'entrée en vigueur de la loi Macron. La problématique qui existe pour la déclaration notariée d'insaisissabilité existe identiquement ici. Dès lors qu'existent des créanciers ayant le droit de saisir l'immeuble et d'autres n'ayant pas ce droit, l'insaisissabilité légale de la résidence principale est opposable au liquidateur, ce qui lui interdit de vendre l'immeuble du débiteur, lequel ne fait pas partie du gage commun des créanciers et échappe, en conséquence, à l'effet réel – effet de saisie collective – de la procédure collective. Au contraire, les créanciers ayant conservé le droit de saisir l'immeuble pourront exercer leur droit, y compris pendant la procédure collective puisque le bien échappe au dessaisissement.

Il est possible de combiner l'insaisissabilité légale de la résidence principale avec une déclaration notariée d'insaisissabilité, qui portera alors sur les biens immobiliers, bâtis ou non, qui n'assurent pas la résidence principale, tout en n'étant pas les immeubles affectés à l'activité professionnelle du débiteur personne physique.

A – La vente sur saisie immobilière

1. La saisie non commencée au jour du jugement d'ouverture

Par principe, la vente intervient sous forme de saisie immobilière, en liquidation judiciaire.

Les règles de la procédure de saisie immobilière doivent, par principe, être respectées, sous quelques adaptations.

La procédure ne commence pas par un commandement aux fins de saisie, mais par une ordonnance du juge-commissaire, qui est publiée à la conservation des hypothèques.

Le débiteur n'a pas à être sommé d'avoir à prendre communication des conditions de la vente. Il ne peut former de contestations, mais dispose, en amont, et malgré son dessaisissement, de la possibilité de former un appel à l'encontre de la décision du juge-commissaire, ordonnant la vente.

2. La saisie commencée au jour du jugement d'ouverture

Si une procédure de saisie immobilière a été engagée avant l'ouverture de la procédure collective, elle est interrompue pendant le cours de la sauvegarde ou du redressement judiciaire. Après liquidation judiciaire, elle pourra (C. com., art. L. 642-18, al. 2) reprendre son cours au stade où elle en était restée.

Le liquidateur, autorisé par le juge-commissaire, sera substitué au créancier poursuivant.

À défaut de substitution, le créancier poursuivant, autorisé par le juge-commissaire, pourra reprendre lui-même la saisie, mais pour le compte de la liquidation judiciaire.

3. Les suites de la saisie

Si l'immeuble est vendu sur saisie immobilière, il y a purge des inscriptions.

Il appartiendra au liquidateur de répartir le produit de la vente, et de régler les créanciers.

Les textes prévoient une possibilité de contestation devant le juge de l'exécution, juge naturel des procédures de distribution de prix de vente d'immeubles.

B – La vente sur adjudication amiable

Si la consistance des biens ou leur emplacement le justifie, le juge-commissaire pourra préférer ordonner une vente par adjudication amiable.

Il s'agit d'une vente aux enchères organisée devant notaire, lequel procède à la rédaction d'un cahier des conditions de la vente. Les enchères ne nécessitent pas le recours à un avocat.

Il peut être fait surenchère du dixième, dans les 10 jours suivant l'adjudication, par déclaration au greffe du tribunal de grande instance dans le ressort duquel réside le notaire qui a procédé à la vente.

Cette forme de vente emporte, comme la vente sur saisie, purge des inscriptions grevant l'immeuble, une fois payés le prix de vente et les frais de la vente.

C – La vente de gré à gré

Si la consistance des biens ou leur emplacement le justifie, ou si le liquidateur a reçu des offres d'acquisition, le juge-commissaire pourra autoriser que la vente intervienne de gré à gré.

La vente sera parfaite dès l'ordonnance du juge-commissaire, sous condition suspensive de son passage en force de chose jugée, mais le transfert de propriété n'interviendra que par la rédaction de l'acte de cession.

Le droit de préemption de la Safer ou du locataire doit être respecté. Au contraire, le droit de préemption urbain doit être écarté.

Cette forme de vente n'emporte pas purge des inscriptions. L'acquéreur devra donc procéder à la procédure de purge des inscriptions, par acte extrajudiciaire (acte d'huissier). Les créanciers inscrits auront, en conséquence, possibilité de former surenchère du dixième.

III – Les règles de réalisation des biens meubles du débiteur

La réalisation des meubles est régie par l'article L. 642-19 du Code de commerce. Il appartient au liquidateur de saisir par requête le juge-commissaire afin d'être autorisé à vendre les biens meubles. Cette règle s'applique notamment pour les fonds de commerce.

A – La vente de gré à gré

1. Les règles générales

La vente sera parfaite dès l'ordonnance du juge-commissaire, mais le transfert de propriété n'interviendra que par la rédaction de l'acte de cession.

2. Les règles applicables à la vente du fonds de commerce

Le Code de commerce n'écarte pas, en liquidation judiciaire, les règles qu'il édicte à l'article L. 141-1. Le droit commun devra, en conséquence, être respecté.

Spécialement, le liquidateur devra mentionner les trois derniers chiffres d'affaires réalisés par le débiteur, sous peine de nullité de la vente.

Le liquidateur doit, sauf clause contraire de l'acte de cession, sa garantie contre les vices cachés et contre l'éviction. L'action en garantie est enfermée dans un délai préfix d'un an qui court à compter de l'entrée en jouissance (C. com., art. L. 141-4).

L'article L. 141-12 du Code de commerce oblige l'acquéreur à publier la vente dans les 15 jours de sa date, sous forme d'avis ou d'extrait dans un journal d'annonces légales.

Les dispositions des articles L. 141-12 et L. 141-13 du Code de commerce régissant la publicité de la vente du fonds de commerce ont vocation à s'appliquer.

La vente de gré à gré n'emporte pas purge des inscriptions. Cette procédure est à la charge de l'acquéreur.

Les créanciers du vendeur (débiteur) peuvent former surenchère, du dixième pour les créanciers inscrits sur le fonds, du sixième pour les autres qui auraient fait opposition.

B – La vente aux enchères

Il appartient au juge-commissaire de désigner, dans son ordonnance, l'officier ministériel compétent.

La compétence appartient, selon les biens à vendre, aux commissaires-priseurs, aux huissiers, aux notaires et aux greffiers des tribunaux d'instance ou de commerce.

En présence de valeurs mobilières, la compétence appartient aux agents de change des bourses de valeurs où elles sont admises. Si les valeurs ne sont pas admises à la cote officielle, il y a compétence concurrente des agents de change et des commissaires-priseurs ou notaires.

C – Les règles spéciales aux biens gagés

Les articles L. 641-3 et L. 642-20-1 du Code de commerce règlent le sort des biens gagés, ces dispositions ayant également vocation à s'appliquer, à l'exception de celles relatives à l'attribution judiciaire, aux créanciers rétenteurs non gagistes.

1. Le retrait contre paiement

Le liquidateur autorisé par le juge-commissaire peut, en payant la dette et en éteignant ainsi le droit de rétention, retirer les biens constitués en gage par le débiteur ou la chose retenue.

2. La vente du bien par le liquidateur entraînant report du droit de rétention sur le prix

À défaut de retrait, le liquidateur doit, dans les six mois du jugement de liquidation judiciaire, demander au juge-commissaire l'autorisation de procéder à la réalisation ; l'autorisation est notifiée par le greffe au créancier 15 jours avant la réalisation.

Le droit de rétention du créancier gagiste est de plein droit reporté sur le prix. Il s'agit d'une subrogation réelle, le prix remplaçant le bien.

La technique permet au créancier gagiste d'éviter tout concours avec des créanciers de rang préférable.

Signalons que l'article 2286-4° du Code civil attribue aux créanciers gagistes sans dépossession un droit de rétention fictif, qui conserve sa pleine efficacité dans la procédure de liquidation judiciaire et oblige le liquidateur, qui réalise le bien, à appliquer la technique du report du droit de rétention sur le prix.

3. L'attribution judiciaire du gage

Le créancier gagiste, mais non le simple rétenteur non gagiste, même s'il n'est pas encore admis au passif, peut demander, avant la réalisation, l'attribution judiciaire. Si la créance est rejetée en tout ou en partie, il restitue au liquidateur le bien ou sa valeur, sous réserve du montant admis de sa créance.

La technique permet au créancier gagiste d'éviter tout concours avec des créanciers de rang préférable.

§ 2 – Les règles de la liquidation judiciaire simplifiée

I – Le domaine de la liquidation judiciaire simplifiée

Le législateur, dans le souci d'accélérer les procédures, a imaginé une procédure accélérée, allégée, qualifiée de liquidation judiciaire simplifiée. Elle est soit obligatoire, soit facultative, en fonction de critères. Elle est dans tous les cas exclue si le débiteur a au moins un actif immobilier.

Si le débiteur emploie au plus un salarié et s'il a réalisé au plus 300 000 € hors taxes de chiffre d'affaires, l'application des règles de liquidation judiciaire simplifiée est obligatoire. Au-delà de ces seuils, et jusqu'à 5 salariés et 750 000 € de chiffre d'affaires hors taxes par an, la liquidation judiciaire simplifiée est facultative.

II – La décision de la juridiction d'appliquer les règles de la liquidation judiciaire simplifiée

En présence d'une liquidation judiciaire simplifiée obligatoire, son application sera ordonnée dès le jugement d'ouverture, dès lors que le tribunal dispose des éléments lui permettant de vérifier que les conditions légales d'application à titre obligatoire de la liquidation judiciaire simplifiée sont réunies. Si le tribunal n'a pas en sa possession les éléments pour apprécier l'éligibilité à la liquidation judiciaire simplifiée obligatoire, il appartiendra au président du tribunal de statuer sur cette application au vu du rapport établi par le liquidateur dans le mois de la liquidation judiciaire.

En présence d'une liquidation judiciaire simplifiée facultative, si la liquidation judiciaire est prononcée sur conversion, le tribunal statue sur l'application à titre facultatif des règles de la liquidation judiciaire simplifiée dans le jugement prononçant la liquidation judiciaire. En cas de liquidation judiciaire immédiate, il ne sera possible de statuer sur cette application qu'au vu du rapport sur la situation du débiteur, que doit établir le liquidateur, dans le mois de sa nomination. En ce cas, le président du tribunal statuera sur l'application des règles de la liquidation judiciaire simplifiée.

Que la liquidation judiciaire simplifiée soit obligatoire ou facultative, le tribunal, sur demande du liquidateur, par décision spécialement motivée, peut décider de mettre fin à l'application des règles de la liquidation judiciaire simplifiée.

III – Les règles de réalisation des biens dans la liquidation judiciaire simplifiée

En présence d'une liquidation judiciaire simplifiée obligatoire, il y a place à établissement de l'inventaire et de la prisée de l'actif du débiteur. Le liquidateur pourra ici être désigné, s'il l'accepte, par le tribunal aux fins de réaliser l'inventaire. En ce cas, la prisée des biens du débiteur n'est plus obligatoire. Si la valeur des biens le justifie, le juge-commissaire désigne aux fins de réaliser la prisée de l'actif, l'une des personnes mentionnées au dernier alinéa du II de l'article L. 641-1.

L'ordonnance du 18 décembre 2008 avait introduit un distinguo, dans les conditions de vente des meubles du débiteur, sous le régime de la liquidation judiciaire simplifiée, supprimé par l'ordonnance du 12 mars 2014. Dans les deux cas, le liquidateur procède à la vente des biens mobiliers de gré à gré ou aux enchères publiques. Il dispose pour cela d'un délai de quatre mois qui court de la décision ordonnant la procédure simplifiée.

IV – La vérification des créances dans la liquidation judiciaire simplifiée

Par principe, les créances ne seront pas vérifiées dans la liquidation judiciaire simplifiée. Il est seulement excepté les créances salariales et celles susceptibles de venir en rang utile dans les répartitions.

V – L'établissement d'un projet de répartitions

Le liquidateur doit déposer un projet de répartition, qui vient compléter l'état des créances, au greffe du tribunal qui a ouvert la procédure. Le dépôt au greffe de l'état des créances ainsi complété fait l'objet d'une publicité sous forme d'avis d'insertion au *Bodacc*. L'ordonnance du 12 mars 2014 limite cette publicité à l'hypothèse où des répartitions sont susceptibles d'intervenir au profit de personnes autres que les créanciers titulaires de privilèges généraux ou de sûretés spéciales primant les créanciers postérieurs méritants et les créanciers postérieurs privilégiés eux-mêmes.

Les personnes intéressées peuvent prendre connaissance de cet état et le contester sous la forme d'une réclamation devant le juge-commissaire. Elle devra être présentée dans un délai d'un mois de l'avis d'insertion au *Bodacc* du dépôt au greffe.

À défaut de contestation ou une fois celle-ci tranchée, le liquidateur procède aux répartitions. Dans le premier cas, la répartition sera conforme au projet. Dans le second, elle sera conforme à la décision judiciaire rendue à la suite de la contestation (C. com., art. L. 644-4, al. 4).

VI – La clôture accélérée de la liquidation judiciaire

Lorsqu'il est fait application des règles de la liquidation judiciaire simplifiée obligatoire, le délai de clôture de la procédure est de 6 mois à compter de la décision d'application des règles de la liquidation judiciaire simplifiée.

Lorsqu'il est fait application des règles de la liquidation judiciaire simplifiée facultative, le tribunal doit procéder à la clôture de la procédure dans l'année du jugement décidant d'appliquer les règles de la liquidation simplifiée. Ce délai peut être prorogé de 3 mois.

Si ce délai de clôture ne peut être tenu, le tribunal sera saisi par le liquidateur aux fins de transformer, par une décision spécialement motivée, la procédure en liquidation judiciaire relevant du régime général.

Section 2 – La cession de l'entreprise

La cession d'entreprise est une technique qui permet à un repreneur de continuer l'activité du débiteur, par la reprise de son entreprise. Comme le plan de sauvegarde et de redressement, le plan de cession de l'entreprise doit tendre à la sauvegarde de l'entreprise, des emplois, et à l'apurement du passif.

La cession peut intervenir à différents *moments* (§ 1).

Il y a d'abord place à la *préparation de la cession* de l'entreprise (§ 2), laquelle précède l'*arrêté du plan de cession* (§ 3).

L'*exécution du plan de cession* (§ 4) fait naître des difficultés particulières, au même titre que l'*inexécution du plan de cession* (§ 5).

§ 1 – Le moment de la cession

Par principe, le plan de cession est arrêté en phase de liquidation judiciaire.

Cependant, un plan de cession totale peut également être arrêté à l'issue de la procédure de redressement judiciaire. Il est toutefois subsidiaire par rapport au plan de redressement : ce n'est qu'à défaut de possibilité pour le débiteur d'obtenir un plan de redressement sérieux que le tribunal pourra arrêter un *plan de cession* totale.

§ 2 – La préparation de la cession

I – Le moment de la présentation des offres de cession

L'un des grands débats à l'occasion du vote de la loi de sauvegarde des entreprises a été de déterminer si le plan de cession devait purement et simplement être basculé en phase liquidative ou s'il devait rester dans la phase de redressement judiciaire. Un compromis a finalement été trouvé, consistant à poser en principe que le plan de cession est, pour le débiteur, une opération de nature liquidative, puisqu'il s'agit de céder son entreprise et de répartir ensuite entre ses créanciers le produit de la vente de cet actif, opération de nature éminemment liquidative.

C'est pourquoi, dans la vision du législateur, même si cela n'est pas le principe en pratique, le plan de cession sera arrêté en liquation judiciaire. Si les offres de cession n'ont pas été présentées en redressement judiciaire, le tribunal fixera le délai de réception des offres pendant la liquidation judiciaire. Il y aura, pendant ce délai, poursuite provisoire de l'activité.

Toutefois, le plan de cession pourra être arrêté en redressement judiciaire. La solution est ici subsidiaire. Elle supposera, en effet, que le débiteur soit dans l'impossibilité d'assurer seul son redressement. Le délai de présentation des offres est alors fixé par l'administrateur judiciaire. Notons que, depuis l'ordonnance du 18 décembre 2008, un administrateur est obligatoirement nommé, en redressement judiciaire, si un plan de cession est envisageable.

Le législateur envisage même une formule panachée, qui consiste pour les tiers à présenter en période d'observation du redressement judiciaire une offre de reprise par plan de cession, qui ne sera examinée qu'après conversion du redressement en liquidation judiciaire. Il n'y aura pas alors place à fixation d'un nouveau délai de présentation des offres de cession. L'ordonnance du 12 mars 2014 ajoute qu'il n'y aura pas davantage place à fixation d'un délai de présentation des offres, si des offres satisfaisantes ont été présentées dans le cadre d'un mandat *ad hoc* ou d'une conciliation ayant précédé la liquidation judiciaire. C'est la technique du prépack-cession.

II – L'auteur de l'offre de reprise : un tiers

L'offre de reprise doit émaner d'un tiers (C. com., art. L. 642-3), c'est-à-dire d'une personne qui n'est pas le débiteur, un dirigeant de droit ou de fait de la personne débitrice, un parent ou allié jusqu'au 2e degré de ces dirigeants ou du débiteur personne physique.

Pour rendre plus effective l'interdiction, la loi de sauvegarde des entreprises ajoute qu'« il est fait interdiction à ces personnes d'acquérir, dans les cinq années suivant la cession, tout ou partie des biens dépendant de la liquidation, directement ou indirectement, ainsi que d'acquérir des parts ou titres de capital de toute société ayant dans son patrimoine, directement ou indirectement, tout ou partie de ces biens, ainsi que des valeurs mobilières donnant accès, dans le même délai, au capital de cette société ».

La loi de sauvegarde des entreprises interdit, également, sous peine de sanction pénale, les offres émanant des contrôleurs.

Le texte excepte cependant les offres intéressant la reprise de l'exploitation agricole, sous réserve que, même en ce cas, l'interdiction d'acquérir continue à frapper les contrôleurs.

Mais, en même temps que la loi de sauvegarde des entreprises allonge la liste des personnes ne pouvant se porter acquéreur, elle rend possible les offres d'acquisition, sauf de la part des contrôleurs, de la part des personnes qui sont par principe frappées par l'interdiction. Une requête en ce sens devra être présentée par le ministère public et le tribunal devra rendre une décision spécialement motivée, après avoir recueilli l'avis des contrôleurs.

L'alinéa 4 de l'article L. 642-3 sanctionne d'une nullité pouvant être demandée par tout intéressé ou par le ministère public l'acte passé en méconnaissance de l'interdiction édictée par l'article L. 642-3. L'action est enfermée dans une prescription triennale courant à compter de la conclusion de l'acte ou de sa publicité s'il est soumis à publicité.

L'administrateur, ou à défaut le liquidateur, doit donner au tribunal tous éléments permettant d'apprécier la qualité de tiers (C. com., art. L. 642-4, al. 1).

La réglementation établie constitue un élément central de la moralisation des plans de cession. Il faut interdire au débiteur ou à un ancien dirigeant de la personne morale débitrice de reprendre les actifs et de recommencer l'activité, après s'être débarrassé de son passif. Il ne lui est pas interdit de continuer l'activité. Mais, pour cela, il doit présenter un plan de redressement et payer le passif qu'il a créé.

III – Le contenu des offres de reprise

Le contenu de l'offre est étroitement réglementé par l'article L. 642-2-II du Code de commerce.

L'offre doit contenir l'indication :

1) de la désignation précise des biens, des droits et des contrats inclus dans l'offre ;

2) des prévisions d'activité et de financement ;

3) du prix de cession et de ses modalités de règlement ;

4) de la date de réalisation de la cession. Cette précision est de grande importance si la cession est précédée d'une période de location-gérance. Mais elle revêt dans tous les cas un grand intérêt car la date de passation des actes constituera, par principe, la date du transfert de propriété des actifs repris et, par le fait même, la date de début des obligations du repreneur envers le prêteur en cas de jeu de transfert de la charge de la sûreté. Elle marquera également, par principe, la date de début des obligations du repreneur à l'égard du cocontractant cédé ;

5) du niveau et des perspectives d'emploi justifiées par l'activité considérée. Cette précision de l'offre est essentielle pour les salariés. Le repreneur devra donc indiquer, d'une part, le nombre de licenciements auquel il subordonne son offre et, d'autre part, dans l'avenir, le nombre de salariés qu'il entend conserver pour poursuivre l'activité reprise. Pour le repreneur, la précision est essentielle car l'article L. 1224-1 du Code du travail (anc. art. L. 122-12), qui institue une cession légale des contrats de travail, ne jouera que pour les salariés conservés par le repreneur ;

6) des garanties souscrites en vue d'assurer l'exécution de l'offre. Ces garanties sont spécialement utiles si le cessionnaire obtient des délais de paiement du prix de cession ;

7) des prévisions de cession d'actifs au cours des deux années suivant la cession. Cette précision s'inscrit dans la volonté de moralisation des plans de cession. Il s'agit d'éviter la revente de l'entreprise par appartements, afin de dégager des plus-values exclusives de la volonté de préserver l'activité et les emplois ;

8) de la durée de chacun des engagements pris par l'auteur de l'offre. Cette précision permet de déterminer la viabilité de la poursuite d'activité, en autorisant la sanction du repreneur qui méconnaît les engagements souscrits.

Tenant compte de l'extension des procédures collectives aux professionnels libéraux, l'article L. 642-3-III du Code, dans la rédaction que lui donne la loi de sauvegarde des entreprises, prévoit que « lorsque le débiteur exerce une profession libérale soumise à un statut législatif ou réglementaire, ou dont le titre est protégé, l'offre doit en outre comporter l'indication de la qualification professionnelle du cessionnaire ». Il s'agit là d'anticiper sur l'impossibilité pour un tiers d'acquérir l'entreprise libérale s'il ne remplit pas les conditions de diplôme et plus généralement de qualification professionnelle.

IV – Les caractères de l'offre de cession

A – L'irrévocabilité de l'offre de reprise

L'article L. 642-2-V du Code prévoit que l'offre ne peut être retirée. Elle lie son auteur jusqu'à la décision du tribunal arrêtant le plan.

Le principe d'irrévocabilité n'interdit pas la présentation d'une offre conditionnelle.

B – L'intangibilité de l'offre de reprise

À partir du dépôt au greffe, la personne qui a présenté une offre est liée par elle.

L'interdiction pour son auteur de retirer et de modifier l'offre après son dépôt et jusqu'à ce que le tribunal statue (C. com., art. L. 642-2-V, al. 1) ne fait cependant pas obstacle à une modification de l'offre à la hausse, c'est-à-dire au bénéfice des salariés et/ou des créanciers. L'article L. 642-2-V du Code précise ainsi clairement que « l'offre ne peut être ni modifiée, sauf dans un sens plus favorable aux objectifs mentionnés au premier alinéa de l'article L. 642-1 […] ».

À peine d'irrecevabilité, aucune modification ne peut être apportée à une offre moins de deux jours ouvrés avant la date fixée pour l'examen des offres par le tribunal. Le tribunal ne peut imposer à son auteur une modification de son offre. En cas d'appel, seul le candidat retenu par le tribunal reste lié par son offre.

§ 3 – La décision statuant sur la cession

L'administrateur judiciaire, s'il en a été nommé un, établit un rapport, où figurent ses observations sur chacune des offres reçues.

À défaut d'administrateur, cette tâche appartient au liquidateur.

Le tribunal choisira, dans le respect de l'article L. 642-5, alinéa 1 du Code de commerce, « l'offre qui permet dans les meilleures conditions d'assurer le plus durablement l'emploi attaché à l'ensemble cédé, le paiement des créanciers et qui présente les meilleures garanties d'exécution ».

Le tribunal choisira, parmi les offres sérieuses qui lui sont présentées, celles qui permettront de sauvegarder les emplois même si le traitement assuré aux créanciers n'est pas aussi favorable que celui contenu dans une autre offre, dès lors que cette dernière assure moins bien le maintien de l'activité et des emplois.

Même si le désintéressement des créanciers est la « dernière des priorités », le paiement des créanciers doit exister. Le sérieux de l'offre intégrera ainsi une appréciation objective, dont l'une des données sera le montant du prix de cession. De façon générale, le sérieux de l'offre s'entend surtout de sa faisabilité et des garanties d'exécution.

Les débats sur l'arrêté du plan de cession doivent avoir lieu en présence du ministère public lorsque l'entreprise emploie au moins 20 salariés ou réalise au moins 3 000 000 € de chiffre d'affaires hors taxes.

Le *contenu du plan de cession* doit être déterminé. *L'efficacité de la décision statuant sur le plan de cession,* puis *la nature juridique de la décision arrêtant le plan de cession et ses conséquences* devront être précisées.

Enfin, seront précisées *les voies de recours sur les décisions statuant sur le plan de cession.*

I – Le contenu du plan de cession

A – Le plan de cession totale ou le plan de cession partielle

La décision arrêtant le plan de cession peut prévoir, selon l'article L. 631-22 du Code de commerce, soit la cession totale, soit la cession partielle accompagnée d'un plan de redressement. La cession peut donc être totale ou partielle. Le plan de cession partielle désigne la cession d'une branche autonome d'activité, une ou plusieurs autres branches n'étant pas cédées au même repreneur.

Le plan de cession peut être accompagné, en situation de redressement judiciaire, d'un plan de redressement. En présence d'un plan de cession totale, il s'agira d'un plan de redressement du débiteur, non de son entreprise. Si un plan de redressement est arrêté, un commissaire à l'exécution du plan est nommé pour surveiller l'exécution de ce plan. La surveillance de l'exécution du plan de cession partielle incombera au mandataire judiciaire.

Notons que si le débiteur est en sauvegarde, une cession totale de l'entreprise est impossible, seule une cession partielle et volontaire étant envisageable, obéissant alors au régime du plan de cession partielle.

Si le plan de cession totale est arrêté en redressement judiciaire, sans adoption d'un plan de redressement, le tribunal, par un deuxième jugement, convertira la procédure de redressement en liquidation judiciaire. Les règles de la liquidation judiciaire s'appliqueront alors au débiteur.

B – La location-gérance préalable à la cession

1. La conclusion du contrat de location-gérance

Le plan organisant la cession totale ou partielle de l'entreprise peut inclure une période de location-gérance de tout ou partie du fonds de commerce.

Le tribunal peut autoriser le recours à la location-gérance, même si les conditions classiques du recours à ce contrat font défaut.

La durée de la location-gérance ne peut excéder deux ans.

2. L'inscription du contrat de location-gérance dans la cession de l'entreprise

Le contrat de location-gérance ne peut être conclu qu'avec le repreneur retenu par le tribunal.

La location-gérance ne constitue ici qu'un préalable à la cession, le locataire-gérant souscrivant en effet l'engagement d'acquérir l'entreprise à son terme. Si le locataire-gérant n'exécute pas, au terme de la location-gérance, son obligation d'acquérir l'entreprise, l'article L. 642-17, alinéa 1 prévoit la possibilité pour le tribunal, d'office ou à la demande du liquidateur ou du ministère public, d'ordonner la résiliation du contrat de location-gérance et la résolution du plan sans préjudice de tous dommages et intérêts.

3. Les effets du contrat de location-gérance

L'article L. 642-7, alinéa 2 du Code prévoit explicitement que le jugement qui arrête le plan emporte cession des contrats même lorsque la cession est précédée d'une location-gérance.

4. L'exécution du contrat de location-gérance

Le mandataire judiciaire ou, selon le cas, le liquidateur, veille à la bonne exécution du contrat, par le locataire-gérant. Il doit faire rapport de toute atteinte aux éléments pris en location-gérance.

Le tribunal peut, en cas d'inexécution, ordonner la résiliation du contrat de location-gérance et la résolution du plan.

C – Le périmètre de la cession

1. La détermination des biens cédés

Le jugement qui arrête le plan de cession précise les biens qui seront cédés.

Le repreneur doit détailler dans son offre les actifs qu'il entend reprendre et le tribunal ne peut que suivre la proposition.

Cependant, les biens inclus dans le plan de cession doivent présenter certaines caractéristiques :

– ils doivent appartenir au débiteur et non à des tiers ;

– ils doivent être nécessaires à l'exploitation.

Les biens non cédés resteront au débiteur qui aurait obtenu un plan de redressement. Si le débiteur est en liquidation judiciaire, ils seront réalisés selon les règles classiques de la liquidation judiciaire.

2. La détermination des contrats cédés

L'offre de cession doit préciser les contrats dont le repreneur sollicite la cession judiciaire (v. p. 124).

II – L'efficacité de la décision statuant sur le plan de cession

A – L'applicabilité *erga omnes* des dispositions arrêtant le plan de cession

L'article L. 642-5, alinéa 3 du Code de commerce dispose que « le jugement qui arrête le plan en rend les dispositions applicables à tous ».

Cela signifie d'abord que ses dispositions ne pourront être méconnues par le repreneur.

Les dispositions restrictives des droits des créanciers, fussent-elles contraires à la loi, s'imposent à eux, dès lors que le jugement arrêtant le plan de cession est à l'abri des voies de recours.

Cependant, la décision arrêtant le plan ne peut porter atteinte aux droits des tiers. C'est pourquoi, par exemple, elle ne peut régler les conflits de propriété entre le débiteur et un tiers.

B – La substitution de repreneur

L'article L. 642-9, alinéa 3 du Code de commerce prévoit que toute substitution de repreneur doit être autorisée par le tribunal dans le jugement arrêtant le plan de cession. À défaut, une substitution ne pourra intervenir que par voie de modification du plan.

L'auteur de l'offre reste garant solidaire de l'exécution des engagements souscrits. La règle ne s'étend pas à la cession des contrats.

C – L'impossibilité d'imposer aux personnes tenues d'exécuter le plan de cession des charges non souscrites

Les personnes qui exécuteront le plan ne peuvent se voir imposer des charges autres que les engagements qu'elles ont souscrits au cours de sa préparation. L'offre du repreneur, en conséquence, apparaît incontournable pour le tribunal.

Si le tribunal méconnaît cette règle, le repreneur a qualité pour interjeter appel du plan de cession.

D – L'inexécution des engagements souscrits dans le plan de cession

L'inexécution des engagements souscrits autorise tout intéressé à agir en responsabilité contre le repreneur. En effet, si le jugement arrêtant le plan est opposable à tous, symétriquement, il est opposable par tous.

À l'égard du cédant, la sanction de l'inexécution de ses engagements par le repreneur est double :

– il pourra s'agir de la résolution du plan de cession ;
– il pourra également être question d'engager sa responsabilité civile. La responsabilité à l'égard du cédant est de nature quasi contractuelle.

III – La nature juridique de la décision arrêtant le plan de cession et ses conséquences

A – La détermination de la nature juridique du plan de cession

Le plan de cession a une nature judiciaire marquée, ce qui résulte de l'observation que le tribunal « arrête » le plan de cession. Le tribunal ne donne pas acte au repreneur de l'offre de reprise qu'il présente, pas plus qu'il ne l'homologue.

Le plan de cession se caractérise en outre par son caractère global, forfaitaire et aléatoire.

B – Les conséquences de la nature judiciaire de la cession

La nature judiciaire de la cession conduit à mettre à l'écart les règles du droit commun des obligations et spécialement les vices du consentement en tant que cause de nullité.

C – Les conséquences de la nature forfaitaire et aléatoire du plan de cession

La cession n'est pas une vente de droit commun, mais une opération emportant cession forcée, dont le caractère forfaitaire implique l'existence d'un aléa exclusif de l'application des garanties prévues dans le droit commun de la vente.

Il n'y a pas ici place pour la lésion du Code civil.

Le caractère forfaitaire de la cession est exclusif de l'application des garanties nées de la vente, qu'il s'agisse de la garantie d'éviction ou des vices cachés.

Il y a également mise à l'écart des droits de préemption du Code de l'urbanisme et du Code rural.

L'article L. 642-8, alinéa 2 exclut le droit de former surenchère si la cession comprend un fonds de commerce.

IV – Les voies de recours sur les décisions statuant sur le plan de cession

• L'article L. 661-6, alinéa 2 du Code de commerce détermine les personnes ayant qualité pour exercer un appel réformation :

– le ministère public dont l'appel est suspensif ;
– le cessionnaire, mais seulement si le jugement lui impose des charges non souscrites dans son offre de reprise ;
– le cocontractant dont le contrat est judiciairement cédé, mais seulement pour la partie du jugement emportant cession de son contrat ;
– le débiteur, peu important qu'il n'y ait pas intérêt.

• N'ont pas qualité pour interjeter appel réformation :

– les institutions représentatives du personnel ;

– l'administrateur judiciaire ;

– les créanciers, puisqu'ils ne sont pas des parties au jugement ; ils ne pourront davantage former tierce opposition ;

– le candidat repreneur évincé.

• En cas d'excès de pouvoir, les personnes privées du recours réformation peuvent toutefois exercer un recours nullité. Il en est ainsi du comité d'entreprise recevable en son appel nullité ou du créancier inscrit sur un bien, qui pourrait être déclaré recevable en sa tierce-opposition nullité.

§ 4 – L'exécution du plan de cession

L'exécution du plan de cession passe d'abord par *les actes de cession.*

Le prix de cession permettra de désintéresser les créanciers antérieurs. *Les règles générales d'apurement du passif,* mais aussi *les règles spéciales d'apurement du passif pour les créanciers titulaires de sûreté spéciale* seront ainsi précisées.

L'exécution du plan de cession passe également par *la cession judiciaire des contrats.*

La surveillance de l'exécution du plan de cession doit être assurée.

Enfin, en cas de difficulté d'exécution en l'état du plan de cession, il y a place à une éventuelle *modification du plan de cession.*

I – Les actes de cession

Il convient d'abord d'apporter des précisions sur *la rédaction des actes de cession.* Ensuite, il y a lieu de mesurer *l'incidence de la rédaction des actes de cession sur les obligations du repreneur,* qui justifie qu'il y ait place à un *aménagement de la période s'étendant entre le jugement arrêtant le plan et la rédaction des actes de cession.*

A – La rédaction des actes de cession

En exécution du plan arrêté par le tribunal, l'administrateur passe tous les actes nécessaires à la réalisation de la cession. Si le plan de cession est arrêté en liquidation, la règle est conservée en présence d'un administrateur. À défaut, cette tâche incombe au liquidateur.

Les actes de cession ne peuvent contrarier le dispositif du jugement ayant arrêté le plan de cession ou en réduire la portée.

Si le candidat repreneur ne veut pas signer les actes de cession, une décision de justice pourra suppléer sa carence et venir ainsi constater la cession. Le tribunal pourrait cependant préférer constater l'inexécution du plan et prononcer sa résolution, ou simplement prononcer contre le repreneur une condamnation à des dommages et intérêts.

B – L'incidence de la rédaction des actes de cession sur les obligations du repreneur

Le Code de commerce ne précise pas à quelle date intervient le transfert de propriété des actifs cédés. Elle intervient à la date de passation des actes de cession.

C – L'aménagement de la période s'étendant entre le jugement arrêtant le plan et la rédaction des actes de cession

Selon l'article L. 642-8 du Code de commerce, dans l'attente de l'accomplissement des actes de cession, le tribunal peut confier au repreneur, sur sa demande et sous sa responsabilité, la gestion de l'entreprise cédée.

Le repreneur devra cependant avoir consigné le prix de cession ou avoir obtenu une garantie équivalente.

II – Les règles générales d'apurement du passif

L'énoncé des règles générales d'apurement du passif doit d'abord être effectué. Certaines *garanties d'exécution du plan de cession* ont été prévues. Le plan de cession se termine par *la clôture des opérations de cession.*

A – L'énoncé des règles générales d'apurement du passif

Le repreneur doit s'acquitter du prix de cession correspondant à son offre. Le tribunal pourra prévoir que ce prix de cession est payable à terme.

Le prix de cession devra être réparti entre les créanciers suivant leur rang : super-privilège des salaires, privilège des frais de justice correspondant à des frais postérieurs au jugement d'ouverture et utiles au déroulement de la procédure, puis privilège de la conciliation.

Si le plan de cession est arrêté en redressement judiciaire, et si la liquidation judiciaire n'est pas prononcée subséquemment, les créanciers postérieurs privilégiés l'emporteront sur les créanciers antérieurs titulaires de sûretés immobilières ou de sûretés mobilières spéciales (v. p. 68).

S'il est arrêté en liquidation judiciaire, ou si le prix de cession est réparti pendant la liquidation judiciaire, au contraire, les créanciers antérieurs titulaires de sûretés immobilières l'emporteront sur les créanciers postérieurs privilégiés.

Le prix de cession constitue la limite des engagements du repreneur, lequel n'a pas, par principe, l'obligation de payer le passif né du chef du débiteur, dont il n'est pas l'ayant-cause à titre universel.

B – Les garanties d'exécution du plan de cession

Afin de garantir les créanciers du paiement effectif, le législateur a prévu que « tant que le prix de cession n'est pas intégralement payé, le cessionnaire ne peut, à l'exception des stocks, aliéner ou donner en location-gérance les biens corporels ou incorporels qu'il a acquis » (C. com., art. L. 642-9, al. 1).

En outre, pour assurer une complète exécution du plan de cession, le tribunal peut prolonger la mesure d'indisponibilité par l'insertion dans le jugement arrêtant le plan d'une clause d'inaliénabilité des biens cédés.

C – La clôture des opérations de cession

Le plan de cession ne fait pas, par lui-même, l'objet d'une clôture des opérations.

Si, parallèlement à un plan de cession totale ou partielle, le débiteur obtient un plan de redressement, il n'y a pas place à une clôture de la procédure.

Si le débiteur est placé en liquidation judiciaire, cette procédure sera clôturée lorsque le repreneur aura exécuté toutes les obligations mises à sa charge par le plan.

III – Les règles spéciales d'apurement du passif pour les créanciers titulaires de sûreté spéciale

Deux règles méritent ici des précisions : *la quote-part du prix de cession* et *le transfert de la charge de la sûreté.*

A – La quote-part du prix de cession

Sur le prix de cession, le tribunal doit affecter des quotes-parts pour l'exercice du droit de préférence de chacun des créanciers titulaires de sûretés spéciales. Depuis l'ordonnance du 12 mars 2014, il doit tenir compte de l'inventaire et de la prisée des biens pour déterminer ces quotes-parts.

La règle ne s'applique cependant pas aux créanciers gagistes rétenteurs. Le rétenteur n'a pas à se satisfaire d'une simple quote-part du prix de cession ; il a la prétention de percevoir ce qui est lui est dû, pour que puisse intervenir l'extinction de son droit de rétention.

Les quotes-parts constituent un droit théorique, c'est-à-dire un droit maximum pour les créanciers. Mais, sur ces quotes-parts, devront s'exercer les droits de préférence des créanciers de rang préférable, si bien qu'il est possible que, malgré l'affectation de cette quote-part, un créancier titulaire de sûreté spéciale ne perçoive rien sur le prix de cession.

B – Le transfert de la charge de la sûreté

1. Le domaine de la règle

Il y a place à transfert de la charge de la sûreté lorsque certaines conditions cumulatives sont réunies :

- parmi les actifs cédés au repreneur, figure un bien grevé de sûreté ;
- le bien doit avoir été financé grâce à un prêt. Le terme financement englobe l'acquisition, mais aussi l'aménagement et l'amélioration, ainsi que l'entretien ;
- le prêt doit être garanti par une sûreté ;
- la sûreté doit être prise sur le bien financé.

2. Les effets de la règle

L'article L. 642-12, alinéa 3 du Code de commerce prévoit que le repreneur devient directement débiteur du prêteur, pour toutes les sommes qui restent à échoir au titre du prêt, au jour du transfert de propriété des actifs cédés, ou, en cas de location-gérance, au jour de l'entrée en jouissance du bien grevé. Il s'agit, selon la jurisprudence, d'une application particulière du droit de suite.

Le repreneur devra s'acquitter des échéances à échoir, selon les conditions convenues entre le prêteur et le débiteur.

Le transfert de la charge de la sûreté n'a pas d'effet novatoire. En conséquence :

- le débiteur n'est pas déchargé des obligations mises à la charge du repreneur ;
- sa caution reste, par voie accessoire, tenue.

IV – La cession judiciaire des contrats

Parce que l'entreprise n'est pas, en elle-même, dotée de la personnalité morale, le législateur a dû imaginer un système qui permette non seulement la cession des actifs, mais aussi celle de ses contrats. Le réseau contractuel d'une entreprise est une importante source de richesses, qui conditionne, le plus souvent, son redressement.

Il convient d'abord de poser *les règles générales de la cession judiciaire des contrats.* Puis, pourra être examiné *le cas particulier du crédit-bail.*

A – Les règles générales de la cession judiciaire des contrats

1. L'énoncé du principe

L'article L. 642-7, alinéa 1 du Code de commerce prévoit qu'en arrêtant le plan de cession, « le tribunal détermine les contrats de crédit-bail, de location ou de fournitures de biens ou de services nécessaires au maintien de l'activité ».

Ces contrats seront cédés judiciairement. Dans notre droit positif, c'est un cas unique de cession judiciaire de contrat. Le cocontractant était lié par contrat au débiteur. Par la décision du tribunal, sur la suggestion du repreneur contenue dans son offre de cession, le cocontractant se trouve lié au repreneur, au titre de ce même contrat.

Si le contrat n'est pas cédé, le cocontractant peut, depuis l'ordonnance du 12 mars 2014, demander au juge-commissaire de prononcer sa résiliation, sauf si le liquidateur décide sa continuation.

2. Le domaine d'application

Seuls les contrats en cours au jour de la décision arrêtant le plan de cession peuvent faire l'objet d'une cession judiciaire.

Les clauses restrictives de cession, par exemple les pactes de préférence ou les clauses d'agrément, semblent devoir être réputées non écrites.

Le texte légal (C. com., art. L. 642-7, al. 1) semble citer limitativement les contrats cessibles qui doivent être nécessaires au maintien de l'activité :

- crédit-bail ;
- location ;
- fournitures de biens ou de services.

Mais, en visant les contrats de fournitures de biens ou de services, presque tous les contrats apparaissent cessibles.

Seuls les contrats fortement teintés d'*intuitu personae* au stade de l'exécution semblent échapper à la cessibilité judiciaire.

Remarquons que les contrats de travail des salariés repris par le repreneur ne sont pas judiciairement, mais légalement cédés (C. trav., art. L. 1224-1). En outre, depuis l'ordonnance du 18 décembre 2008, le contrat par lequel est assurée au débiteur la conservation de l'usage ou de la jouissance de biens transférés à titre de garantie dans un patrimoine fiduciaire n'est pas judiciairement cessible, ce qui assure pleine efficacité à la fiducie-sûreté en cas d'arrêté d'un plan de cession.

3. Les effets de la cession judiciaire des contrats

Le repreneur devra s'acquitter, aux lieu et place du débiteur, des obligations nées du contrat qui lui sont transférées.

À défaut de précision sur la date d'entrée en jouissance du repreneur dans le jugement arrêtant le plan, la date de passation des actes de cession constituera le point de départ des obligations du repreneur au titre des contrats qui lui sont cédés.

Le tribunal ne peut pas modifier les conditions contractuelles, telles qu'elles existaient au jour du jugement d'ouverture.

4. Les voies de recours

Le repreneur, dans son offre, indique les contrats à lui céder. Il en résulte que le tribunal excède ses pouvoirs à ne pas lui céder un contrat contenu dans son offre ou, au contraire, à lui imposer la cession d'un contrat qu'il ne voulait pas.

Pour sa part, le cocontractant n'aura pas de recours contre la décision du tribunal refusant la cession de son contrat. En revanche, il pourra interjeter appel de la partie du jugement emportant cession de son contrat.

B – Le cas particulier du crédit-bail

L'article L. 642-7, alinéa 4 du Code de commerce prévoit que, s'il y a cession d'un contrat de crédit-bail au repreneur, celui-ci ne pourra lever l'option que s'il a acquitté toutes les sommes dues au titre du contrat. Parmi ces sommes, pourront figurer des sommes dues par le débiteur.

Une limite est cependant posée : celle de la valeur du bien au jour de la levée d'option, qui, à défaut d'accord entre les parties, sera fixée par le tribunal.

V – La surveillance de l'exécution du plan de cession

Contrairement à l'hypothèse d'arrêté d'un plan de sauvegarde ou de redressement, la loi de sauvegarde ne prévoit plus, en rupture avec la solution de la législation antérieure, la nomination d'un organe spécifique de surveillance de l'exécution du plan de cession.

Si le plan de cession est arrêté en redressement judiciaire et si le débiteur n'est pas placé en liquidation judiciaire, le mandataire judiciaire surveillera la bonne exécution du plan.

Que le plan de cession soit arrêté en redressement ou en liquidation judiciaire, sa surveillance appartiendra au liquidateur, si le débiteur est placé en liquidation judiciaire.

L'organe de surveillance de l'exécution du plan rendra compte de tout défaut d'exécution du plan au tribunal.

§ 5 – Les difficultés d'exécution de la décision statuant sur la cession de l'entreprise

I – La modification du plan de cession

Le plan de cession peut faire l'objet d'une modification.

Seule la modification substantielle dans les objectifs et les moyens du plan est réglementée. Elle doit être sollicitée par le repreneur. Elle doit être fondée sur une cause apparue après l'arrêté du plan.

La modification du plan de cession ne peut porter sur le prix de cession (C. com., art. L. 642-6, al. 3).

Le Code de commerce prévoit que les jugements modifiant le plan de cession ne sont susceptibles d'appel que de la part :

– du ministère public ;

– du cessionnaire si le jugement modifiant le plan lui impose des charges non souscrites.

II – L'inexécution du plan de cession

A – Les modalités de la résolution du plan de cession

Si le cessionnaire n'exécute pas ses engagements, le tribunal peut, d'office, à la demande du ministère public, du liquidateur, d'un créancier ou de tout intéressé, prononcer la résolution du plan.

B – Les causes de la résolution du plan de cession

Dès lors qu'elle a pour origine le fait ou l'abstention du repreneur, l'inexécution de tout type d'engagement peut fonder la résolution du plan :

– inexécution d'engagements sociaux ;

– inexécution d'engagements financiers.

C – Les effets de la résolution du plan de cession

Le tribunal a toujours la faculté de prononcer ou non la résolution, le texte de l'article L. 642-11, alinéa 2 du Code indiquant « le tribunal peut […] prononcer la résolution du plan ». Il peut aussi se contenter de prononcer contre le repreneur une condamnation à des dommages et intérêts.

Lorsque le tribunal prononce la résolution, il peut adjoindre à cette première sanction, une seconde en prononçant contre le repreneur une condamnation à des dommages et intérêts.

La résolution du plan de cession n'a pas pour effet d'entraîner ouverture d'une nouvelle procédure contre le débiteur. La raison en est simple : la précédente procédure n'est, par hypothèse, pas terminée, faute de complète exécution des obligations du repreneur.

La loi de sauvegarde des entreprises, de manière innovante, prévoit que le tribunal peut prononcer la résolution ou la résiliation des actes passés en exécution du plan résolu. Il s'agit, là encore, d'une simple faculté. En ce cas, précise l'article L. 642-11, alinéa 3 du Code de commerce, le prix payé par le repreneur reste acquis.

Si le repreneur est en état de cessation des paiements, le droit commun doit conduire à l'ouverture à son encontre d'une procédure de redressement ou de liquidation judiciaire.

L'ouverture de la procédure contre le repreneur oblige ses propres créanciers à déclarer au passif. En revanche, les créanciers du débiteur ne deviennent pas créanciers du repreneur, lequel ne prend pas en charge le passif du débiteur. Il faut cependant réserver les hypothèses de cession judiciaire des contrats et de transfert de charge de la sûreté qui font naître, à la charge du repreneur, des obligations personnelles.

Section 3 – Les répartitions

Trois problèmes méritent ici examen. Il faut d'abord examiner le principe des distributions collectives (§ 1), puis la question des distributions individuelles par le jeu du paiement provisionnel (§ 2). Enfin, il faut se demander ce qu'il advient en cas d'erreurs dans les répartitions (§ 3).

§ 1 – Le principe des distributions collectives

Les distributions sont l'œuvre du liquidateur.

Elles peuvent être multiples ou uniques.

Conformément au droit commun, les créanciers chirographaires sont payés au marc le franc. Les titulaires de sûretés sont payés à titre privilégié sur le prix de vente des biens grevés de la sûreté à leur profit et concourent, pour le surplus de leur créance, dans des répartitions chirographaires.

Des répartitions chirographaires peuvent précéder des répartitions privilégiées. En ce cas, le créancier privilégié concourt pour l'intégralité de sa créance.

Si une répartition privilégiée précède une répartition chirographaire, le créancier privilégié ne concourra dans cette dernière que pour le solde de sa créance.

§ 2 – Les distributions individuelles par le jeu du paiement provisionnel

Selon l'article L. 643-23, alinéa 1 du Code de commerce, « le juge-commissaire peut, d'office ou à la demande du liquidateur ou d'un créancier, ordonner le paiement à titre provisionnel d'une quote-part d'une créance définitivement admise ».

Ce texte s'applique au profit des créanciers titulaires de sûreté spéciale, qui devront être admis au passif.

La compétence appartient au juge-commissaire, qui sera saisi par voie de requête.

Le juge-commissaire rendra sa décision au vu des documents justificatifs de l'admission définitive de la créance. Il peut solliciter une garantie bancaire, destinée à éviter les difficultés de représentation des fonds qui auraient été indûment perçus, sauf de la part des organismes fiscaux et sociaux.

§ 3 – Les erreurs dans les répartitions

Si un créancier chirographaire reçoit à tort un paiement, il devra restituer la somme perçue, car il y aurait violation de la règle de l'égalité des créanciers.

Avant l'ordonnance du 12 mars 2014, si le créancier qui reçoit le paiement à tort est un privilégié, la règle de l'égalité des créanciers ne lui est pas applicable. Il en résulte qu'en ayant reçu ce à quoi il n'avait pas droit compte tenu de son rang, il n'a pas, pour autant, perçu l'indu. Il n'a donc pas à restituer au créancier de rang préférable ou au liquidateur qui en ferait la demande, ce qu'il n'aurait pas dû toucher. La seule ressource du créancier indûment privé des répartitions par le fait du liquidateur était alors d'engager la responsabilité de celui-ci. L'ordonnance du 12 mars 2014 modifie la règle pour prévoir qu'il y place à restitution si le paiement est fait par erreur dans l'ordre des répartitions au profit d'un créancier privilégié.

Chapitre 4
La fin de la procédure de liquidation judiciaire

L'essentiel

À son terme, la liquidation judiciaire devra être clôturée (Section 1).
De façon exceptionnelle, la procédure clôturée peut être reprise (Section 2).

Section 1 – La clôture de la liquidation judiciaire

Des délais de clôture de la liquidation judiciaire ont été posés par loi de sauvegarde des entreprises. La liquidation judiciaire connaît deux *causes de clôture*. Les *effets de la clôture* pour insuffisance d'actifs méritent d'être précisés.

§ 1 – Les délais de clôture de la liquidation judiciaire

L'article L. 643-9, alinéa 1 du Code de commerce oblige le tribunal à fixer dans le jugement qui ouvre ou prononce la liquidation judiciaire, la date à laquelle l'affaire devra être rappelée pour que soit envisagée sa clôture.

Un délai maximum de 2 ans est fixé. Le tribunal, à l'intérieur de ce délai, peut être saisi d'une demande de clôture par le liquidateur, le débiteur, le ministère public. Il peut se saisir d'office.

À l'expiration de ce délai, le tribunal devra rendre une décision spécialement motivée pour proroger le délai de clôture. En outre, il peut alors être saisi par un créancier aux fins de clôture.

Il faut toutefois coordonner les règles de la clôture avec la surveillance de l'exécution d'un plan de cession. C'est pourquoi l'article L. 643-9, alinéa 4 du Code de commerce prévoit que « le tribunal ne prononce la clôture qu'après avoir constaté le respect de ses obligations par le cessionnaire ».

Rappelons enfin le délai encore plus court envisagé pour la clôture en liquidation judiciaire simplifiée.

L'accélération des délais de clôture est destinée à permettre au débiteur personne physique de rebondir plus vite.

§ 2 – Les deux causes de clôture

La liquidation judiciaire se clôturera soit :

• *Par extinction du passif exigible*. Cette forme de clôture est exceptionnelle. Elle suppose soit que tout le passif exigible soit payé, soit qu'il puisse l'être.

Depuis l'ordonnance du 12 mars 2014, la société débitrice dont la liquidation judiciaire a été clôturée par extinction du passif exigible pourra reprendre son activité.

• *Pour insuffisance d'actif.* La poursuite des opérations de liquidation judiciaire est rendue impossible en raison de l'insuffisance de l'actif. Il faut ici supposer soit que la vente de tous les actifs du débiteur – ou selon le cas de l'entreprise à patrimoine affecté EIRL – est intervenue, soit que les opérations ne peuvent plus être poursuivies, faute de liquidités.

L'ordonnance du 12 mars 2014 assouplit grandement les conditions de clôture pour insuffisance d'actif, en rendant possible la clôture sur la justification que l'intérêt de la poursuite des opérations de liquidation judiciaire est disproportionné par rapport aux difficultés de réalisation des actifs résiduels.

L'ordonnance du 12 mars 2014 va encore plus loin dans l'assouplissement des conditions de la clôture pour insuffisance d'actif, en permettant au tribunal de prononcer la clôture de la procédure tout en désignant un mandataire ayant pour mission de poursuivre les instances en cours et de répartir, le cas échéant, les sommes perçues à l'issue de celles-ci.

§ 3 – Les effets de la clôture pour insuffisance d'actif

I – La règle de principe : l'interdiction de la reprise des poursuites individuelles

Par principe, les créanciers soumis à la procédure collective ne pourront reprendre leurs poursuites individuelles contre le débiteur après clôture de la procédure pour insuffisance d'actif. L'ordonnance du 12 mars 2014 excepte les actions portant sur des biens acquis au titre d'une succession ouverte pendant la liquidation judiciaire. Il faut comprendre que le débiteur ne peut bénéficier de l'effet d'aubaine que constitue la clôture de la liquidation judiciaire, alors que des biens qu'il a acquis avant la clôture n'ont pas été réalisés.

La règle intéresse les créanciers soumis à la discipline collective, c'est dire notamment à l'interdiction des poursuites individuelles. Elle ne concerne pas les créanciers postérieurs éligibles au traitement préférentiel qui ne sont pas concernés par l'arrêt ou la suspension des poursuites individuelles.

À ce principe, une exception est toutefois apportée par l'ordonnance du 12 mars 2014, pour le débiteur personne physique, qui n'est pas un entrepreneur individuel à responsabilité limitée. Pour comprendre la portée de la règle, il convient d'abord de rappeler que l'interdiction du droit de reprise des poursuites individuelles posées par l'article L. 643-11-I du Code de commerce ne concerne que les créanciers frappés par l'interdiction des poursuites individuelles. Elle ne concerne donc pas les créanciers postérieurs méritants, ceux de l'article L. 641-13-I du Code de commerce. Le texte du VII de l'article L. 643-11 prévoit que le tribunal peut imposer à ces créanciers postérieurs méritants des délais de paiement uniformes, qui ne pourront excéder deux ans. Il est toutefois fait exception pour les créances des administrations financières – au premier rang desquelles vient le Trésor public – des organismes de sécurité sociale – et tout spécialement l'Urssaf –, des institutions gérant le régime d'assurance chômage prévu par les articles L. 5422-1 et suivants du Code du travail et des institutions régies par le livre IX du Code de la sécurité sociale.

L'interdiction des poursuites contre le débiteur n'équivaut cependant pas à une extinction de la créance. Il en résulte que la règle ne joue que dans les rapports entre le créancier et le débiteur, le premier étant privé de son droit d'action en justice contre le second, mais n'interdit pas la poursuite d'un codébiteur ou d'une caution.

II – L'énoncé des exceptions à l'interdiction de la reprise des poursuites individuelles

Le législateur énonce à l'article L. 643-11 du Code de commerce diverses exceptions, constituant autant d'hypothèses dans lesquelles le créancier pourra reprendre ses poursuites.

La disposition constitue une faveur pour le débiteur. Les débiteurs non méritants n'en profiteront pas, ce qui autorisera le créancier à reprendre ses poursuites individuelles. Il en est ainsi :

1) Quand la créance résulte d'une infraction pour laquelle la culpabilité du débiteur a été établie ou de droits attachés à la personne du créancier.

2) Quand la créance est celle du recours détenu par une caution ou un codébiteur. L'ordonnance du 12 mars 2014 y ajoute la créance de recours détenue par la personne ayant cédé ou affecté un bien en garantie.

3) Quand le débiteur a été condamné à la faillite personnelle.

4) Quand le débiteur a été condamné pour banqueroute.

5) Quand le débiteur a déjà fait l'objet d'une première procédure clôturée pour insuffisance d'actif :

- s'il a déjà fait l'objet, en tant que personne physique, d'une première procédure clôturée pour insuffisance d'actif ou s'il a précédemment été dirigeant d'une personne morale ayant fait l'objet d'une procédure clôturée pour insuffisance d'actif, et que moins de 5 ans se sont écoulés depuis la précédente clôture.

6) Quand la procédure a été ouverte en tant que procédure territoriale au sens du paragraphe 2 de l'article 3 du règlement (CE) n° 1346/2000 du Conseil du 29 mai 2000 relatif aux procédures d'insolvabilité. Il s'est ici agi de tenir compte du règlement communautaire du 29 mai 2000 et d'empêcher des personnes étrangères de fermer en France un établissement très endetté, puis d'en ouvrir un autre exerçant exactement les mêmes activités.

7) Quand le débiteur a agi en fraude des droits d'un ou de plusieurs créanciers.

8) Quand le débiteur a bénéficié de la procédure de rétablissement personnel et par voie de conséquence, des dispositions de l'article L. 645-11 et que moins de 5 ans se sont écoulés depuis la précédente clôture.

Il faut ajouter que les créanciers retrouvent leur droit de poursuite sur les biens ou droits acquis sur succession par le débiteur pendant sa liquidation, le liquidateur n'ayant pas, sauf accord du débiteur, le droit de réaliser ces biens ou droits.

III – Les modalités procédurales de la reprise des poursuites individuelles

Les créanciers qui peuvent reprendre leurs poursuites individuelles, dont la créance a été admise au passif et qui sont déjà titulaires d'un titre exécutoire, doivent présenter une requête auprès du président du tribunal pour obtenir une ordonnance d'autorisation de reprise des poursuites.

Les créanciers qui peuvent reprendre leurs poursuites individuelles, dont la créance a été admise au passif et qui ne sont pas déjà titulaires d'un titre exécutoire, doivent présenter une requête auprès du président du tribunal, qui leur délivrera le titre exécutoire à hauteur de l'admission de la créance.

Les créanciers dont la créance n'a pas été admise au passif, parce qu'elle n'a pas été vérifiée ou déclarée, peuvent reprendre leur poursuite en établissant leur droit selon les voies du droit commun.

Une règle spéciale est posée lorsque le cas de reprise des poursuites est celui de la fraude. L'article L. 643-11-IV prévoit que le tribunal peut statuer, sur l'autorisation de reprise des poursuites, lors de la clôture de la procédure après avoir entendu ou dûment appelé le débiteur, le liquidateur et les contrôleurs. Il peut également statuer postérieurement à celle-ci, à la demande de tout intéressé, dans les mêmes conditions.

Section 2 – La reprise de la procédure de liquidation judiciaire

Par exception, la procédure initialement clôturée pour insuffisance d'actif peut être reprise, soit lorsque des actifs du débiteur n'ont pas été réalisés, soit lorsque des actions dans l'intérêt des créanciers n'ont pas été entreprises.

La saisine du tribunal et non de son président appartient à l'ancien liquidateur, au ministère public, au tribunal d'office, ou à tout créancier intéressé. En ce dernier cas, le créancier demandeur à la reprise doit consigner les frais de la reprise, qui lui seront remboursés sur le produit recouvré.

Le liquidateur revient en fonction. La reprise opère de manière rétroactive, en emportant rétractation du jugement de clôture. Le liquidateur conduira la procédure dans l'intérêt de la collectivité des créanciers.

Des règles particulières ont été posées par la loi, lorsque les actifs à recouvrer consistent en une somme d'argent. La procédure sera rouverte et sera poursuivie selon les modalités de la liquidation judiciaire simplifiée.

La reprise de la procédure ne peut permettre d'appréhender des biens acquis après clôture ; elle ne présente donc pas les effets d'une clause de retour à meilleure fortune. Cela revient à dire que la reprise de la procédure produit un effet de restauration du dessaisissement, mais seulement sur les biens que le liquidateur aurait dû réaliser avant la clôture.

Sous-titre 2

Le rétablissement professionnel

La question qui s'est posée à l'occasion de l'ordonnance du 12 mars 2014 est la suivante : comment offrir au débiteur, spécialement à la personne physique, le confort des effets de la clôture pour insuffisance d'actif, c'est-à-dire plus précisément, la règle de l'interdiction du droit de reprise des poursuites individuelles, connue sous l'appellation mois scientifique mais plus évocatrice, de « purge des dettes », en se dispensant d'une véritable procédure collective ? En d'autres termes, comment clôturer et purger sans ouvrir ?

L'enjeu est très clairement politique. Il s'agit, en termes d'affichage, de faire baisser significativement le nombre de procédures collectives ouvertes et plus spécialement le nombre de liquidations judiciaires.

Pour cela, est créée une procédure dénommée « rétablissement professionnel ».

Seront examinés successivement les conditions d'éligibilité au rétablissement professionnel (Chapitre 1), le déroulement de la procédure (Chapitre 2), le choix du juge commis à la fin de la procédure (Chapitre 3) et enfin les effets de la clôture de la procédure de rétablissement professionnel (Chapitre 4).

Chapitre 1
Les conditions d'éligibilité au rétablissement professionnel

L'essentiel

L'accès au rétablissement professionnel suppose le respect de certaines conditions. Elles tiennent aux débiteurs concernés (Section 1), à l'absence de procédure collective en cours (Section 2). Son bénéfice est exclu en cas de successions de procédures (Section 3). Il y a exigence d'une demande spéciale du débiteur (Section 4).

Section 1 – Les débiteurs concernés

L'article L. 645-1 du Code de commerce prévoit que le rétablissement professionnel est ouvert à tout débiteur, personne physique, mentionné à l'article L. 640-2. Il s'agit de tout professionnel indépendant. Sont donc exclues les personnes morales. L'idée de procédures adaptées aux personnes physiques commence à faire son chemin…

L'alinéa 2 de l'article L. 645-1 exclut également le débiteur qui a affecté un patrimoine à l'activité en difficulté. Autrement, l'EIRL n'est pas éligible au titre de l'activité affectée. *A contrario*, il faut comprendre qu'il reste éligible si le patrimoine concerné par les difficultés n'est pas le patrimoine affecté. La règle semble s'expliquer par une mesure de défiance pour l'EIRL et semble anticiper d'éventuelles actions en réunion de patrimoines ou un décloisonnement patrimonial autorisé dans certains cas par la législation.

La question des débiteurs décédés est traitée par l'article L. 640-5. Il faut donc en déduire que le rétablissement professionnel est fermé au débiteur décédé. Il est ouvert au débiteur retiré.

Pour être éligible au rétablissement professionnel, le débiteur ne doit avoir employé aucun salarié au cours des six derniers mois. La procédure ne peut bénéficier à un débiteur dans les liens d'une instance prud'homale. La solution s'explique par le fait que l'intervention de l'AGS suppose une vérification de la créance salariale, inconciliable avec la procédure de rétablissement professionnel.

Enfin la valeur de l'actif du débiteur doit être inférieure à un seuil fixé par décret à 5 000 euros. Cette précision est évidemment de première importance, puisqu'il est question, avec ce mécanisme, de ne pas ouvrir les liquidations judiciaires impécunieuses, c'est-à-dire celles qui ne permettent même pas la prise en charge des frais de justice strictement utiles au déroulement de la procédure.

Section 2 – L'absence de procédure collective en cours

Le débiteur ne doit pas faire l'objet d'une procédure collective en cours. Il faut comprendre qu'il ne doit pas être en période d'observation d'une sauvegarde ou d'un redressement judiciaire, ni être en liquidation judiciaire. En revanche, s'il est en cours d'exécution d'un plan de redressement, la résolution de ce plan avec ou pour cessation des paiements entraîne l'ouverture d'une liquidation judiciaire. Cette dernière peut donc parfaitement être remplacée par un rétablissement professionnel. La solution est la même en cas de résolution d'un plan de sauvegarde avec cessation des paiements, dès lors qu'il apparaît que le redressement n'est pas possible.

Section 3 – Le bénéfice exclu en cas de succession de procédures

L'article L. 645-2 du Code de commerce entend éviter l'effacement à répétition des dettes ou les mécanismes voisins. Le texte interdit le recours à ce mécanisme au débiteur qui a connu dans les cinq ans précédents, une clôture de liquidation judiciaire pour insuffisance d'actif, au titre de l'un quelconque de ses patrimoines.

Le texte interdit également le rétablissement professionnel à un débiteur ayant bénéficié dans le délai de 5 ans, d'une telle procédure.

Ce délai de 5 ans est connu en matière de clôture de la liquidation judiciaire pour insuffisance d'actif. Passé ce délai, le débiteur récidiviste bénéficie à nouveau de la règle de l'interdiction du droit de reprise des poursuites individuelles de la part de ses créanciers. On peut donc comprendre l'interdiction du bénéfice de la mesure moins de 5 ans après une clôture de la liquidation judiciaire pour insuffisance d'actif ou moins de 5 ans après un précédent rétablissement professionnel, pour éviter de tenir en échec le principe d'interdiction du droit de reprise des poursuites individuelles.

Section 4 – L'exigence d'une demande spéciale du débiteur

Le débiteur qui est éligible au rétablissement professionnel, demande lorsqu'il sollicite l'ouverture de la liquidation judiciaire, l'ouverture de la procédure de rétablissement professionnel. Cette procédure est clairement conçue comme un avantage pour le débiteur, mais il peut préférer la procédure classique. Le choix ne devrait pas résulter d'un caprice, ce qui, compte tenu du texte actuel, reste possible…

Chapitre 2
Le déroulement de la procédure de rétablissement professionnel

L'essentiel

> *La procédure de rétablissement professionnel débute par une enquête (Section 1).*
> *Les effets de la procédure de rétablissement méritent d'être précisés (Section 2).*
> *Il y a place à une information sur les créances et les droits patrimoniaux détenus sur le débiteur (Section 3).*

Section 1 – L'enquête

L'ouverture du rétablissement professionnel suppose que soit recueilli l'avis du ministère public. Elle conduit à la désignation d'un juge commis chargé de recueillir tous renseignements sur la situation patrimoniale du débiteur, et notamment le montant de son passif et la valeur de ses actifs.

Ce juge nomme, pour l'assister, un mandataire judiciaire.

La solution n'est pas sans rappeler l'enquête pré-faillite qui existe avant l'ouverture d'une procédure collective.

La procédure est ouverte pour une période de 4 mois. Ce délai doit être mis à profit pour établir la consistance de l'actif du débiteur, vérifier l'absence de salarié, et s'assurer qu'aucun cas devant conduire à l'ouverture d'une liquidation judiciaire n'existe.

L'article L. 645-5 prévoit que le juge commis dispose des pouvoirs énumérés à l'article L. 623-2, c'est-à-dire le très large pouvoir d'investigation du juge-commissaire, auquel le secret professionnel n'est pas opposable. Le juge commis doit ensuite communiquer au mandataire judiciaire qui l'assiste tous les renseignements utiles à l'accomplissement de sa mission.

Section 2 – Les effets de la procédure de rétablissement professionnel

À l'instar de la procédure de conciliation, la procédure de rétablissement professionnel n'est pas une procédure collective de paiement. Il n'y a pas ici assujettissement des créanciers à une discipline collective. Spécialement, ils ne sont pas frappés par la règle de l'interdiction des poursuites individuelles. Pour cette raison, le législateur a dû envisager un dispositif permettant de limiter les initiatives individuelles. Si un créancier poursuit ou met en demeure le débiteur au cours de la procédure, le juge commis peut, à la demande du débiteur, reporter le paiement des sommes dues dans la limite de 4 mois (durée de la procédure) et ordonner, pour cette même durée, la suspension des procédures d'exécution qui auraient pu être engagées par le créancier.

L'alinéa 2 de l'article L. 645-6 du Code de commerce ajoute que toute stipulation contraire est réputée non écrite.

La solution est comparable à celle posée pendant la recherche de l'accord de conciliation.

Parce que la procédure de rétablissement professionnel n'est pas une procédure collective, elle ne produit pas les effets classiques d'une liquidation judiciaire. Le débiteur n'est pas dessaisi. Il conserve donc le pouvoir de disposition sur ses biens.

La règle n'est pas gênante, dès lors que les conditions du rétablissement professionnel sont effectivement réunies. En effet, le dessaisissement est une réduction de pouvoir du débiteur aux fins de protection du gage commun des créanciers. Or, par hypothèse, on est ici en présence d'un dossier impécunieux. Le gage commun est très maigre et n'est pas appelé à être réalisé. Il n'y a donc rien à protéger, *a priori*, ce qui explique l'inutilité du dessaisissement. Au demeurant, si le dessaisissement avait été appliqué, on aurait été en présence d'une procédure collective, ce qui est inconciliable avec l'affichage recherché par le législateur, à savoir la réduction du nombre de procédures collectives ouvertes en France.

Mais l'observation permet aussi de comprendre l'impérieuse nécessité d'ouvrir rapidement une liquidation judiciaire, si les conditions patrimoniales de la procédure de rétablissement professionnel ne sont pas réunies, afin d'éviter que le débiteur ne tire profit de la procédure pour liquéfier son patrimoine. Les textes ne semblent pas suffisants pour traduire cette obligation de saisir aux fins d'ouverture sans délai de la liquidation judiciaire. Le droit de saisine pourrait, dans cette hypothèse précise, être reconnu au mandataire judiciaire.

Notons toutefois que l'article L. 645-7 du Code de commerce prend le soin de prévoir que le mandataire judiciaire peut faire tous les actes nécessaires à la conservation des droits du débiteur. La solution n'est pas sans rappeler celle posée par l'article L. 622-4 alinéa 1 du Code de commerce, selon lequel, « dès son entrée en fonction, l'administrateur est tenu de requérir du chef d'entreprise ou, selon le cas, de faire lui-même tous les actes nécessaires à la conservation des droits de l'entreprise contre les débiteurs de celle-ci et à la préservation des capacités de production ». Le législateur part du postulat que le débiteur, compte tenu de sa situation, peut ne pas être particulièrement enclin, eu égard à sa situation, à préserver ses droits contre ses propres débiteurs.

Il pourra d'abord s'agir de l'envoi de mises en demeure, permettant de faire courir les intérêts moratoires ou les lancements d'assignations ayant pour objet d'interrompre des forclusions ou des prescriptions. Il pourra être question tant de recouvrement de créances que d'actions tendant à empêcher, par l'effet prolongé de la possession, l'acquisition d'un droit de propriété par un tiers.

Section 3 - L'information sur les créances et les droits patrimoniaux détenus sur le débiteur

L'article L. 645-8 du Code de commerce prévoit que le mandataire judiciaire doit informer sans délai les créanciers connus d'avoir à lui communiquer dans un délai maximum de deux mois de la réception de l'avertissement le montant de leur créance avec indication des sommes à échoir et de la date de leurs échéances.

Il ne s'agit pas fondamentalement pour le mandataire judiciaire de déterminer très précisément le passif. Le mandataire judiciaire n'aura pas à procéder à une véritable vérification des créances devant conduire un juge à statuer sur le mérite des prétentions de chaque créancier. En effet, il n'y aura rien à répartir. Même si l'article L. 645-8 précise que les créanciers disposent d'un délai de deux mois pour informer le mandataire judiciaire de leurs créances, il faut admettre que l'information donnée par les créanciers sur leurs créances n'est pas une déclaration de créance, impartie à peine de forclusion, et destinée à rendre opposables les créances à une procédure collective, pour cette raison simple qu'il n'y a pas de procédure collective.

C'est pourquoi, il est d'abord et avant tout question de déterminer précisément l'actif pour savoir si la procédure de rétablissement professionnel doit être poursuivie ou si l'on va devoir appliquer, compte tenu du véritable actif apparu après ces opérations, les règles de la liquidation judiciaire. En demandant aux créanciers d'apporter des précisions sur leurs créances, on peut en effet découvrir des actifs. Ainsi, si un créancier déclare une créance garantie par un nantissement sur fonds de commerce ou par un gage sur véhicule automobile, c'est parce que le débiteur est propriétaire d'un fonds de commerce ou d'un véhicule, dont il devrait le cas échéant expliquer l'inexistence.

Cette analyse peut être corroborée par le fait que l'article L. 645-8 du Code de commerce impose également aux créanciers de porter à la connaissance du mandataire judiciaire « toute information relative aux droits patrimoniaux dont ils indiquent être titulaires à l'égard du débiteur ». Il faut entendre notamment par cette expression les contrats liant l'intéressé au débiteur, qui peuvent être révélateurs d'éléments d'actifs jusqu'alors inconnus. Il faut toutefois concéder qu'il y a là un vœu pieu du législateur, aucune sanction n'assortissant le manquement à cette pseudo-obligation.

Il n'existe pas davantage de sanction posée à l'article L. 645-11 du Code de commerce, à l'obligation imposée aux créanciers d'informer le mandataire de leurs créances et c'est pourquoi l'analyse de la démarche procédurale imposée aux créanciers ne peut correspondre à une déclaration de créance, alors surtout qu'elle n'est pas suivie de la classique vérification de la créance et de la non moins classique décision du juge-commissaire portant admission ou rejet de la créance déclarée.

Chapitre 3
Le choix du juge commis à la fin de la procédure de rétablissement professionnel

L'essentiel

Le juge commis choisit soit la clôture de la procédure de rétablissement professionnel, soit l'ouverture d'une liquidation judiciaire.

Section 1 – La clôture de la procédure

L'article L. 645-10 du Code de commerce s'intéresse à la fin de la procédure de rétablissement professionnel. Sur rapport du mandataire judiciaire et après avis du ministère public, le juge commis peut d'abord, et ce sera la solution de principe, décider de clôturer la procédure de rétablissement professionnel.

Section 2 – L'ouverture d'une liquidation judiciaire

Le juge commis peut décider de renvoyer l'affaire devant le tribunal pour que ce dernier procède à l'ouverture d'une liquidation judiciaire, sur rapport du juge commis et après avis du ministère public.

§ 1 – Cas d'ouverture de la procédure de liquidation judiciaire

L'ouverture de la procédure de liquidation judiciaire, en cours de procédure de rétablissement professionnel, pourra intervenir dans de multiples hypothèses, ainsi que le précise l'article L. 645-9 du Code de commerce.

Il en ira d'abord ainsi s'il apparaît que les conditions d'ouverture de cette procédure n'étaient pas réunies à la date à laquelle le tribunal a statué ou ne le sont plus. On remarque ici que le tribunal pourra prendre en compte l'évolution de la situation du débiteur depuis la demande d'ouverture du rétablissement professionnel. Il pourrait en être ainsi si des actifs sont échus au débiteur, notamment par succession. Contrairement à l'hypothèse de la procédure de liquidation judiciaire qui fait échapper les biens échus sur succession après l'ouverture ou le prononcé de la liquidation judiciaire à la vente par le liquidateur, ces biens échus après l'ouverture du rétablissement personnel contribuent à modifier la situation du débiteur qui devra être placée en liquidation judiciaire. Et comme les biens seront échus avant l'ouverture de la liquidation judiciaire, ils seront soumis au dessaisissement dans cette procédure. On mesure ici que la solution pénalise le débiteur qui n'avait rien au jour de son rétablissement professionnel, par rapport au débiteur qui avait plus au jour de sa liquidation judiciaire. Il n'est pas certain que la justice distributive s'y retrouve, ou, pour s'exprimer plus juridiquement, qu'il y ait égalité de traitement des citoyens devant la loi.

Il en ira de même si la bonne foi du débiteur qui a demandé le bénéfice de cette procédure peut être mise en cause. Il y a ici une fausse déclaration du débiteur.

Il en ira enfin ainsi s'il ressort de l'enquête des éléments permettant la mise en œuvre de sanctions prévues au titre V du livre VI du Code de commerce, c'est-à-dire des mesures de faillite personnelle ou d'interdiction de gérer, ainsi que des actions en nullités de la période suspecte.

§ 2 – Modalités d'ouverture de la procédure de liquidation judiciaire

L'alinéa 1 de l'article L. 645-9 du Code de commerce indique que « à tout moment de la procédure de rétablissement professionnel, le tribunal, sur rapport du juge commis, peut ouvrir une procédure de liquidation judiciaire ».

L'alinéa 2 de l'article L. 645-9 du Code de commerce précise que l'ouverture de la procédure de liquidation judiciaire pourra intervenir sur la demande du débiteur, la requête devant toutefois être présentée par le ministère public. En pratique, il s'agira de l'hypothèse où le débiteur estimerait y avoir place à une action en nullité de la période suspecte. On voit mal en effet le débiteur saisir le tribunal au motif qu'il mérite des sanctions, ou qu'il a fait une fausse déclaration.

Le tribunal pourra également, selon l'alinéa 2 de l'article L. 645-9 du Code de commerce, et ce sera l'hypothèse sans doute la plus fréquente, être saisi sur assignation d'un créancier.

Il importe de noter que si la procédure intéresse un agriculteur, l'ouverture d'une liquidation judiciaire en cours de procédure de rétablissement professionnel n'imposera pas la désignation d'un mandataire *ad hoc*, par dérogation à l'alinéa 6 de l'article L. 640-5 du Code de commerce.

§ 3 – Effets de l'ouverture d'une liquidation judiciaire

Il ne s'agit pas d'une conversion, mais bien de l'ouverture d'une liquidation judiciaire. La remarque est importante, puisque cela conduit à exiger des créanciers, sous réserve d'une dispense intéressant certains d'entre eux, qu'ils déclarent au passif de la liquidation judiciaire leurs créances, comme ils le font dans le cadre de l'ouverture d'une procédure collective. Ici encore, l'on mesure que l'information des créanciers sur leurs créances, dans la procédure de rétablissement personnel, n'est, *a priori*, d'aucune utilité pour eux.

Chapitre 4
Les effets de la clôture de la procédure de rétablissement professionnel

L'essentiel

La procédure de rétablissement professionnel entraîne l'effacement de certaines dettes et l'absence d'effacement de certaines autres.

Section 1 – L'effacement de certaines dettes

L'article L. 645-11 du Code de commerce vient préciser les effets attachés à la clôture de la procédure de rétablissement professionnel. Selon ce texte, la clôture entraîne effacement des dettes. La solution doit être rapprochée de celle posée dans le rétablissement personnel intéressant les particuliers par l'article L. 332-5, alinéa 2 du Code de la consommation, avec toutefois une différence majeure : dans le rétablissement personnel du Code de la consommation, seules les dettes non professionnelles sont effacées. Ici, l'effacement des dettes a lieu sans distinction entre dettes professionnelles ou non.

Ce texte est restrictif de droits en ce qu'il efface des créances. Il y a lieu de l'interpréter strictement et donc *a contrario*. Seules sont effacées, les dettes visées au texte.

Il faudra d'abord qu'il s'agisse de dettes nées antérieurement à l'ouverture du rétablissement professionnel.

En outre, ne seront effacées que les seules dettes portées à la connaissance du juge commis par le débiteur et qui ont fait l'objet de l'information aux créanciers par le mandataire judiciaire, en vertu de l'article L. 645-8. Ne seront donc pas effacées les dettes qui n'auront pas été portées à la connaissance du juge commis. Ne devraient pas davantage être effacées, les dettes portées à la connaissance du juge commis mais pour lesquelles le mandataire judiciaire n'a pas informé les créanciers.

En revanche, il importe de remarquer qu'il importe peu que le créancier ait fait la démarche de porter sa créance à la connaissance du mandataire judiciaire dans le délai de deux mois de l'avertissement que cet organe lui envoie. Poser la solution contraire aurait conduit systématiquement à une stratégie de contournement. Il aurait en effet suffi au créancier de ne pas informer le mandataire de sa créance pour échapper à l'effacement de celle-ci.

Il faut comprendre la portée de ces précisions. L'effacement ne vient pas ici sanctionner la défaillance du créancier dans la déclaration de sa créance. En effet, il n'y a pas place à véritable déclaration de créance. L'effacement est strictement contrôlé. On comprend l'idée du législateur : seuls des créanciers clairement identifiés doivent subir l'effacement de leur créance. Il faut que la créance soit clairement identifiée non seulement quant à son titulaire, mais aussi quant à son montant. Le créancier a donc pu réagir sur l'avis d'avoir à faire connaître sa créance envoyée par le mandataire judiciaire. Si l'avis n'a pas été envoyé, l'effacement n'est pas possible. Cette connaissance par le juge commis s'impose parce que les créances effacées doivent être mentionnées dans le jugement de clôture, selon les prévisions de l'article L. 645-11. Seules celles-là seront effacées.

Section 2 – L'absence d'effacement de certaines dettes

Sont exclues de l'effacement plusieurs catégories de dettes.

Il en est d'abord implicitement ainsi des dettes nées après l'ouverture du rétablissement professionnel, seules les dettes antérieures étant susceptibles d'effacement. Le raisonnement *a contrario* s'impose ici.

Ensuite, l'article L. 645-11 du code prévoit que certaines dettes antérieures à la décision d'ouverture du rétablissement professionnel ne peuvent être effacées.

Il en est d'abord ainsi des dettes alimentaires et des dettes salariales.

Ensuite, ne peuvent être effacées les dettes mentionnées au 1° du I de l'article L. 643-11 du code : dettes résultant d'une infraction pénale dont l'auteur est le débiteur. En vertu du 2° du I de l'article L. 643-11 du code, ne peuvent être effacées, les créances résultant de droits attachés à la personne du créancier.

Enfin, ne peuvent être effacées, les dettes de remboursement envers les garants visés au 2° du II de l'article L. 643-11.

Troisième partie

Une certaine unité des règles applicables au traitement judiciaire des difficultés des entreprises

Le droit des entreprises en difficulté se caractérise par une certaine unité des règles affectant le patrimoine du débiteur (Titre 1) et les personnes sanctionnées (Titre 2).

Titre 1
Le patrimoine du débiteur

Le patrimoine du débiteur se trouve largement affecté par l'ouverture d'une procédure collective, ce qui peut être vérifié quant au passif et quant à l'actif.

Sous-titre 1

Le passif du débiteur

L'examen de la situation des créanciers antérieurs au jugement d'ouverture permet de constater qu'ils subissent un certain nombre de contraintes correspondant d'abord et avant tout à la volonté d'organiser collectivement la procédure, en faisant régner une discipline collective (Chapitre 1), qui assure un traitement égalitaire entre les créanciers. Précisons immédiatement que le régime des créanciers postérieurs non éligibles au traitement préférentiel est aligné sur celui des créanciers antérieurs (v. p. 67).

Il convient de relever qu'en présence d'un EIRL, les créanciers ne sont soumis à la discipline collective qu'au regard du patrimoine concerné par la procédure collective.

Cette discipline collective est régie par de grands corps de règles (Chapitre 2).

Chapitre 1
La présentation générale de la discipline collective

L'essentiel

La discipline collective permet à la procédure collective d'atteindre ses objectifs. Si elle joue complètement lorsqu'on s'intéresse à la situation générale du créancier face au débiteur (Section 1), elle ne devrait pas trouver application lorsqu'on s'intéresse à la situation des créanciers face aux garants (Section 2), cependant que certaines règles de protection très finalisées ont été posées par le législateur.

Section 1 – La situation générale des créanciers face au débiteur

§ 1 – La défense de l'intérêt collectif des créanciers antérieurs

La loi du 25 janvier 1985 a innové en supprimant une vieille institution du droit des faillites : la masse des créanciers, personne morale qui continuait, dans l'intérêt des créanciers, l'activité du débiteur en règlement judiciaire, en se substituant à lui.

Les créanciers ne sont plus depuis lors regroupés en une masse. Cependant, l'article L. 622-20, alinéa 1 du Code précise que le mandataire judiciaire dispose d'un monopole pour assurer la défense de l'intérêt collectif des créanciers. L'action en défense de l'intérêt collectif des créanciers tend à la protection et à la reconstitution du gage commun. Il résulte de ce monopole :

– qu'un créancier antérieur est irrecevable à agir en justice contre un tiers, par exemple un banquier, auquel il reprocherait de lui avoir causé un préjudice, inhérent à la procédure collective et, en conséquence, identiquement subi par les créanciers antérieurs. Cette action n'appartient qu'au mandataire judiciaire, et, en liquidation judiciaire, au liquidateur ; il faut toutefois réserver la nouvelle situation des contrôleurs ;

– que le créancier retrouve qualité à agir si est en cause un préjudice strictement personnel, le mandataire judiciaire perdant alors qualité à agir.

§ 2 – Les contrôleurs

Les contrôleurs sont une vieille institution du droit de la faillite, renouvelée avec la loi du 10 juin 1994, et dont les pouvoirs ont été sensiblement accrus par la loi du 26 juillet 2005.

Il importe d'examiner les conditions de *nomination des contrôleurs,* puis d'étudier *la fonction de contrôleur.*

I – La nomination des contrôleurs

Tout créancier, quel que soit le montant de sa créance, peut solliciter, par requête, sa nomination en qualité de contrôleur. Le choix est orienté (C. com., art. L. 621-10) :

– le juge-commissaire désigne 1 à 5 contrôleurs parmi les créanciers qui en font la demande ;

– il est libre de ne désigner qu'un seul contrôleur ;

– s'il en nomme au moins deux, l'un devra être un créancier chirographaire, l'autre titulaire d'un privilège ou d'une sûreté spéciale, afin de tenir compte de la sensibilité différente des deux catégories de créanciers ;

– l'ordonnance du 12 mars 2014 ajoute que le tribunal doit désigner comme contrôleur le créancier public qui en ferait la demande, parmi les administrations financières, organismes et institutions mentionnés au premier alinéa de l'article L. 626-6. L'idée est ici clairement de faire entendre la voix de l'État. Si plusieurs créanciers publics présentent une demande, un seul sera désigné. Le tribunal doit aussi désigner comme contrôleur un créancier qui en ferait la demande parmi les institutions mentionnées à l'article L. 3253-14 du Code du travail, c'est-à-dire l'AGS ;

– aucun parent ou allié du débiteur ou du dirigeant jusqu'au 4e degré ne peut être désigné contrôleur en liquidation judiciaire, l'incompatibilité est étendue au partenaire d'un PACS ;

– si le débiteur est un professionnel libéral soumis à un ordre ou à une autorité compétente, l'ordre ou l'autorité est désigné d'office contrôleur, seuls quatre autres contrôleurs pouvant alors être désignés.

II – La fonction de contrôleur

A – Le pouvoir de défense de l'intérêt collectif attribué subsidiairement aux contrôleurs

Les contrôleurs n'avaient pas, sous l'empire de la législation antérieure, pour mission de défendre l'intérêt collectif des créanciers. La solution subsiste par principe, mais connaît, depuis la loi du 26 juillet 2005, un sérieux tempérament.

En effet, en cas de carence du mandataire judiciaire ou du liquidateur, les contrôleurs nommés – et non le contrôleur d'office des professions libérales – sont investis du rôle de défense de l'intérêt collectif des créanciers. Pour cela, le contrôleur doit adresser une mise en demeure au mandataire judiciaire aux fins d'engager telle action déterminée tendant à la défense de l'intérêt collectif des créanciers. Si le mandataire laisse infructueuse cette mise en demeure pendant deux mois, le contrôleur peut alors agir en lieu et place du mandataire. Le produit de l'action restera cependant collectif.

B – Les droits du contrôleur

1. L'accès au dossier

Le contrôleur a la possibilité d'accès à tout le dossier. Les organes de la procédure ne peuvent lui refuser l'information qu'il demande. Le contrôleur est informé, consulté et convoqué à chaque étape de la procédure, notamment pour le renouvellement de la période d'observation, l'arrêté des plans, le prononcé de la liquidation. Toutes les offres de reprise de l'entreprise doivent lui être communiquées.

2. Le pouvoir de demander la conversion en liquidation judiciaire

Le contrôleur peut demander la conversion en liquidation judiciaire s'il constate qu'un contrat en cours n'est pas correctement exécuté. Ce peut être une arme redoutable.

3. L'absence de qualité d'organe du contrôleur

Sous la réserve du point 2, le contrôleur n'est pas un véritable organe dans la mesure où il n'émet pas de prétention. Il est donc irrecevable à former des voies de recours.

Il en va toutefois différemment en cas de carence du mandataire judiciaire ou du liquidateur, le contrôleur devenant alors un organe subsidiaire de défense de l'intérêt collectif des créanciers. Il a alors qualité pour interjeter appel des décisions correspondant aux actions qu'il aura initiées.

C - Les obligations du contrôleur

1. L'obligation de confidentialité

Le contrôleur est tenu à une obligation de confidentialité, susceptible d'être civilement sanctionnée. Le secret professionnel devra en outre être respecté par le contrôleur représentant l'autorité professionnelle.

2. L'exercice de la fonction

Le contrôleur peut choisir d'exercer personnellement sa fonction gratuite, ou de se faire représenter, mais seulement par un avocat. Il n'est responsable que de sa faute lourde.

3. L'interdiction d'acquérir les biens du débiteur

Le contrôleur ne peut, sous peine de sanctions pénales, se porter acquéreur de biens du débiteur.

Section 2 - La situation des créanciers face aux garants

Le créancier pourra poursuivre *les cautions, les codébiteurs et les autres garants* du débiteur sous procédure collective.

§ 1 - Les cautions

Les espoirs de recouvrement dans le cadre de la procédure collective de son débiteur étant généralement minces, le créancier sera bien évidemment enclin à se tourner vers la caution pour obtenir le paiement de sa créance. Toutefois, les règles de la procédure collective du débiteur principal ne seront pas sans incidence sur les relations entre le créancier et la caution du débiteur défaillant.

Deux questions essentielles se posent : *le temps de la poursuite de la caution* et *la hauteur de la poursuite de la caution.*

I – Le temps de la poursuite de la caution

Il faut se demander à partir de quand il sera possible de poursuivre la caution : *c'est le moment de la poursuite.* Mais il faut aussi se poser la question de savoir jusqu'à quand la caution pourra être poursuivie : c'est *la durée de la poursuite de la caution.*

A – Le moment de la poursuite de la caution

Pour répondre à la question de savoir à partir de quand il est possible de poursuivre la caution, il faut déterminer *l'exigibilité de la dette de la caution.*

Le principe d'*inapplication à la caution de la règle de l'arrêt des poursuites individuelles* doit être affirmé. Cependant, le législateur a posé une *interdiction des poursuites de certaines cautions pendant la période d'observation.*

1. L'exigibilité de la dette de la caution

a. L'absence de déchéance du terme contre le débiteur

Si le débiteur ne doit pas encore, c'est-à-dire s'il bénéficie encore de son terme, il n'est pas possible de demander paiement de la totalité à la caution, car cette dernière ne peut être plus durement traitée que le débiteur principal (règle de l'accessoire). Toute clause contraire est réputée non écrite, spécialement celle prévoyant une déchéance du terme contre la caution en cas de sauvegarde ou de redressement judiciaire atteignant le débiteur principal.

b. La déchéance du terme encourue par le débiteur principal

Si le débiteur a encouru la déchéance de son terme, peu en important la cause, cela n'entraîne pas nécessairement déchéance du terme contre la caution. Deux situations doivent être distinguées :

- la caution n'a pas renoncé, par une clause de l'acte de cautionnement, au bénéfice de son terme propre ; en ce cas, elle est en droit de bénéficier de son terme propre, qui n'est rien d'autre que la possibilité de payer selon les prévisions contractuelles initiales ;
- la caution a renoncé au bénéfice de son terme propre ; elle suit alors le terme du débiteur principal, qui, par hypothèse a encouru la déchéance.

c. Les délais du plan de sauvegarde et de redressement

Que le débiteur continue ou non à bénéficier de son terme avant le jugement d'ouverture, l'arrêté de son plan de redressement l'autorise à payer selon des délais aménagés. La caution, pour sa part, ne bénéficie pas des délais du plan de redressement (C. com., art. L. 631-20) et pourra être poursuivie comme si le débiteur n'avait pas fait l'objet d'une procédure collective.

Au contraire, dans le souci de rendre attractive la procédure de sauvegarde, le législateur (C. com., art L. 626-11, al. 2) prévoit que les cautions personnes physiques pourront se prévaloir des dispositions du plan de sauvegarde, ce qui leur permet de bénéficier des délais de ce plan.

2. L'inapplication à la caution de la règle de l'arrêt des poursuites individuelles

La règle de l'arrêt ou de la suspension des poursuites individuelles contre le débiteur principal est inapplicable à la caution. Le créancier a donc, par principe, la possibilité de poursuivre la caution, malgré l'ouverture de la procédure collective du débiteur.

Le créancier n'a pas à être admis au passif.

Cependant, si la créance déclarée au passif est contestée, le juge du cautionnement pourra décider de surseoir à statuer, dans l'intérêt de l'administration d'une bonne justice, afin d'éviter une contrariété entre la décision du juge-commissaire sur la créance déclarée et celle du juge du cautionnement.

La possibilité de poursuivre la caution subit cependant une restriction en période d'observation.

3. L'interdiction des poursuites des cautions personnes physiques pendant la période d'observation

a. Le domaine de la règle

L'article L. 622-28, alinéa 2 du Code de commerce indique qu'il n'est pas possible de poursuivre, pendant la période d'observation, les personnes physiques, ayant consenti une sûreté personnelle. Ce texte s'applique aux cautions personnes physiques, non aux cautions personnes morales.

b. Les effets de la règle

• L'interdiction ou la suspension de l'action contre la caution

Avant d'actionner la caution qui bénéficie de la règle, le créancier devra attendre la fin de la période d'observation de la sauvegarde ou du redressement judiciaire.

Si l'assignation est intervenue avant le jugement d'ouverture, elle sera suspendue jusqu'à la fin de la période d'observation.

Si le débiteur obtient un plan de sauvegarde, la possibilité pour les garants personnes physiques de bénéficier des dispositions du plan de sauvegarde conduit à décider que la reprise des poursuites est possible lors de l'adoption du plan, mais à concurrence seulement des sommes exigibles contre le débiteur – dividendes du plan non payés – et devenues par voie accessoire exigibles contre la caution.

• La prise de mesures conservatoires

La question se complique dans la mesure où l'article L. 622-28, alinéa 3 du Code de commerce dispose que les créanciers bénéficiaires de ces cautionnements peuvent prendre des mesures conservatoires. Une distinction s'impose :

– si l'assignation au fond de la caution, qui seule permettra de valider la mesure conservatoire, a été lancée avant le jugement d'ouverture, la mesure conservatoire pourra être prise sans difficulté pendant la période d'observation ;

– si l'assignation de la caution n'a pas été lancée avant le jugement d'ouverture, la jurisprudence, dans son dernier état, permet de lancer l'assignation pendant la période d'observation, pour valider la mesure conservatoire et décide que, sitôt l'instance engagée, celle-ci se trouve suspendue jusqu'à la fin de la période d'observation.

L'action tendant à la condamnation de la caution personne physique sera reprise sitôt le plan de sauvegarde ou de redressement adopté. Même si la caution bénéficie des délais du plan de sauvegarde, la jurisprudence admet la possibilité d'obtenir la condamnation de la caution pour le tout, alors même que la dette n'est pas exigible contre elle. Mais l'exécution ne sera possible qu'en cas d'inexécution ou de résolution du plan. Cette règle ne peut être appliquée s'il n'y a pas de mesures conservatoires contre la caution.

B – La durée de la poursuite de la caution

Dans certaines situations, le législateur va interdire ou simplement aménager la poursuite du débiteur. Ces règles doivent-elles bénéficier à la caution ? La réponse à la question commande l'examen de *l'incidence de la clôture pour insuffisance d'actif sur la poursuite de la caution.* Il faut encore s'interroger pour connaître *l'incidence du transfert de la charge de la sûreté sur la poursuite de la caution* et celle *de la cession judiciaire des contrats sur la poursuite de la caution.*

1. L'incidence de la clôture pour insuffisance d'actif sur la poursuite de la caution

Par principe, la clôture pour insuffisance d'actif empêche les créanciers antérieurs de reprendre leurs droits de poursuites individuelles contre le débiteur (C. com., art. L. 643-11-I).

Il s'agit d'une paralysie de l'action, non d'une extinction de la créance.

La créance n'étant pas éteinte contre le débiteur, ne l'est pas non plus, par voie accessoire, contre la caution. Celle-ci pourra donc être poursuivie.

2. L'incidence du transfert de la charge de la sûreté sur la poursuite de la caution

L'article L. 642-12, alinéa 4 du Code de commerce prévoit que, sous certaines conditions, lorsqu'un bien grevé d'une sûreté spéciale se retrouve parmi les actifs cédés, les échéances du crédit qui restent à échoir lors du transfert de propriété au repreneur de l'actif sont mises à la charge du repreneur (v. p. 124).

Cependant, le plan de cession n'a pas d'effet novatoire. Il en résulte que le débiteur n'est pas déchargé des échéances du crédit que doit supporter le repreneur. En outre, le crédit fait naître, dès la remise des fonds, voire, si le prêt est consenti par un établissement de crédit, dès la signature du contrat ou de l'offre préalable, l'obligation pour l'emprunteur de rembourser. Cette dette est née, en totalité, du chef du débiteur. Il en résulte que sa caution en reste tenue intégralement.

3. L'incidence de la cession judiciaire des contrats sur la poursuite de la caution

L'article L. 642-7 du Code de commerce prévoit que le tribunal détermine les contrats qui seront cédés au repreneur (v. p. 124). Quel est l'effet de cette cession sur la caution du débiteur ? Si la créance issue du contrat cédé est née sur la tête du débiteur, elle reste valablement cautionnée. Au contraire, la créance née sur la tête du repreneur n'est pas cautionnée par la caution du débiteur.

La caution reste en conséquence tenue, au titre de son obligation de règlement, de toutes les dettes nées avant l'entrée en jouissance du repreneur, date qui marque le point de départ des obligations de ce dernier, au titre des contrats qui lui sont cédés. Au contraire, l'obligation de couverture de la caution cesse à partir de l'entrée en jouissance du repreneur. On rappellera que, sauf décision contraire du jugement arrêtant le plan de cession, l'entrée en jouissance du repreneur est fixée à la date de rédaction des actes de cession.

II – La hauteur de la poursuite de la caution

Le respect de la règle de l'accessoire posée par l'article 2290 du Code civil selon laquelle « le cautionnement ne peut excéder ce qui est dû par le débiteur, ni être contracté sous des conditions plus onéreuses », imprime un certain nombre de solutions. Cependant, les textes spéciaux du droit des procédures collectives procèdent parfois à une *mise à l'écart de la règle de l'accessoire*.

A – Le respect de la règle de l'accessoire

La traduction majeure de la règle de l'accessoire tient à l'*extinction du cautionnement en cas d'extinction de la créance*. La *règle de l'accessoire* joue ici pleinement.

1. L'absence d'extinction du cautionnement en l'absence de déclaration de créance

Sous l'empire de la législation du 25 janvier 1985, la créance antérieure qui n'avait pas été déclarée au passif dans les délais impartis, et en l'absence de relevé de forclusion, était éteinte. Il en résultait, par voie accessoire, l'extinction du cautionnement.

Depuis la loi de sauvegarde des entreprises, la créance non déclarée dans les délais n'est plus éteinte : elle est inopposable à la procédure collective, quoique le Code de commerce vise parfois une étrange inopposabilité au débiteur. Il en résulte l'absence d'extinction du cautionnement. Les conséquences de la règle sont différentes selon que le débiteur est en sauvegarde ou en redressement.

Si le débiteur est en sauvegarde, l'inopposabilité de la créance non déclarée profite à la caution personne physique. Pendant la période d'observation, il est interdit de la poursuivre. L'inopposabilité profite à la caution pendant l'exécution du plan de sauvegarde. Elle n'est toutefois pas prolongée au-delà si le débiteur a complètement exécuté son plan. Mais se posera alors la question de la prescription de l'action contre la caution.

Si le débiteur est en redressement ou en liquidation judiciaire, l'inopposabilité de la créance non déclarée ne bénéficie pas à la caution. Il s'agit en effet d'une exception personnelle au débiteur. Il sera donc possible de poursuivre la caution, mais seulement après l'expiration de la période d'observation, du fait de l'interdiction de poursuivre les cautions personnes physiques pendant la période d'observation. Rien n'interdira cependant à la caution de soulever l'exception de subrogation prévue par l'article 2314 du Code civil, si elle subit un préjudice lié à une difficulté de subrogation dans un droit, causée par l'absence de déclaration de la créance dans les délais. Pour la jurisprudence, il en est ainsi de la prérogative de participer aux répartitions liquidatives ou aux dividendes du plan.

2. Les autres effets de la règle de l'accessoire

Du fait de la règle de l'accessoire, l'autorité de la chose jugée entre le créancier et le débiteur principal est étendue aux cautions restées en dehors de l'instance.

La déclaration de créance va aboutir à l'admission ou au rejet de la créance. Ainsi, la décision rendue sur la créance déclarée s'imposera-t-elle aux cautions.

La caution ne pourra pas soulever les exceptions inhérentes à la dette, c'est-à-dire celles qui touchent le montant, l'existence et la nature de la dette, dès lors qu'elles auraient pour effet de contrarier l'autorité de chose jugée attachée à la décision d'admission de la créance.

En conséquence :

- la hauteur de l'admission au passif conditionnera la hauteur de la poursuite de la caution ;
- le rejet partiel de la créance principale conduira à due concurrence à une extinction du cautionnement ;
- le rejet total de la créance entraînera extinction totale du cautionnement ;
- l'absence d'admission au passif des intérêts de la dette principale conduira à l'impossibilité d'en demander paiement à la caution.

La caution pourra, au contraire, continuer à soulever les exceptions qui lui sont personnelles, par exemple l'insuffisance de la mention manuscrite ou le bénéfice de subrogation.

La règle de l'accessoire, qui justifie l'extension aux cautions de l'autorité de chose jugée attachée à la décision d'admission de la créance sera toutefois tenue en échec par la voie de recours de la réclamation à l'état des créances (v. p. 175).

B – La mise à l'écart de la règle de l'accessoire

Deux règles sont énoncées par le Code de commerce, qui constituent des mises à l'écart de la règle de l'accessoire : celle relative à l'*arrêt du cours des intérêts de la dette cautionnée* et celle ayant trait aux *remises du plan de redressement.*

1. L'arrêt du cours des intérêts de la dette cautionnée

L'article L. 622-28, alinéa 1 du Code de commerce énonce que le jugement d'ouverture arrête le cours des intérêts légaux et conventionnels, ainsi que de tous intérêts de retard et majorations, à moins qu'il ne s'agisse des intérêts résultant de contrats de prêt conclus pour une durée égale ou supérieure à un an ou de contrats assortis d'un paiement différé d'un an ou plus.

Cette règle de l'arrêt du cours des intérêts contre le débiteur bénéficie aux personnes physiques cautions, si le débiteur est en sauvegarde.

En revanche, cette même règle ne profite pas aux cautions d'un débiteur en redressement ou en liquidation judiciaire. La règle de l'accessoire est alors écartée.

Le souci de rendre attractive la sauvegarde par rapport au redressement judiciaire justifie la différence de traitement.

2. Les remises du plan

Le plan de redressement comportera le plus souvent l'octroi de remises au débiteur par les créanciers. Le tribunal n'a pas le droit d'imposer ces remises (v. p. 77) ; elles doivent être accordées volontairement par le créancier.

L'application des dispositions de l'article 1350-2 du Code civil, qui prévoit que : « La remise de dette accordée au débiteur principal libère les cautions », aurait pu conduire à décider que la remise accordée par le créancier au débiteur, devait profiter à la caution.

En application de l'article L. 631-20 du Code de commerce, la caution ne bénéficie pas des dispositions du plan de redressement. En conséquence, elle ne pourra profiter des remises consenties au débiteur. Il s'est agi, par cette disposition, de traiter de manière discriminatoire les garants personnes physiques d'un débiteur ayant obtenu un plan de sauvegarde par rapport aux garants d'un débiteur ayant obtenu un plan de redressement, pour avantager les premiers, afin de rendre incitative la procédure de sauvegarde.

Aussi, dans le souci de rendre attractive la procédure de sauvegarde, le législateur (C. com., art. L. 626-11, al. 2) prévoit que les cautions personnes physiques pourront se prévaloir des dispositions du plan de sauvegarde, ce qui leur permet de bénéficier des remises de ce plan.

§ 2 – Les codébiteurs et autres garants

I – Les codébiteurs

Le codébiteur est une personne tenue non de la dette d'autrui, mais aux côtés d'autrui. Il n'est pas un débiteur accessoire, contrairement à une caution. Et c'est pourquoi l'extinction de la créance détenue sur un débiteur n'entraîne pas extinction de l'engagement d'un autre codébiteur. En outre, la cession judiciaire du contrat n'entraîne pas décharge de l'obligation du cocontractant codébiteur de payer la dette née du contrat.

D'autres règles du régime applicable au codébiteur sont identiques à celles retenues pour la caution :

– le transfert de la charge de la sûreté en plan de cession, qui entraîne le support par le repreneur d'une partie des dettes du débiteur, n'affecte pas l'obligation du codébiteur de payer toute la dette ;

– la clôture de la procédure pour insuffisance d'actif, qui interdit par principe la reprise des poursuites contre le débiteur, n'interdit nullement la poursuite d'un codébiteur.

II – L'application de la théorie de la représentation mutuelle des coobligés

Si le codébiteur est solidaire, les règles de la représentation mutuelle, selon lesquelles la chose jugée dans l'instance opposant le créancier à l'un des codébiteurs solidaires vaudra dans les rapports avec un autre codébiteur solidaire, s'appliqueront. Il en ira spécialement ainsi de celles liées à l'admission de la créance au passif de l'un des codébiteurs, qui interdisent aux autres de soulever des exceptions inhérentes à la dette, dès lors qu'elles contrarient l'autorité de chose jugée attachée à l'admission au passif.

III – L'alignement législatif partiel du régime applicable aux codébiteurs et autres garants sur celui des cautions

A – Les garants visés

La loi de sauvegarde des entreprises, dans le souci d'éviter le recours à des garanties plus dures que le cautionnement, a procédé à un alignement partiel du régime des codébiteurs et des autres garants sur celui des cautions.

Ces garants seront toujours des personnes physiques.

Il s'agira d'abord des personnes ayant consenti une sûreté personnelle. L'expression englobe d'abord les cautions. Leur sort a déjà été étudié. Elle recouvre également les garants autonomes, mais encore, par exemple, ceux qui ont consenti une promesse de porte-fort sûreté.

Il s'agira ensuite des personnes ayant affecté un bien en garantie, expression qui recouvre ce que l'on dénommait autrefois le cautionnement réel, c'est-à-dire l'affectation par une personne d'un ou de plusieurs biens de son patrimoine en garantie de la dette d'un autre.

Il s'agira enfin des personnes ayant cédé un bien en garantie, ce qui recouvre la fiducie-sûreté, lorsque le constituant n'est pas le débiteur.

Indiquons que les associés de sociétés répondant indéfiniment des dettes sociales ne sont pas des personnes ayant consenti une sûreté personnelle. Si ces associés sont tenus sans solidarité, tels les associés de société civile, ils ne sont pas davantage des codébiteurs. En conséquence, les règles applicables aux garants telles qu'elles sont ci-dessous exposées ne s'appliquent pas à eux.

La poursuite des associés indéfiniment responsables du passif, sans solidarité, tels les associés de sociétés civiles, sera possible sur démonstration que le patrimoine social est insuffisant au paiement du créancier poursuivant. Toutefois, en liquidation judiciaire, cette insuffisance fait l'objet d'une présomption simple. Le créancier pourra, en conséquence, poursuivre l'associé après avoir déclaré sa créance.

La poursuite des associés indéfiniment et solidairement responsables du passif, tels les associés en nom, sera possible après déclaration de créance au passif de la société, laquelle vaudra préalable poursuite, car ils ne sont pas considérés comme des codébiteurs.

B – L'interdiction des poursuites pendant la période d'observation

L'article L. 622-28, alinéa 2 du Code de commerce pose la règle de l'interdiction des poursuites contre les garants du débiteur, tels que définis au point A, pendant la période d'observation, sous la même réserve que pour les cautions : la possibilité de prendre des mesures conservatoires (v. p. 151).

C – Le bénéfice de l'arrêt du cours des intérêts

L'article L. 622-28, alinéa 2 du Code prévoit, dans la procédure de sauvegarde, que l'arrêt du cours des intérêts contre le débiteur profite aux garants du débiteur, tels que définis au point A. Ces derniers, pourtant tenus par un engagement autonome, bénéficient ainsi d'une règle dictée par la règle de l'accessoire.

Cette règle est sans application dans les procédures de redressement et de liquidation judiciaires.

D – Les délais et remises du plan

Les garants du débiteur, tels que définis au point A, ne bénéficient pas des dispositions du plan de redressement. En conséquence, ils ne pourront profiter des remises consenties au débiteur.

Au contraire, dans le souci de rendre attractive la procédure de sauvegarde, le législateur (C. com., art. L. 626-11, al. 2) prévoit que les garants personnes physiques pourront se prévaloir des dispositions du plan de sauvegarde, ce qui leur permet de bénéficier des délais et remises de ce plan. Ici encore, il y a application d'un mécanisme dicté par la règle de l'accessoire à des engagements pourtant autonomes.

Chapitre 2
Les grands corps de règles de la discipline collective

L'essentiel

La discipline collective comporte un certain nombre de règles dont l'objet est d'organiser collectivement la procédure, démarquant ainsi notablement une procédure collective d'une procédure civile d'exécution. L'heure n'est pas ici à la satisfaction individuelle d'un créancier. Au contraire, les créanciers sont collectivement traités et participent à des répartitions collectives. Pour cela, sont posées des restrictions au droit d'agir (Section 1), l'intangibilité des créances (Section 2) et la soumission aux opérations de vérification du passif (Section 3).

Section 1 – Les restrictions au droit d'agir

Les créanciers antérieurs, auxquels il faut par principe assimiler depuis la loi de sauvegarde des entreprises, les créanciers postérieurs non éligibles au traitement préférentiel, ne peuvent plus poursuivre en paiement le débiteur après le jugement d'ouverture de la procédure de sauvegarde, de redressement ou de liquidation judiciaire. Il y a *arrêt ou interruption des poursuites individuelles* (§ 1). Ils ne peuvent plus porter à exécution des titres portant sur des créances antérieures. C'est la règle *de l'arrêt des mesures d'exécution* (§ 2).

§ 1 – L'interruption et l'interdiction des poursuites individuelles

La règle de l'arrêt des poursuites individuelles est posée à l'article L. 622-21, I du Code de commerce, qui dispose, en son alinéa 1er que « le jugement d'ouverture interrompt ou interdit toute action en justice de la part de tous les créanciers dont la créance n'est pas mentionnée au I de l'article L. 622-17 et tendant :

– à la condamnation du débiteur au paiement d'une somme d'argent ;

– à la résolution d'un contrat pour défaut de paiement d'une somme d'argent ».

Cette règle conduit à étudier *le cas général du créancier antérieur*, le cas du *créancier postérieur non éligible au traitement préférentiel*, puis le *cas particulier du créancier ayant engagé une procédure*, avant d'envisager *la situation du créancier souhaitant obtenir la résiliation d'un contrat.*

I – Le cas général du créancier antérieur

Après le jugement d'ouverture, un créancier antérieur ne peut plus entamer une procédure afin d'obtenir la condamnation du débiteur au paiement d'une somme d'argent.

À la place de cette action, il doit déclarer sa créance au passif.

Ne sont pas concernées les actions contre les tiers, par exemple les cautions, ainsi que les actions n'ayant pas la nature d'une action en justice tendant au paiement d'une somme d'argent.

II – Le cas du créancier postérieur non éligible au traitement préférentiel

La loi de sauvegarde des entreprises aligne sur le régime des créanciers antérieurs celui des créanciers postérieurs non éligibles au traitement préférentiel.

Ces créanciers non visés au I de l'article L. 622-17 du Code, comme l'énonce l'article L. 622-21-I du Code, sont frappés, sans exception, par la règle de l'interdiction et de l'interruption des poursuites individuelles.

III – Le cas particulier du créancier ayant engagé une procédure

La procédure que le créancier antérieur a commencée avant le prononcé du jugement d'ouverture tendant à la condamnation du débiteur à lui payer une somme d'argent, se trouve interrompue.

Le créancier a alors un choix procédural. Soit :

- il se désiste de son instance et se soumet à la procédure classique de vérification de sa créance ;
- il reprend son instance en déclarant sa créance et en mettant en cause (assignation en intervention forcée) le mandataire judiciaire et l'administrateur judiciaire ayant mission d'assistance ou de représentation, ou, selon le cas, le liquidateur.

La procédure ne pourra tendre à la condamnation du débiteur au paiement, mais aura pour objet la fixation du montant de la créance, qui sera ainsi admise au passif sans le canal de la vérification des créances.

L'ordonnance du 12 mars 2014 oblige le débiteur à informer le créancier de l'ouverture de la procédure dans les 10 jours, afin de lui éviter de continuer inutilement une procédure irrégulière.

IV – La situation du créancier souhaitant obtenir la résiliation d'un contrat

L'arrêt des poursuites individuelles interdit au créancier d'obtenir, après jugement d'ouverture, la résiliation d'un contrat pour défaut de paiement d'une créance antérieure ou pour défaut de paiement d'une créance postérieure non éligible au traitement préférentiel.

En revanche, une action en résiliation ou en résolution pour un autre motif est possible, par exemple la résiliation d'un bail pour défaut d'assurance des lieux loués.

Rien n'interdit, en outre, de faire constater la résiliation d'un contrat après jugement d'ouverture, pour défaut de paiement d'une créance antérieure, dès lors que la résiliation a joué de plein droit avant le jugement d'ouverture. En effet, il ne s'agira alors pas de demander la résiliation, mais de la faire constater, sous réserve des règles spéciales au bail des locaux professionnels (v. p. 61).

§ 2 – L'arrêt des mesures d'exécution

Postérieurement au jugement d'ouverture de la procédure de sauvegarde, de redressement ou de liquidation judiciaire, il ne sera plus possible au créancier :

– d'engager des saisies de biens ou de créances du débiteur pour exécuter des titres correspondant à des créances antérieures ou à des créances postérieures non éligibles au traitement préférentiel ;

– de poursuivre, après le jugement d'ouverture, des saisies entamées antérieurement.

En revanche, si les saisies ont joué au jour du jugement d'ouverture, c'est-à-dire si elles sont devenues définitives au jour du jugement d'ouverture, elles ne pourront plus être remises en cause ultérieurement :

– en matière de saisie-vente, la saisie a joué, si le bien a été vendu avant le jugement d'ouverture ;

– en matière de saisie-attribution, la saisie sera définitive au jour du jugement d'ouverture, si l'acte de saisie a été signifié au tiers saisi au jour du jugement d'ouverture. Cependant, si la dénonciation au débiteur saisi n'a pas eu lieu avant le jugement d'ouverture, et si la procédure entraîne dessaisissement du débiteur, il y a obligation de dénoncer à l'administrateur ou au liquidateur, selon le cas, la saisie dans les huit jours de l'acte de saisie.

La règle de l'arrêt des mesures d'exécution se double de la caducité des procédures de distribution en cours, à moins que, s'agissant d'une procédure de distribution s'inscrivant dans le cadre d'une mesure d'exécution, il y ait eu effet attributif de la mesure.

Section 2 – L'intangibilité des créances

À compter de l'ouverture de la procédure, les créances antérieures sont, par principe, intangibles. Ce principe d'intangibilité des créances antérieures se traduit par plusieurs règles. Les deux premières permettent de constater que la créance antérieure n'est plus susceptible d'évolution en montant après l'ouverture de la procédure : *la règle de l'interdiction des paiements* (§ 1), qui empêche son évolution à la baisse et *la règle de l'arrêt du cours des intérêts* (§ 2), qui fait obstacle à son évolution à la hausse. Une autre règle empêche le changement de nature de la créance : *celle de l'arrêt du cours des inscriptions de sûretés* (§ 3).

Le principe d'intangibilité se manifeste aussi généralement par le *maintien du terme de la créance* (§ 4), sans que cette règle soit absolue.

§ 1 – L'interdiction des paiements

Doit d'abord être posé *le principe de l'interdiction des paiements de créances antérieures.* Un certain nombre d'exceptions, qui constituent autant de paiements autorisés, de créances antérieures, doivent être signalées.

Doit ensuite être posé *le principe d'interdiction des paiements des créances postérieures non éligibles au traitement préférentiel.*

I – Le principe de l'interdiction des paiements de créances antérieures

A – L'énoncé du principe

L'article L. 622-7-I, alinéa 1 du Code de commerce dispose que « le jugement ouvrant la procédure emporte, de plein droit, interdiction de payer toute créance née antérieurement au jugement d'ouverture ».

La règle ne concerne que les paiements émanant du débiteur, non ceux émanant de tiers.

B – Les sanctions du principe

1. La sanction civile de la nullité

La violation de l'interdiction du paiement est sanctionnée par sa nullité (C. com., art. L. 622-7-III), que peut demander tout intéressé, y compris le ministère public, et cela dans un délai de 3 ans à compter du paiement. Le paiement nul donnera lieu à répétition et obligera celui qui l'a reçu à déclarer sa créance au passif.

2. La sanction pénale du paiement interdit

La violation de l'interdiction du paiement est assortie d'une sanction pénale (C. com., art. L. 654-8). Son auteur, ainsi que celui qui reçoit le paiement en connaissance de la procédure collective ouverte, sont passibles d'un emprisonnement de 2 ans et d'une amende de 30 000 €.

II – Les paiements autorisés de créances antérieures

A – Le paiement par compensation

1. L'énoncé de la règle

Selon l'article L. 622-7-I, alinéa 1 du Code de commerce, l'interdiction du paiement des créances antérieures « ne fait pas obstacle au paiement par compensation de créances connexes ».

La compensation est une technique d'extinction d'obligations réciproques, à concurrence de la plus faible des deux. Le jeu de la compensation en procédure collective est très avantageux puisqu'il évite à une personne, débitrice de celui en sauvegarde, en redressement ou en liquidation judiciaire, de payer à ce dernier ce qu'elle lui doit.

2. Le jeu de la compensation légale

Pour que soit réalisée une compensation légale, il faut que les créances et dettes réciproques soient fongibles, liquides, certaines et exigibles. Si ces conditions sont réunies avant jugement d'ouverture, la compensation légale – qui intervient de façon automatique dès lors que les trois conditions sont remplies – aura joué antérieurement au jugement d'ouverture. En conséquence, aucune déclaration de créance ne devra être formalisée, l'intéressé n'étant plus, au jour du jugement d'ouverture, créancier.

3. Le jeu de la compensation pour dettes connexes

Si les conditions du jeu de la compensation légale ne sont pas réunies au jour du jugement d'ouverture, la possibilité du paiement du créancier par compensation reste ouverte si créances et dettes réciproques sont unies par un lien de connexité. Il en est ainsi lorsque créances et dettes réciproques sont nées :

– d'un même contrat synallagmatique ;
– de contrats différents mais s'inscrivant dans une opération économique globale, qui forme un groupe de contrats économiquement liés ;
– d'un courant d'affaires suivi.

Le jeu de la compensation pour dettes connexes suppose une déclaration de créance au passif de la part de celui qui se présente comme créancier-débiteur. À défaut, il ne peut se présenter comme créancier et n'a donc plus de créance à présenter en compensation avec sa dette.

B – Le paiement des créances alimentaires

Le I de l'alinéa 1 de l'article L. 622-7 du Code prévoit explicitement que l'interdiction des paiements ne fait pas obstacle au paiement des créances alimentaires. À cet égard, la créance de prestation compensatoire, qui présente pour partie une nature alimentaire, peut être payée par le débiteur malgré l'ouverture de sa procédure collective.

C – Le paiement pour retirer le gage ou la chose retenue

Le débiteur en période d'observation d'une sauvegarde ou d'un redressement judiciaire, à défaut d'administrateur ayant mission de représentation, son administrateur en redressement judiciaire si ce dernier a une mission de représentation, et le liquidateur peuvent payer un créancier antérieur afin de récupérer une chose grevée d'un droit de rétention. Ils doivent pour cela obtenir l'autorisation du juge-commissaire, qu'ils saisiront par requête.

Le droit de rétention pourra :

– être autonome ; le créancier devra avoir déclaré sa créance au passif, mais n'aura pas à faire mention de l'existence de son droit de rétention ;
– être l'attribut d'un gage ; le créancier devra déclarer sa créance au passif en mentionnant l'existence de son gage.

Le retrait du gage ou de la chose retenue n'interviendra que contre complet paiement du créancier.

D – Le paiement pour lever l'option d'achat d'un crédit-bail en période d'observation et en liquidation judiciaire

L'article L. 622-7-II, alinéa 2 du Code de commerce (ord. n° 2008-1345, 18 déc. 2008, art. 22) ajoute une exception à la règle de l'interdiction du paiement des créances antérieures : celle du paiement pour lever l'option d'achat d'un contrat de crédit-bail arrivant à terme pendant la période d'observation.

Le débiteur en période d'observation d'une sauvegarde ou d'un redressement judiciaire, à défaut d'administrateur ayant mission de représentation, son administrateur en redressement judiciaire si ce dernier a une mission de représentation, pourront se faire autoriser par le juge-commissaire à effectuer ce paiement, lorsque cette levée d'option d'achat est justifiée par la poursuite de l'activité.

Le liquidateur, en liquidation judiciaire, aura cette même prérogative, si le crédit-bail arrive à terme pendant la liquidation judiciaire. L'article L. 641-3, alinéa 2 du Code prévoit que le liquidateur pourra demander au juge-commissaire l'autorisation d'effectuer ce paiement. La levée d'option n'aura pas ici à être nécessaire à la poursuite de l'activité.

E – Le paiement pour obtenir le retour de biens transmis dans un patrimoine fiduciaire

L'article L. 622-7-II, alinéa 2 du Code (ord. n° 2008-1345, 18 déc. 2008, art. 22) ajoute une autre exception à la règle de l'interdiction du paiement des créances antérieures : le paiement pour obtenir le retour de biens transmis dans un patrimoine fiduciaire.

L'autorisation de paiement pour retirer les biens transmis dans un patrimoine fiduciaire ne peut être accordée que si l'on est en présence d'une fiducie-sûreté, c'est-à-dire d'un transfert de biens dans un patrimoine fiduciaire afin de garantir le paiement d'une ou de plusieurs créances. La finalité de la règle est d'écarter tout obstacle à la possibilité de poursuite de l'activité.

Le débiteur en période d'observation d'une sauvegarde ou d'un redressement judiciaire à défaut d'administrateur ayant mission de représentation, son administrateur en redressement judiciaire si ce dernier a une mission de représentation, pourront se faire autoriser par le juge-commissaire à effectuer ce paiement.

Cette possibilité de payer une créance antérieure pour obtenir le retour de biens transmis dans un patrimoine fiduciaire n'existe pas en liquidation judiciaire.

F – Le paiement destiné au blocage de l'action en revendication ou en restitution du vendeur sous clause de réserve de propriété

L'article L. 624-16, alinéa 4 du Code de commerce prévoit qu'il n'y a pas lieu à revendication d'un bien vendu sous clause de réserve de propriété si, sur décision du juge-commissaire, le prix est payé immédiatement. La décision du juge-commissaire est une condition du paiement immédiat du prix. Il s'agit là d'autoriser le paiement d'une créance antérieure, ce qui classiquement présuppose l'autorisation du juge-commissaire. Ce dernier sera donc saisi à cette fin par tout intéressé, le vendeur, le mandataire de justice compétent, voire le débiteur s'il n'est pas dessaisi.

Si le prix est payé immédiatement, la disposition ici analysée du Code de commerce joue de façon comparable au retrait contre paiement. Mais, contrairement à la solution envisagée pour le retrait contre paiement, il est ici possible que le débiteur, l'administrateur ou le liquidateur, selon le cas, obtienne des délais de paiement. Ceux-ci seront accordés par le créancier, avec l'autorisation du juge-commissaire. « Le paiement du prix est alors assimilé à celui à celui des créances mentionnées au I de l'article L. 622-17 » (C. com., art. L. 624-16, al. 5). Il faut comprendre que la créance en cause est traitée, par une fiction juridique, comme une créance postérieure éligible au traitement préférentiel.

G – Le paiement d'un chèque émis avant jugement d'ouverture

Malgré l'ouverture de la procédure, le chèque émis par le débiteur avant le jugement d'ouverture pourra être payé après celui-ci, dès lors qu'à la date du jugement d'ouverture, la provision existait.

III – Le principe d'interdiction des paiements des créances postérieures non éligibles au traitement préférentiel

L'article L. 622-7-I, alinéa 1 du Code de commerce interdit d'effectuer le paiement d'une créance née régulièrement après le jugement d'ouverture, dès lors qu'elle n'est pas éligible au traitement préférentiel. C'est la créance non visée au I de l'article L. 622-17 qui est globalement traitée comme une créance antérieure au jugement d'ouverture et qui se voit appliquer le même principe d'interdiction du paiement.

La sanction civile de la nullité et la sanction pénale sont applicables.

Il faut réserver le cas des créances alimentaires postérieures, qui bien qu'étant des créances non éligibles au traitement préférentiel, peuvent être payées.

§ 2 – L'arrêt du cours des intérêts

Il convient d'abord de procéder à *l'énoncé de la règle* avant d'exposer les *exceptions à la règle.*

I – La règle

L'article L. 622-28, alinéa 1 du Code de commerce dispose que le jugement d'ouverture arrête :

- le cours des intérêts conventionnels ou moratoires (intérêts de retard) ;
- les pénalités de retard.

Le créancier devra donc calculer sa créance au jour du jugement d'ouverture.

La règle s'applique en toutes phases de la procédure et a un effet définitif.

L'ordonnance du 12 mars 2014 ajoute que les intérêts échus de créances ne peuvent eux-mêmes produire des intérêts, c'est la mise à l'écart, en droit des entreprises en difficulté, de l'anatocisme.

II – Les exceptions à la règle

La règle de l'arrêt du cours des intérêts ne s'applique pas et en conséquence il y a place à continuation du cours des intérêts :

- pour les prêts d'une durée au moins égale à un an, seule étant prise en compte la durée contractuelle, non le temps restant à courir au jour du jugement d'ouverture. La règle concerne les ouvertures de crédit d'une durée supérieure ou égale à un an. Elle ne concerne pas les contrats n'ayant pas la nature de prêts, par exemple les contrats de crédit-bail ;
- pour les contrats comportant un paiement différé d'un an ou plus ;
- pour les garants du débiteur, sauf si le garant est une personne physique dans la procédure de sauvegarde.

La poursuite du cours des intérêts s'applique en toutes phases de la procédure, y compris en cas d'arrêté d'un plan de redressement ou de sauvegarde.

§ 3 – L'arrêt des inscriptions de sûreté

Doit d'abord être énoncée *la règle.* Seront ensuite exposées *les exceptions à la règle.*

I – La règle

A – Les actes et décisions judiciaires translatifs ou constitutifs de droits réels

Le jugement d'ouverture de la sauvegarde, du redressement ou de la liquidation judiciaire interdit de publier les actes et décisions de justice translatifs ou constitutifs de droits réels. Il n'est plus possible, par exemple, de publier à la conservation des hypothèques la vente d'un immeuble réalisée avant le jugement d'ouverture.

Toutefois, l'article L. 622-30, alinéa 1 du Code de commerce réserve la possibilité de publier les actes ayant acquis date certaine ainsi que les décisions devenues exécutoires avant le jugement d'ouverture.

B – Les sûretés réelles

L'article L. 622-30 du Code de commerce interdit la publication, après jugement d'ouverture, des sûretés réelles constituées avant ce même jugement, qu'il énumère : hypothèques, gages, nantissements et privilèges. Les créanciers ne pourront ainsi opposer leur sûreté réelle à la procédure collective après le jugement d'ouverture et seront donc considérés comme des créanciers chirographaires.

II – Les exceptions à la règle

A – Les exceptions résultant du texte

Il y a de véritables exceptions à la règle de l'interdiction de publier après jugement d'ouverture des sûretés réelles au profit :

– du vendeur d'un fonds de commerce (ou du banquier subrogé dans les droits du vendeur du fonds de commerce) ; celui-ci pourra, après ouverture de la procédure, inscrire le privilège du vendeur de fonds de commerce, la publication devant intervenir dans le délai du mois de l'acte de vente du fonds ;

– au profit du fisc, qui pourra, après ouverture de la procédure, inscrire le privilège du Trésor public pour garantir les créances qu'il n'était pas tenu d'inscrire à la date du jugement d'ouverture, ainsi que les créances mises en recouvrement après cette date.

B – Les exceptions résultant du fondement de la règle

La règle de l'arrêt du cours des inscriptions de sûreté a pour objet d'interdire à un créancier antérieur d'améliorer, après jugement d'ouverture, sa situation. Elle ne lui interdit pas de la conserver. C'est pourquoi, demeurent possibles :

– les inscriptions en renouvellement de sûreté ;

– les inscriptions définitives de sûretés judiciaires provisoires car la sûreté judiciaire définitive prend rang à la date de l'inscription provisoire ; la rétroactivité justifie la solution.

§ 4 – Le maintien ou la déchéance du terme

Par principe, l'ouverture de la procédure n'exerce aucune incidence sur l'exigibilité de la créance. La règle est donc celle du *maintien du terme*. Cependant, ce principe est assorti *d'exceptions*.

I - La règle du maintien du terme

Le jugement d'ouverture de la procédure de sauvegarde et de redressement judiciaire n'entraîne pas de déchéance du terme ; elle reste sans incidence sur les délais accordés au débiteur pour régler ses dettes.

II - Les exceptions à la règle

Afin de permettre un paiement plus rapide des créanciers et de simplifier les opérations de liquidation, l'article L. 643-1, alinéa 1 du Code de commerce pose le principe selon lequel le jugement qui ouvre ou prononce sur conversion la liquidation judiciaire rend exigibles les créances non échues. Cette règle contraste avec celle posée en sauvegarde ou en redressement judiciaire, le jugement d'ouverture n'ayant, dans ces procédures, aucun effet sur l'exigibilité des créances.

Il faut excepter toutefois une liquidation judiciaire ouverte avec un maintien provisoire de l'activité motivé par une possibilité de cession de l'entreprise. En ce cas, il n'y a pas immédiatement déchéance du terme, cette dernière n'intervenant qu'à la date du jugement statuant sur le plan de cession ou, à défaut, à la date à laquelle la période de poursuite de l'activité prend fin.

Depuis l'ordonnance du 12 mars 2014, il faut encore signaler l'exigibilité anticipée de la dette de libération d'apport de l'associé, dans toutes les procédures, par le seul effet du jugement d'ouverture.

Section 3 - La soumission aux opérations de vérification du passif

Les créanciers soumis à la discipline collective sont confrontés à l'obligation de vérification de la créance. Ces règles sont sans application pour les titulaires de créances salariales. Il faut donc examiner la *fixation des créances non salariales* (§ 1), puis s'intéresser aux *règles propres aux créances salariales* (§ 2).

§ 1 - La fixation des créances non salariales

La déclaration de la créance au passif est l'acte procédural par lequel un créancier antérieur ou un créancier postérieur dont la créance est née régulièrement, mais qui n'est pas éligible au traitement préférentiel, demande à rendre opposable à la procédure collective son droit de créance, afin de participer aux répartitions et dividendes.

Jusqu'à l'ordonnance du 12 mars 2014, elle équivalait à une demande en justice, et en produisait globalement les effets.

L'ordonnance du 12 mars 2014 semble conduire à modifier l'analyse : la déclaration de créance pourrait désormais être analysée en un acte conservatoire du droit de créance. En témoigne la possibilité de déclarer la créance par une personne non investie du pouvoir de la déclarer, voire par le débiteur lui-même, au moyen d'une présomption de déclaration (v. p. 169).

Une fois la créance déclarée, il y a, par principe, place à *vérification de cette créance.* Pourra intervenir une *décision du juge-commissaire sur la créance déclarée.*

Des *voies de recours sur la décision du juge-commissaire statuant sur la créance déclarée* pourront être formées.

I – La déclaration de la créance

A – Le domaine

Tous les créanciers titulaires d'une créance antérieure, quelle que soit sa nature, qu'elle soit ou non couverte par un titre exécutoire, doivent procéder à *la déclaration de leur créance au passif.* La formalité concerne même les créanciers simplement éventuels ou conditionnels. Depuis la loi de sauvegarde des entreprises, la solution vaut également pour les créanciers postérieurs non éligibles au traitement préférentiel (C. com., art. L. 622-24, al. 5).

Plusieurs réserves méritent d'être signalées, par rapport à ce principe de généralité.

La première concerne la sauvegarde financière accélérée (SFA). Dans cette procédure, qui n'a d'impact que pour les créanciers membres du comité des établissements de crédit ou obligataires, les créanciers qui n'ont pas cette nature n'ont pas à déclarer leur créance.

En outre, pour les créanciers soumis à une sauvegarde accélérée, en ce compris la SFA, il est prévu que ceux qui figurent sur la liste établie par le débiteur à l'ouverture de la procédure et certifiée par le commissaire aux comptes ou attestée par l'expert-comptable, sont considérés comme ayant régulièrement déclaré leur créance. Les autres, ainsi que ceux qui ne sont pas d'accord avec les indications contenues dans la lettre d'information reçue du mandataire judiciaire et décrivant leur créance, procéderont dans les conditions ci-après examinées.

La deuxième intéresse la procédure collective ouverte contre un entrepreneur individuel à responsabilité limitée. Seuls les créanciers dont la créance est née des relations avec le patrimoine affecté sont concernés par l'obligation de déclaration des créances.

La troisième réserve tient à l'existence de plusieurs cas de dispense de déclaration de la créance au passif.

Il en est d'abord ainsi du créancier soumis au plan de sauvegarde ou de redressement et ayant régulièrement déclaré sa créance au passif de la première procédure s'étant terminée par l'adoption d'un tel plan. Ce créancier est dispensé de déclarer sa créance au passif de la seconde procédure ouverte suite à la résolution du plan.

Il en est de même du créancier postérieur éligible au traitement préférentiel qui a fait les démarches pour conserver son privilège, dans la première procédure. Il est dispensé après résolution du plan de sauvegarde ou de redressement et ouverture d'une seconde procédure de déclarer sa créance au passif de cette seconde procédure.

B – Les délais

1. L'énoncé des délais

a. Le délai de principe

Il existe un délai de principe pour déclarer la créance : deux mois. Ce délai court à compter de la publication au *Bodacc* du jugement d'ouverture de la procédure collective.

Ce délai est allongé de 2 mois pour les créanciers domiciliés hors France métropolitaine lorsque la procédure concerne un débiteur situé en France métropolitaine ou situé dans un autre département ou territoire d'outre-mer, et pour les créanciers métropolitains lorsque la procédure concerne un débiteur hors France métropolitaine.

Le respect du délai de déclaration de créances s'apprécie par rapport à la date d'envoi de la déclaration de créances (C. pr. civ., art. 668 « La date de la notification par voie postale est, à l'égard de celui qui y procède, celle de l'expédition, et, à l'égard de celui à qui elle est faite, la date de la réception de la lettre » et C. pr. civ., art. 669 « La date de l'expédition d'une notification faite par la voie postale est celle qui figure sur le cachet du bureau d'émission »).

b. Le délai de déclaration du créancier non averti titulaire d'une sûreté publiée ou d'un contrat publié

L'article L. 622-24, alinéa 1 du Code de commerce prévoit que les créanciers titulaires d'une sûreté publiée ou d'un contrat publié sont avertis personnellement ou, s'il y a lieu, à domicile élu, d'avoir à déclarer leur créance.

L'avertissement, qui doit contenir un certain nombre de mentions obligatoires pour être régulier, doit intervenir par lettre recommandée avec demande d'avis de réception.

L'avertissement en la forme simple ne vaut pas avertissement.

Le délai de déclaration de créance ne court que du jour de la réception de l'avertissement.

En cas de désaccord sur le principe de l'absence de forclusion avec le mandataire de justice ou le liquidateur, le créancier sollicitera du juge-commissaire qu'il rende une ordonnance constatant la non forclusion.

c. Le délai de déclaration de l'indemnité de résiliation

Il existe un délai spécial pour déclarer l'indemnité de résiliation d'un contrat qui était en cours au jour du jugement d'ouverture : un mois à compter de la résiliation ou de la notification de la décision prononçant la résiliation.

La règle concerne l'indemnité de résiliation consécutive à une option de non-continuation du contrat, ainsi que celle qui fait suite à une poursuite initiale du contrat, car l'indemnité de résiliation d'un contrat en cours au jour du jugement d'ouverture est toujours traitée comme une créance antérieure (v. p. 60).

d. Le délai de déclaration de la victime d'une infraction pénale

Il existe un délai spécial pour déclarer la créance détenue par la partie civile dans le cadre d'une infraction pénale. Il faut ici distinguer :

• Si la décision définitive fixant le montant des dommages et intérêts alloués à la partie civile est intervenue avant jugement d'ouverture, le délai de déclaration aura un point de départ classique : la publication au *Bodacc* du jugement d'ouverture.

• Si la décision définitive fixant le montant des dommages et intérêts alloués à la partie civile est intervenue après le jugement d'ouverture, le délai de déclaration aura un point de départ variable. Si la décision est intervenue avant la publication au *Bodacc* du jugement d'ouverture, cette dernière constituera le point de départ du délai de déclaration de la créance. En revanche, si la décision de condamnation intervient après la publication au *Bodacc* du jugement d'ouverture, le délai de déclaration aura comme point de départ cette décision définitive de condamnation aux dommages et intérêts.

e. Le délai de déclaration du créancier postérieur non éligible au traitement préférentiel

Les créanciers postérieurs non éligibles au traitement préférentiel doivent, sous réserve des créanciers d'aliments, déclarer leur créance au passif, dans un délai aménagé : 2 mois à compter de l'exigibilité de la créance (C. com., art. L. 622-24, al. 5).

Une règle spéciale, d'une utilité circonscrite à l'hypothèse de la liquidation judiciaire sans poursuite d'activité, lorsque la créance en cause ne sera pas issue d'un contrat continué par le liquidateur, et ne sera pas relative aux besoins de la vie courante du débiteur personne physique, est posée pour le créancier titulaire d'un contrat à exécution successive. Il déclarera ses créances postérieures non éligibles au traitement préférentiel, échues et à échoir, sur la base d'une évaluation :

– si le contrat est conclu avant jugement d'ouverture, dans un délai de 2 mois à compter de la publication du jugement d'ouverture au *Bodacc* ;
– si le contrat est conclu après jugement d'ouverture, dans un délai de 2 mois à compter de la première échéance impayée, qu'elle ait été ou non régularisée.

2. Le dépassement des délais : le relevé de forclusion

a. La présentation de la requête

Si le créancier ne déclare pas dans le délai légal, il lui appartient de présenter au juge-commissaire, dans le délai de six mois qui court à compter de la publication au *Bodacc* du jugement d'ouverture, une requête en relevé de forclusion.

Pour tenir compte du fait que certains créanciers ne connaissent pas l'existence de leur créance dans ce délai, il est prévu que le délai de relevé de forclusion ne court qu'à compter de la date à laquelle le créancier, qui établit avoir été placé dans l'impossibilité de connaître l'obligation du débiteur, avant l'expiration du délai de six mois, ne pouvait ignorer l'existence de sa créance.

Le créancier doit demander, dans sa requête, à être relevé de forclusion. Il dispose de deux motifs de relevé de forclusion, qui sont autonomes l'un par rapport à l'autre.

Il peut d'abord démontrer que sa défaillance n'est pas due à son fait (ex. : il a été hospitalisé, il était à l'étranger…). La jurisprudence est beaucoup plus souple envers les petits créanciers, qu'envers les créanciers institutionnels (spécialement s'ils ont un service contentieux : ex. un établissement de crédit).

Le créancier peut ensuite faire état du fait qu'il a été victime d'une omission de la part du débiteur qui n'a pas signalé son existence sur la liste qu'il doit remettre au mandataire judiciaire ou au liquidateur dans les 8 jours de l'ouverture de la procédure.

b. Les possibilités ouvertes au juge-commissaire

Le juge-commissaire rendra une ordonnance qui :

– soit relèvera de forclusion le créancier et l'invitera à déclarer sa créance au passif ; l'ordonnance du 12 mars 2014 ajoute que les délais de déclaration de la créance, qui seront alors réduits de moitié, ne courent contre le créancier relevé de la forclusion qu'à compter de la notification de cette décision ;

– soit refusera le relevé de forclusion.

c. La voie de recours

L'ordonnance sera notifiée au créancier et au débiteur, et simplement communiquée au mandataire de justice. Ces personnes pourront former un recours devant le tribunal, dans le délai de 10 jours. Pour les deux premières, le délai court à compter de la notification, pour le mandataire, il court à compter de la communication. Le tribunal statuera à charge d'appel et de pourvoi en cassation.

3. La sanction du dépassement des délais

L'une des règles emblématiques de la législation du 25 janvier 1985 était celle de l'extinction de la créance pour défaut de déclaration régulière dans les délais (C. com., art. L. 621-46, al. 4, réd. L. 25 janv. 1985).

La loi de sauvegarde des entreprises supprime le principe d'extinction des créances non déclarées.

La sanction du défaut de déclaration est désormais posée par l'article L. 622-26, alinéa 2 du Code de commerce : « les créances non déclarées régulièrement dans ces délais sont inopposables au débiteur ».

L'alinéa 1 de ce même article en tire la conséquence que, à défaut de déclaration dans les délais, et sauf relevé de forclusion, le créancier ne pourra participer aux répartitions et dividendes.

Malgré une lettre approximative du texte, il faut plus énergiquement affirmer, comme l'a d'ailleurs fait la Cour de cassation statuant sous l'empire de la loi du 26 juillet 2005 non réformée, que la créance non déclarée est inopposable à la procédure collective pendant la liquidation judiciaire. La solution vaut identiquement pendant la période d'observation. Après clôture de la liquidation judiciaire, le créancier retrouve, sous réserve du jeu de la prescription, son droit de poursuite, sous réserve de l'interdiction de reprise des poursuites individuelles posée, par principe, dans la liquidation clôturée pour insuffisance d'actif.

Pendant l'exécution du plan de sauvegarde ou de redressement, le créancier ne peut obtenir son paiement puisqu'il est privé du droit de percevoir des dividendes. Après complète exécution du plan, il ne retrouve pas son droit de poursuite contre le débiteur.

Les conséquences de l'absence de déclaration de la créance sur la poursuite des garants ont été précédemment exposées (v. p. 153).

C – Les modalités de la déclaration de créance

Des précisions doivent être apportées sur *l'auteur de la déclaration de créance* et sur *la forme de la déclaration de créance*.

1. L'auteur de la déclaration de créance

La déclaration de créance est effectuée par le créancier ou par tout préposé ou mandataire de son choix.

Jusqu'à l'ordonnance du 12 mars 2014, le créancier qui ne déclarait pas personnellement sa créance, devait justifier d'un pouvoir spécial si la déclaration de créance était effectuée par un tiers, d'un pouvoir général établi par une délégation, voire une subdélégation, si la déclaration de créance était effectuée par un préposé.

L'ordonnance du 12 mars 2014 complète le texte de l'alinéa 2 de l'article L. 622-24 du code, en indiquant que « le créancier peut ratifier la déclaration faite en son nom jusqu'à ce que le juge statue sur l'admission de la créance ». Il ne sera plus, comme par le passé, nécessaire de justifier du pouvoir de déclarer les créances jusqu'à ce que le juge statue. La question du pouvoir pour déclarer les créances a donc vécu comme source aussi artificielle que gigantesque d'un contentieux particulièrement irritant pour les créanciers institutionnels.

En outre, l'alinéa 3 de l'article L. 622-24 du Code de commerce, dans la rédaction que lui donne l'ordonnance du 12 mars 2014, dispose que « lorsque le débiteur a porté une créance à la connaissance du mandataire judiciaire, il est présumé avoir agi pour le compte du créancier tant que celui-ci n'a pas adressé la déclaration prévue au premier alinéa ». Si le créancier ne procède pas personnellement à la déclaration de créance, la créance sera alors considérée comme valablement déclarée pour son compte par le débiteur.

2. La forme de la déclaration de créance

La déclaration de créance est effectuée :

- entre les mains du mandataire judiciaire en sauvegarde ou en redressement judiciaire ;
- entre les mains du liquidateur en cas de liquidation judiciaire.

En pratique, elle se fait par lettre recommandée avec demande d'avis de réception, mais aucune forme n'est imposée par la loi.

Il suffit qu'elle exprime, d'une manière non équivoque, la volonté du créancier de faire valoir, dans la procédure collective, son droit de créance.

D – Le contenu de la déclaration de créance

1. Le montant de la créance

a. L'indication du montant, au besoin par estimation

Le créancier doit indiquer le montant de la créance, en principal, outre les intérêts et pénalités échus au jour du jugement d'ouverture.

Si la créance n'est pas liquide, le créancier procédera à une estimation de sa créance, en déclarant le maximum de ce à quoi il peut prétendre. En effet, à l'exception des organismes sociaux et fiscaux, les créanciers ne sont pas autorisés à déclarer leur créance à titre provisionnel.

b. La déclaration des sommes échues mais aussi des sommes à échoir

Dans le cadre d'une procédure de sauvegarde ou de redressement judiciaire, il convient le cas échéant, de déclarer les sommes échues, mais aussi celles à échoir, dès lors qu'il s'agit bien de créances soumises à l'obligation de déclaration au passif, ce qui n'est pas le cas des créances postérieures éligibles au traitement préférentiel.

Les créances qui naîtront après le jugement d'ouverture et qui seront couvertes par le traitement préférentiel ne doivent pas être déclarées.

L'obligation de déclaration des créances postérieures non éligibles au traitement préférentiel issues d'un contrat à exécution successive s'impose, en revanche. Mais cette solution a une portée pratique extrêmement limitée, depuis que les créances nées après le jugement d'ouverture en contrepartie d'une prestation fournie au débiteur, sont par principe éligibles au traitement préférentiel réservé aux créances postérieures.

Dans le cadre d'une procédure de liquidation judiciaire, la déclaration sera faite intégralement pour des sommes échues, puisque la survenance de la liquidation judiciaire entraîne, du moins par principe, déchéance du terme. Il faut excepter toutefois une liquidation judiciaire ouverte avec un maintien provisoire de l'activité motivée par une possibilité de cession de l'entreprise. En ce cas, il n'y a pas immédiatement déchéance du terme, cette dernière n'intervenant qu'à la date du jugement statuant sur la cession ou, à défaut, à la date à laquelle le maintien de l'activité prend fin.

c. La déclaration des intérêts dont le cours n'est pas arrêté

Si la créance continue à produire des intérêts, ce qui concerne les prêts d'une durée égale ou supérieure à un an, ainsi que les contrats prévoyant un paiement différé d'un an ou plus, le créancier doit déclarer ses intérêts, en précisant les modalités de calcul, cette indication valant déclaration pour le montant ultérieurement arrêté.

Si le créancier oublie de déclarer les intérêts, la créance d'intérêts est inopposable à la procédure collective et n'autorisera pas leur paiement pendant la procédure collective et l'exécution des plans.

2. Les sûretés de la créance

Le créancier doit mentionner les sûretés garantissant la créance. À défaut, la créance sera admise à titre chirographaire.

L'absence d'indication d'un droit de rétention, d'une clause de réserve de propriété ou d'un cautionnement reste toutefois sans conséquence, dans la mesure où la garantie en cause ne confère pas au créancier un droit de préférence sur le patrimoine du débiteur et que, en conséquence, les répartitions aux créanciers ne s'en trouvent pas affectées, ces sûretés étant pour les premières, des mécanismes d'exclusivité, et, pour la dernière, une sûreté n'affectant pas le patrimoine du débiteur.

II - La vérification de la créance déclarée

Le *principe* est celui *de la vérification des créances.* Par exception, il y a *dispense de vérification du passif.*

A - Le principe de vérification des créances

1. La procédure de vérification des créances

La vérification des créances est l'œuvre du mandataire judiciaire ou du liquidateur, selon le cas. Il reçoit l'assistance du débiteur, ainsi que celle des contrôleurs. L'administrateur ayant reçu, en redressement judiciaire, une mission de représentation participe également à la vérification des créances.

La vérification des créances consiste en l'examen du bien-fondé des créances, et de leur aspect formel, spécialement le respect du délai et la qualité du déclarant.

La vérification des créances est enfermée par le tribunal, à l'occasion du jugement d'ouverture, dans un délai (C. com., art. L. 624-1). Son non-respect entraîne privation des honoraires de vérification des créances, pour le mandataire qui en a la charge.

2. La contestation de la créance

a. L'énoncé de la contestation

Si la créance est vérifiée, le débiteur, enfermé en cela dans des délais, le mandataire judiciaire ou le liquidateur, peut la contester.

Le mandataire doit avertir, par lettre recommandée avec demande d'avis de réception, le créancier que sa créance est contestée, en précisant :

– le motif de contestation ;
– le délai imparti au créancier pour répondre à la contestation ;
– la proposition qu'il formulera au juge-commissaire ;
– la sanction du défaut de réponse.

b. La réponse à la contestation

Si le créancier répond à la contestation, le mandataire a alors deux possibilités :

– il considère que la réponse est satisfaisante. Il abandonne sa contestation et le juge-commissaire rend une ordonnance d'admission ;
– il maintient sa contestation. Le greffe doit alors convoquer le créancier à une audience du juge-commissaire, appelée l'audience des créanciers contestés. Dans ce cas, si le juge-commissaire rejette la créance, le créancier peut faire appel dans le délai de 10 jours de la notification de l'ordonnance de rejet.

c. Le défaut de réponse à la contestation

Si le créancier ne répond pas à la contestation de créance dans le délai de 30 jours, il ne sera pas convoqué devant le juge-commissaire.

Le juge rendra une ordonnance, soit d'admission, soit de rejet de la créance.

Si le juge-commissaire rend une ordonnance de rejet conforme aux propositions du mandataire, le créancier n'a aucune voie de recours.

A contrario, si le juge-commissaire modifie la proposition de rejet (ex. il rend une ordonnance de rejet partiel alors que le mandataire avait proposé le rejet total), le créancier retrouve son droit d'appel.

Ces sanctions sont inapplicables au défaut de réponse lorsque la discussion porte sur la régularité de la déclaration de créance.

B – La dispense de vérification du passif

1. La dispense de vérification du passif chirographaire

a. Le domaine de la dispense

Le liquidateur est dispensé d'avoir à vérifier le passif chirographaire, s'il apparaît que l'intégralité de l'actif sera absorbée par les créanciers privilégiés. La dispense ne peut concerner le passif privilégié. Cette dispense n'existe qu'en liquidation judiciaire, non en période d'observation.

En outre, la vérification des créances même chirographaires, sans constituer une condition de recevabilité de l'action en responsabilité pour insuffisance d'actif contre un dirigeant de la personne morale débitrice, s'avère utile si l'insuffisance d'actif n'a pas été caractérisée à partir des créances privilégiées vérifiées.

b. Les effets de la dispense

Lorsque la loi prévoit que le liquidateur est dispensé de la vérification des créances, le juge-commissaire peut toutefois l'autoriser à procéder à cette vérification. Cette décision est une simple mesure d'administration judiciaire, sur laquelle le juge-commissaire peut revenir à tout moment.

L'ordonnance du 12 mars 2014 ajoute que, s'il apparaît nécessaire de reprendre la vérification des créances, un nouveau délai de vérification (le délai de l'article L. 624-1) sera fixé, sans pouvoir excéder six mois.

La dispense de vérification n'entraîne pas extinction des créances déclarées.

Aucune décision d'admission de la créance n'étant intervenue, il en résulte que le créancier établira ses droits selon la procédure de droit commun.

Cet établissement ne concernera pas, en principe, les rapports du créancier avec le débiteur, car la dispense n'est accordée que si est envisagée une clôture pour insuffisance d'actif de la procédure, laquelle interdit au créancier de retrouver, par principe, son droit de poursuite contre le débiteur.

Il intéressera plus généralement la poursuite des cautions. Le créancier devra établir sa créance devant le juge du cautionnement, la caution ayant alors la possibilité de soulever toutes les exceptions, y compris celles relatives à la régularité de la déclaration de la créance.

2. La vérification allégée des créances dans la liquidation judiciaire simplifiée

En cas de liquidation judiciaire simplifiée, il n'est procédé qu'à la vérification des créances salariales et des créances susceptibles de venir en rang utile dans les répartitions.

III – La décision du juge-commissaire sur la créance déclarée

Il convient d'abord de présenter *l'éventail des solutions offertes au juge-commissaire en droit commun* avant d'exposer les règles spéciales de *l'admission des créances fiscales et sociales.*

A – L'éventail des solutions offertes au juge-commissaire en droit commun

Le mandataire judiciaire ou le liquidateur, selon le cas, établit une liste des créanciers, qu'il communique au juge-commissaire.

Le juge-commissaire a, en droit commun, quatre possibilités :

1) *Se déclarer incompétent* ; il en sera ainsi si la question en débat devant le juge-commissaire ne relève pas de la compétence de la juridiction à laquelle il appartient ; la partie désignée par le juge-commissaire dans l'ordonnance d'incompétence devra alors saisir la juridiction compétente dans le mois de la notification de la décision du juge-commissaire, à peine de forclusion. Cette décision dessaisit le juge-commissaire. La voie de recours sur la décision d'incompétence est désormais l'appel.

2) *Constater qu'une instance est en cours* ; le créancier, qui aura déclaré sa créance, continuera son instance, après mise en cause du mandataire judiciaire ou du liquidateur, selon le cas. Cette décision dessaisit le juge-commissaire.

3) *Admettre la créance* ; la décision d'admission de la créance au passif constitue une véritable décision de justice, qui passera en force de chose jugée après expiration des délais de voies de recours ;

4) *Rejeter la créance* ; la créance sera alors éteinte.

Il faut ajouter que le juge-commissaire peut surseoir à statuer. Il en ira ainsi chaque fois qu'une exception sera soulevée devant le juge-commissaire, qui n'entre pas dans son office juridictionnel, par exemple la nullité du contrat fondant la créance. Dans l'ordonnance de sursis à statuer, le juge-commissaire désigne la partie qui devra saisir la juridiction « compétente » pour traiter la discussion. Cette partie disposera pour cela d'un délai d'un mois imparti à peine de forclusion. Les parties reviendront ensuite devant le juge-commissaire, qui n'est pas dessaisi, et qui admettra ou rejettera la créance. Ce sursis à statuer s'imposera dès lors, d'une part, que la question ne relève pas de la compétence d'une autre juridiction que celle qui a ouvert la procédure collective et, d'autre part, que la question en débat dépasse le stade de l'évidence, le juge-commissaire devant statuer sur la créance déclarée comme le ferait le juge des référés.

Quand le juge-commissaire aura statué sur chacune des créances qui lui sont soumises, ses décisions seront portées en marge de cette liste, avec les observations éventuelles et prendra le nom d'état des créances, document auquel la jurisprudence reconnaît une valeur juridictionnelle.

L'état des créances est déposé au greffe. Un avis d'insertion au *Bodacc* informe de ce dépôt. Cet avis fait courir le délai de la réclamation à l'état des créances.

B – L'admission des créances fiscales et sociales

1. La déclaration des créances couvertes par des titres exécutoires

Les créanciers fiscaux et sociaux, titulaires de créances couvertes par des titres exécutoires, les déclareront dans les conditions de droit commun.

2. La déclaration des créances non couvertes par des titres exécutoires

Le créancier fiscal ou social, qui est autorisé à se délivrer à lui-même des titres exécutoires – privilège du préalable – doit déclarer, dans un premier temps, à titre provisionnel les créances non couvertes par un titre exécutoire au jour de la déclaration de créance.

Il doit liquider ses créances et se délivrer à lui-même le titre exécutoire, nonobstant la règle de l'arrêt des voies d'exécution.

Il doit, dans un second temps, procéder à la déclaration définitive de sa créance, dans le délai de l'article L. 624-1 du Code de commerce, c'est-à-dire le délai imparti au mandataire de justice pour vérifier le passif. Pour cela, soit il s'adresse au mandataire judiciaire ou au liquidateur, soit il saisit directement par requête le juge-commissaire. L'ordonnance du 12 mars 2014 ajoute que l'obligation de déclaration à titre définitif dans le délai de l'article L. 624-1 ne s'impose pas si une procédure administrative d'établissement de l'impôt a été mise en œuvre. En ce cas, l'obligation de déclaration à titre définitif doit être effectuée avant le dépôt au greffe du compte rendu de fin de mission par le mandataire judiciaire ou le liquidateur.

Si le créancier se rend compte qu'il ne pourra respecter ce délai, il lui appartient de se faire relever de forclusion. À défaut, il ne pourra participer aux répartitions et dividendes.

IV – Les voies de recours sur la décision du juge-commissaire statuant sur la créance déclarée

Les voies de recours sur la décision d'admission ou de rejet du juge-commissaire sont différentes selon qu'il s'agit d'une *voie de recours formée par une partie* ou d'une *voie de recours formée par un tiers.*

A – La voie de recours formée par une partie

Les parties sont :

– le mandataire judiciaire ou le liquidateur ;
– l'administrateur, mais seulement s'il a reçu mission d'administration en redressement judiciaire ;
– le débiteur ;
– le créancier.

Les parties peuvent former appel de l'ordonnance du juge-commissaire, dans le délai de 10 jours de :
– la notification pour le débiteur et le créancier ;
– la remise de l'ordonnance contre récépissé pour l'administrateur, le mandataire judiciaire ou le liquidateur.

Cependant, le créancier est privé du droit d'appel, si, n'ayant pas répondu à la contestation dans le délai de 30 jours, le juge-commissaire a rendu une ordonnance conforme à la proposition du mandataire de justice.

B – La voie de recours formée par un tiers

Une fois que l'état des créances a été signé par le juge-commissaire, il est déposé au greffe du tribunal.

Dans un délai du mois de la publication au *Bodacc* de l'avis de dépôt au greffe de l'état des créances, tous ceux qui ne sont pas les parties et qui sont les « personnes intéressées » disposent d'une voie de recours particulière : la réclamation à l'état des créances. Il s'agit d'une variété de tierce opposition.

Elle est formée par déclaration au greffe du tribunal.

La réclamation est particulièrement intéressante : elle a pour effet d'entraîner rétractation de l'admission au passif de la créance attaquée.

Ces personnes intéressées, qui ne sont pas des parties, seront essentiellement :
– les cautions ;
– les codébiteurs ;
– les dirigeants recherchés en responsabilité pécuniaire ;
– les autres créanciers, spécialement titulaires de sûretés spéciales, qui voudraient ainsi tenir pour non avenue l'admission d'un créancier de rang préférable.

La réclamation se déroule devant le juge-commissaire à charge d'appel dans la dizaine de la notification de l'ordonnance.

§ 2 – Les règles propres aux créances salariales

La vérification des créances salariales obéit à un régime particulier.

En outre, pour être payés des sommes qui leur sont dues, les salariés bénéficient de prérogatives exorbitantes. Ils disposent d'abord des *privilèges des salariés*. Ils bénéficient ensuite de la possibilité d'être payés par un organisme spécial, l'*AGS*.

I – La vérification des créances salariales

A – Les modalités d'établissement des relevés de créances salariales

1. L'auteur de l'établissement des relevés de créances salariales

La vérification des créances salariales s'impose dans tous les cas, même s'il y a dispense de vérification du passif chirographaire.

Elle est l'œuvre du mandataire judiciaire, ou, en liquidation judiciaire, du liquidateur. Il reçoit l'assistance du débiteur et du représentant des salariés.

Elle est faite à partir des documents remis par les salariés, le débiteur, l'administrateur, le mandataire judiciaire et le liquidateur.

Après vérification des créances, le mandataire procède à l'établissement des relevés de créances salariales, qu'il soumet pour vérification au représentant des salariés (C. com., art. L. 625-1, al. 1).

Il est ensuite prévu que le mandataire signe les relevés de créances salariales, au besoin en apportant toutes observations ou réserves.

2. Les délais d'établissement des relevés de créances salariales

De l'établissement des créances salariales, dépendra le paiement des salariés.

Cet établissement doit se faire dans les délais de l'article L. 3253-19 du Code du travail (anc. art. L. 143-11-7). Selon cette dernière disposition, quatre catégories de créances sont visées, faisant chacune l'objet d'un délai particulier d'établissement :

– **le premier délai** d'établissement des créances salariales est de 10 jours à compter du jugement d'ouverture ; il concerne les créances super privilégiées ;

– **le deuxième délai** est de 3 mois à compter du jugement d'ouverture. Il intéresse les autres créances dues à la date du jugement d'ouverture ;

– **le troisième délai** est de 10 jours suivant l'expiration des périodes de garanties de l'AGS, pour les créances de salaires et de congés payés dus aux salariés au titre de la période d'observation, du mois suivant le jugement arrêtant le plan, des 15 jours suivant la liquidation et de la période de poursuite provisoire de l'activité autorisée en liquidation judiciaire. Pour ces créances, le relevé doit également indiquer le montant des cotisations et contributions sociales salariales d'origine légale, ou d'origine conventionnelle si elles sont imposées par la loi ;

– **le quatrième délai** est de 3 mois suivant l'expiration de la garantie due par l'AGS, pour les autres créances postérieures.

3. Le contenu des relevés de créances salariales

Les relevés doivent d'abord contenir certaines mentions relatives aux salariés. C'est ainsi que devront être précisés :

- l'identité du salarié ;
- la nature de son contrat de travail ;
- la date de son entrée dans l'entreprise ;
- l'emploi occupé et sa qualification ;
- le fait que l'intéressé est mandataire social ;
- la date de rupture du contrat de travail de l'intéressé, le cas échéant.

Les relevés doivent ensuite comporter des indications relatives aux créances. Pour cela, doivent être mentionnées les sommes encore dues et celles déjà versées.

B – Les suites de l'établissement des relevés de créances salariales

1. Le visa du juge-commissaire sur le relevé des créances salariales

Le juge-commissaire, à la diligence du mandataire judiciaire, doit viser les relevés de créances salariales. La valeur juridictionnelle de ce visa fait débat.

2. La contestation du relevé par les salariés

Les salariés dont la créance est rejetée en tout ou en partie doivent également être informés par tout moyen de la nature et du montant des créances rejetées.

Ils disposent d'un délai de 2 mois pour saisir le conseil des prud'hommes aux fins de contester la solution retenue à leur encontre.

Ce délai commence à courir, selon la jurisprudence rendue sous l'empire de la législation antérieure, la solution semblant devoir être reconduite, de l'avertissement personnel, que reçoit le salarié concerné, de la part du mandataire judiciaire.

La contestation de la créance prend la forme d'une saisine non du juge-commissaire, mais du bureau de jugement du conseil de prud'hommes.

Le salarié peut demander au représentant des salariés de l'assister ou de le représenter (C. com., art. L. 625-1, al. 2).

3. La réclamation sur l'admission d'une créance salariale

Cette question est régie par l'article L. 625-6 du Code de commerce.

La réclamation n'est ouverte qu'aux personnes non visées aux articles L. 625-1 à L. 625-4 du Code de commerce.

Les personnes visées à ces articles sont en réalité les parties. Il s'agit du débiteur, du salarié, du mandataire judiciaire, de l'administrateur s'il a mission d'administration, du liquidateur en situation de liquidation judiciaire et de l'AGS, qui disposent de l'appel.

La voie de recours ouverte aux personnes autres que les personnes intéressées visées aux articles L. 625-1 à L. 625-4 du Code de commerce est la réclamation, dans les conditions classiques de la réclamation (v. p. 175).

II – Les privilèges des salariés

Pour permettre aux salariés d'être plus assurés de percevoir leur dû, le Code civil leur a attribué un droit de préférence d'une portée générale sur les biens du débiteur. Il s'agit du *privilège général des salaires.* Ce privilège, qui a rapidement présenté une faiblesse, a été renforcé grâce à l'instauration par le décret-loi du 8 août 1935 du *super privilège des salaires.*

A – Le privilège général

1. Le domaine du privilège général des salaires quant aux créances garanties

L'article 2331 du Code civil accorde aux salariés, auxquels il faut assimiler les apprentis, et aux gens de maison, un privilège général, sur les meubles et les immeubles du débiteur.

Les créances garanties sont les rémunérations de toute nature dues aux salariés. Ainsi, outre les salaires, commissions et appointements *stricto sensu*, seront couverts tous les accessoires présentant la nature de salaires.

Il s'applique aussi, contrairement à la solution posée pour le super privilège, à l'indemnité de licenciement. Cependant, cette dernière doit être due en application d'une convention collective, d'un usage ou de la loi, et non en application des clauses d'un contrat individuel.

2. La couverture temporelle du privilège

Le privilège garantit les 6 derniers mois de travail, en incluant les 60 ou 90 jours couverts par le super privilège. Les 6 derniers mois de travail n'ont pas à précéder immédiatement le jugement d'ouverture.

Par dérogation, la limite de 6 mois est écartée pour les gens de services, ainsi que pour l'indemnité de salaire différé. Sont alors couvertes, l'année échue et l'année courante.

L'indemnité de congés payés est garantie sans limitation de délai.

L'indemnité de licenciement, pour sa part, est limitée à la portion inférieure ou égale au plafond de la sécurité sociale, augmentée ensuite du quart de la portion supérieure.

3. Le rang du privilège général des salaires

Le privilège des salaires est un privilège général mobilier et immobilier. Tous les biens du débiteur lui servent donc d'assiette.

Sur le strict terrain du privilège général, il est primé par le privilège accordé aux créanciers postérieurs et par le privilège de la conciliation.

En tant que privilège mobilier (C. civ., art. 2331), il est primé par les sûretés spéciales mobilières, ainsi que par les privilèges fiscaux et vient en concours avec le privilège ce la sécurité sociale.

En tant que privilège immobilier (C. civ., art. 2375, anc. art. 2104-2), il prime les privilèges spéciaux et les hypothèques, mais est primé par les privilèges fiscaux.

4. Le versement des sommes garanties

Les sommes garanties par le privilège général des salaires doivent être versées aux salariés si le mandataire judiciaire ou le liquidateur, selon le cas, a des disponibilités suffisantes.

À défaut de règlement dans les 3 mois du jugement d'ouverture, ces organes doivent demander l'intervention de l'AGS (C. trav., L. 3253-19, anc. art. L. 143-11-7, al. 2).

Ce ne sont donc pas les salariés qui auront à subir les concours ci-dessus indiqués, mais l'AGS.

En effet, si les salariés sont payés sur les fonds disponibles, les règles relatives au classement sont sans application.

B – Le super privilège des salaires

1. La nature des créances garanties

Le super privilège constitue un renforcement important du privilège. Institué spécialement pour l'hypothèse d'une procédure collective de l'employeur, il ne garantit que des créances antérieures au jugement d'ouverture.

Sont garanties les « rémunérations de toute nature » dues aux salariés. Ainsi, outre les salaires, commissions et appointements *stricto sensu*, seront couverts tous les accessoires présentant la nature de salaires.

L'article L. 3253-19 du Code du travail (anc. art. L. 143-11, al. 3) intègre dans le champ d'application du super privilège les indemnités de congés payés, les indemnités de fin de contrat à durée déterminée, les indemnités compensatrices de précarité pour ces mêmes contrats, les indemnités dues pour non-respect du délai de préavis, ainsi que la contribution de l'employeur à l'allocation de conversion.

Au contraire, sont exclues de la couverture, les indemnités de résiliation abusive de contrat et les indemnités de licenciement.

2. La couverture temporelle du super privilège

Le super privilège couvre les 60 derniers jours de travail ou d'apprentissage (C. trav., art. L. 3253-2, anc. art. L. 143-10).

Pour les représentants de commerce, l'article L. 7313-8 du Code du travail (anc. art. L. 751-15) porte la couverture à 90 jours. La solution est identique pour les marins de commerce (C. trav., art. L. 742-6).

Le super privilège s'applique même si la période de travail ne précède pas immédiatement le jugement d'ouverture.

3. Le plafond des sommes garanties par le super privilège

Le législateur aligne sur le plafond mensuel de la sécurité sociale les sommes couvertes par le super privilège.

L'article D. 3253-1 du Code du travail (anc. art. D. 143-1) fixe ce plafond à deux fois le plafond retenu, par mois, pour le calcul des cotisations de sécurité sociale.

Une limite est également posée pour l'indemnité de congés payés, laquelle sera toujours l'indemnité légale, non l'indemnité conventionnelle. Elle sera garantie jusqu'à concurrence du plafond de la sécurité sociale, établie pour une période de trente jours (C. trav., art. L. 3253-4, anc. art. L. 143-11, al. 3).

4. Le versement des sommes super privilégiées

L'article L. 625-8, alinéa 1 du Code prévoit, en sauvegarde, que le super privilège doit être payé par le débiteur, ou, si l'administrateur a reçu une mission d'assistance, par ce dernier. En redressement judiciaire, le paiement sera l'œuvre de l'administrateur judiciaire et à son défaut du débiteur. En liquidation judiciaire, il s'agira du liquidateur.

Les créances super privilégiées doivent être réglées dans les 10 jours du jugement d'ouverture, après autorisation du juge-commissaire.

Cependant, pour pouvoir être versées, les sommes dues aux salariés doivent être déterminées. C'est l'objet des relevés de créances salariales. La difficulté de procéder dans un délai aussi bref à l'établissement des relevés empêchera, en pratique, le jeu de l'article L. 625-8, alinéa 1 du Code de commerce. Anticipant sur cette difficulté, le Code de commerce prévoit, en sauvegarde, que le débiteur ou l'administrateur judiciaire si ce dernier a une mission d'assistance, l'administrateur et à défaut le débiteur en redressement judiciaire, le liquidateur en liquidation judiciaire, ont la possibilité de se faire autoriser par le juge-commissaire à verser immédiatement un acompte sur les créances super privilégiées, sur la base du dernier mois de salaire. La pratique évoque à cet égard le « super super privilège ».

Le paiement immédiat de l'acompte provisionnel ou dans le délai de 10 jours du jugement d'ouverture des créances super privilégiées suppose l'existence, dans l'entreprise, de disponibilités. Si tel n'est pas le cas, le débiteur, l'administrateur ou le liquidateur, selon le cas, solliciteront l'intervention de l'AGS, dans la procédure de redressement judiciaire ou de liquidation judiciaire, mais non dans la procédure de sauvegarde, puisque l'AGS ne peut intervenir pour des créances antérieures au jugement d'ouverture d'une sauvegarde.

5. Le classement du super privilège

La règle est simple : le super privilège prime toutes les autres créances.

Son efficacité ne peut être tenue en échec que par l'attribution judiciaire du gage, le droit de rétention, ou encore la fiducie-sûreté, toutes techniques indépendantes de l'ordre dans lequel s'exercent les privilèges.

III – L'AGS

A – La présentation générale de l'AGS

La loi du 27 décembre 1973 a organisé un système d'assurance contre le risque de non-paiement des créances salariales en cas de procédure collective atteignant l'employeur. Lorsque le chef d'entreprise ne peut assurer aux salariés le versement de leurs salaires, une Association pour la gestion du régime d'assurance des créances des salariés, appelée par abréviation AGS, prend le relais.

Cet organisme prend en charge certaines créances que l'employeur ne peut payer sur les fonds disponibles dans l'entreprise, après ouverture d'une sauvegarde, d'un redressement ou d'une liquidation judiciaire.

L'assurance est financée par les cotisations des employeurs assises sur les rémunérations servant de base au calcul de cotisations d'assurance-chômage.

Le siège de la matière se trouve aux articles L. 3253-1 et L. 3252-3 du Code du travail (anc. art. L. 143-9 à L. 143-13-1) par renvoi des dispositions de l'article L. 625-9 du Code de commerce.

B – Le domaine de l'AGS

1. Les employeurs concernés par la garantie

Tout employeur personne physique, professionnel indépendant et personne morale de droit privé occupant un ou plusieurs salariés doit les assurer contre les risques de non-paiement des sommes dues en exécution du contrat de travail, si intervient un jugement de sauvegarde, de redressement ou de liquidation judiciaire (C. trav., art. L. 3253-6 et L. 3253-8).

Toutes les personnes morales de droit privé sont soumises à l'adhésion, à l'exception des syndicats de copropriétaires.

Le régime de l'AGS s'applique aux départements d'outre-mer, mais non aux territoires et collectivités territoriales d'outre-mer (pays d'outre-mer).

2. Les salariés concernés par la garantie

Les articles L. 3253-6 et L. 3253-8 du Code du travail obligent les employeurs à assurer leurs salariés, au régime de l'AGS.

Peu importe que le contrat de travail soit à durée déterminée ou indéterminée.

La garantie est due même si l'employeur n'a pas versé la cotisation correspondante.

3. Les créances garanties

Le domaine d'intervention de l'AGS, pour les créances, est précisé par l'article L. 3253-8 du Code du travail.

- Parmi celles-ci figurent **3 types de créances antérieures** (C. trav., art. L. 3253-8) :

– les sommes dues au salarié à la date du jugement d'ouverture du redressement et de la liquidation judiciaire, mais non de la sauvegarde ; sont visées toutes les créances se rattachant au contrat de travail ;

– les cotisations et contributions sociales d'origine légale, ou conventionnelle imposées par la loi ;

– la contribution due par l'employeur pour le financement des allocations de conversion lorsque la convention de conversion a été conclue avant jugement d'ouverture.

• L'AGS garantit aussi **des créances postérieures**.

Il en est ainsi des créances résultant de la rupture des contrats de travail intervenant après le jugement d'ouverture, si la rupture intervient dans des périodes précisément déterminées (C. trav., art. L. 3253-8) :

– rupture intervenant en période d'observation de la sauvegarde et du redressement judiciaire ;

– rupture intervenant dans le mois de l'arrêté du plan de sauvegarde, de redressement ou de cession ;

– rupture intervenant dans les 15 jours de la liquidation sans poursuite d'activité (21 jours en cas d'élaboration d'un plan de sauvegarde de l'emploi) ;

– rupture intervenant au plus tard à l'expiration d'un délai de quinze jours de la période de poursuite provisoire de l'activité en liquidation judiciaire (21 jours en cas d'élaboration d'un plan de sauvegarde de l'emploi).

Il en est de même :

– dans la limite d'un mois et demi de travail, porté à 51 jours en cas d'élaboration d'un plan de sauvegarde de l'emploi, et à condition que soit prononcée la liquidation judiciaire, des sommes dues au salarié au cours de la période d'observation, des 15 jours suivant la liquidation ou du mois de la liquidation pour les salariés protégés investis de l'un des mandats prévus par l'article L. 2411-1, et pendant le maintien provisoire de l'activité en liquidation ;

– des créances d'intéressement des salariés aux résultats de l'entreprise ;

– des arrérages de préretraite ;

– des cotisations et contributions sociales salariales d'origine légale, ou d'origine conventionnelle imposées par la loi.

C - L'intervention de l'AGS

1. La contestation de l'intervention par l'AGS

Alors que dans le redressement et la liquidation judiciaires, la garantie concerne tant les créances antérieures que les créances postérieures au jugement d'ouverture, dans la procédure de sauvegarde, l'AGS n'intervient que pour les créances postérieures au jugement d'ouverture. En outre, le caractère subsidiaire de son intervention dans cette procédure est clairement posé.

Le mandataire judiciaire doit justifier à l'AGS, lors de sa demande, que l'insuffisance de fonds disponibles est caractérisée (C. trav., art. L. 3253-19). L'AGS peut contester cette insuffisance.

En outre, l'AGS a la possibilité, au titre d'un droit propre, de contester le principe et le montant de sa garantie.

La contestation n'est plus possible si une décision fixant les droits du salarié a été rendue opposable à l'AGS par la mise en cause de celle-ci dans le cadre de l'instance ayant conduit à la décision.

Si l'AGS refuse sa garantie, elle doit le faire savoir au mandataire judiciaire ou au liquidateur selon le cas, en lui faisant connaître le motif et la hauteur du refus. Le mandataire judiciaire ou le liquidateur, informé par l'AGS, doit lui-même avertir le salarié concerné, en utilisant la forme recommandée, et le représentant des salariés.

2. La contestation par le salarié de la décision de l'AGS

Le salarié qui entend contester la décision de l'AGS peut alors agir contre elle.

Le salarié saisira le bureau de jugement du conseil des prud'hommes et assignera l'AGS, en mettant en cause le mandataire judiciaire. En sauvegarde, la mise en cause du débiteur est obligatoire. L'administrateur judiciaire ne sera mis en cause que si ce dernier a une mission d'assistance. En redressement judiciaire, la mise en cause de l'administrateur s'impose. En liquidation judiciaire, le salarié mettra en cause le liquidateur.

Le salarié peut se faire assister ou représenter par le représentant des salariés.

3. Les délais de règlement des avances par l'AGS

L'AGS est enfermée dans des délais pour procéder au règlement de ses avances. Ils sont eux-mêmes conditionnés par les délais d'établissement des relevés de créances salariales.

C'est au vu des relevés que l'AGS doit régler les avances.

L'AGS doit régler :

– les créances super privilégiées dans les 5 jours de la réception des relevés de créances salariales ;

– les créances couvertes par les articles L. 622-17 ou L. 641-13 du Code de commerce, dans les 5 jours de la réception des relevés de créances salariales ;

– les autres créances couvertes, notamment les créances salariales autres que les créances super privilégiées qui sont dues à la date du jugement d'ouverture, dans les 8 jours de la réception des relevés de créances salariales.

4. Le plafond des avances de l'AGS

Des plafonds sont établis pour les avances de l'AGS.

Le décret n° 2003-684 du 24 juillet 2003 est venu modifier l'article D. 3253-5 du Code du travail afin de « juguler la dégradation financière de l'AGS ».

Désormais, les salariés ayant moins de 6 mois d'ancienneté ne pourront bénéficier que du plafond 4. Le plafond 13 est supprimé. Il est remplacé par les plafonds 5 ou 6. Le plafond 5 s'appliquera aux salariés embauchés depuis plus de 6 mois et moins de 2 ans. Le plafond 6, enfin, concernera les salariés ayant plus de 2 ans d'ancienneté.

5. Le remboursement des avances faites par l'AGS

Le paiement fait par l'AGS n'intervient pas au titre d'une assurance, mais à celui d'une simple avance.

Pour toutes les sommes avancées dans la procédure de sauvegarde, l'AGS sera subrogée dans les droits des salariés (art. L. 3253-16-1°).

Dans le redressement et la liquidation judiciaires, l'AGS n'est subrogée que pour deux catégories d'avances :

– les créances super privilégiées ;
– les créances salariales couvertes par le traitement préférentiel réservé aux créances postérieures, lorsque le tribunal aura prononcé la liquidation judiciaire (C. trav., art. L. 3253-6).

Pour les autres créances salariales avancées, l'AGS n'est pas subrogée dans les droits des salariés qu'elle a payés et a l'obligation de déclarer les créances dont elle est titulaire à l'encontre de l'employeur débiteur. Des délais particuliers lui sont réservés.

Sous-titre 2
L'actif du débiteur

La détermination de l'actif du débiteur est une question importante, source de contentieux. Derrière cette question, se profile celle de la situation des propriétaires de meubles introduits dans les actifs apparents du débiteur qui pourra les en soustraire (Chapitre 1).

L'actif du débiteur peut se trouver affecté, dans un sens positif, par des actions tendant à le reconstituer : les actions en nullité de la période suspecte et les actions en responsabilité (Chapitre 2).

Chapitre 1
Les soustractions à l'actif : le jeu des revendications et des restitutions

L'essentiel

Le propriétaire se trouve dans une situation enviable par rapport à celle des créanciers.

Par principe, le propriétaire d'un meuble, qui l'a introduit dans les actifs apparents du débiteur, pourra le reprendre. L'apparence de propriété du débiteur sur le bien peut être source de méprise pour les créanciers qui auront pu croire à une solvabilité que le débiteur n'a pas. Cette source d'insécurité a conduit le législateur à réglementer strictement les conditions dans lesquelles le propriétaire du meuble peut le reprendre chez le débiteur, une fois la procédure collective de paiement de ce dernier ouverte.

L'article 115 de la loi du 25 janvier 1985, dans sa rédaction initiale, disposait que « la revendication des meubles ne peut être exercée que dans le délai de 3 mois à partir du prononcé du jugement ouvrant la procédure de redressement judiciaire ». La situation était aussi simple, que draconienne. Elle résultait d'une position jurisprudentielle de la Cour de cassation, qui, faisant une application particulièrement générale des dispositions de l'article 115, avait posé en règle que tout propriétaire d'un meuble corporel, quel que soit la cause ou le titre juridique invoqué, devait le revendiquer dans la procédure du débiteur, dans les 3 mois du jugement d'ouverture, en présentant au juge-commissaire une requête en revendication. À défaut, le droit de propriété de l'intéressé devenait inopposable à la procédure.

Cette jurisprudence avait notamment été appliquée aux contrats de crédit-bail, contrats pourtant publiés, et avait contribué à provoquer des pertes considérables pour les sociétés de crédit-bail. Cela a conduit la loi du 10 juin 1994 à créer une distinction nette entre deux situations : celle du propriétaire de meuble non titulaire d'un contrat publié (Section 1) et celle du propriétaire de meuble titulaire d'un contrat publié (Section 2).

En outre, des règles spéciales gouvernent la situation du vendeur de meubles non payé (Section 3).

Section 1 – Les règles applicables aux propriétaires non titulaires d'un contrat publié : les revendications

La nature juridique de l'action en revendication (§ 1) doit d'abord être posée.

Puis pourront être évoqués *le domaine de l'action en revendication* (§ 2), les *modalités de la demande en revendication* (§ 3) et *la sanction de l'absence de revendication acceptée* (§ 4).

§ 1 – La nature juridique de l'action en revendication

L'action en revendication est une action en reconnaissance du droit de propriété, aux fins d'opposabilité à la procédure collective, c'est-à-dire aux créanciers et à leur représentant. Elle entraîne immédiatement ou à terme restitution du bien.

§ 2 – Le domaine de l'action en revendication

La revendication concerne les propriétaires de biens meubles qui n'ont pas publié leur contrat au greffe du tribunal. La règle concernera indifféremment les titulaires de contrats de dépôts, de prêts à usage, ou de location.

Il y a lieu ici de faire reconnaître le droit de propriété, parce qu'il n'y a eu aucune mesure de publicité du contrat liant le propriétaire au débiteur.

§ 3 – Les modalités de l'action en revendication

I – Le délai de l'action

Contrairement à la demande en restitution, la demande en revendication est obligatoire. Elle est enfermée dans un délai unique posé par l'article L. 624-9 du Code de commerce : trois mois à compter de la publication du jugement d'ouverture au *Bodacc*.

Il importe de préciser que si, dans tous les cas, le propriétaire d'un meuble non titulaire d'un contrat publié le liant au débiteur, doit revendiquer dans le délai de trois mois de la publication au *Bodacc* du jugement d'ouverture pour rendre opposable son droit de propriété, il n'obtiendra en revanche, sans formalité supplémentaire, la restitution de son bien qu'à l'arrivée à terme ou à la résiliation du contrat. C'est ce que précise l'article L. 624-10-1 du Code de commerce.

II – Les deux phases de la demande en revendication

La demande en revendication se décompose en deux phases : d'abord une demande en acquiescement de revendication, puis une requête en revendication.

A – La demande en acquiescement de revendication

Il y a d'abord lieu, et cela obligatoirement, de présenter une demande en acquiescement de revendication à l'organe compétent :

– en liquidation judiciaire, au liquidateur ; si un administrateur a été désigné, il devra donner son accord ;

– en sauvegarde et en redressement judiciaire, à l'administrateur, ou, à défaut au débiteur, ce dernier ne pouvant acquiescer qu'avec l'avis conforme du mandataire judiciaire.

L'organe compétent, saisi par lettre recommandée avec demande d'avis de réception, a un mois pour répondre, à compter de la réception. Les solutions suivantes se présentent :

– soit, dans le délai d'un mois de la demande, le liquidateur ou l'administrateur acquiesce, avec l'accord du débiteur ; en dehors de la liquidation judiciaire, et à défaut d'administrateur, le débiteur peut acquiescer, dans ce même délai, avec l'avis conforme du mandataire judiciaire ; dans les deux situations, le propriétaire peut opposer son droit de propriété à la procédure collective ;

– soit l'organe compétent ne répond pas dans le délai et son silence vaut refus d'acquiescement ;

– soit l'organe compétent répond qu'il n'acquiesce pas.

B – Les suites du défaut d'acquiescement : la requête en revendication

Lorsqu'il n'y a pas d'acquiescement à la demande en revendication, soit explicitement, soit par suite du défaut de réponse dans le délai du mois, le propriétaire doit, à peine de forclusion, saisir le juge-commissaire par requête, dans le mois qui suit le délai d'un mois imparti à l'organe compétent pour acquiescer (c'est-à-dire dans les 2 mois de la demande en acquiescement).

III – Les voies de recours

L'ordonnance que rendra le juge-commissaire pourra être frappée d'un recours devant le tribunal, dans les 10 jours de la notification aux parties, c'est-à-dire au propriétaire et au débiteur exerçant ici un droit propre ou de la communication aux mandataires de justice.

Le jugement rendu par le tribunal pourra être frappé d'un appel ouvert aux parties, dans les 10 jours de la notification du jugement.

§ 4 – La sanction de l'absence de revendication acceptée

Si la demande n'est pas présentée (ou si elle est présentée hors délai), le droit de propriété devient inopposable. Le propriétaire cesse de pouvoir se prétendre propriétaire à l'égard de la procédure collective. Si la procédure est une liquidation, le bien peut être vendu par le liquidateur. Il constitue un des éléments du gage des créanciers de la procédure collective. Le bien peut aussi être intégré aux actifs cédés dans le cadre d'une cession d'entreprise. Si la procédure est une sauvegarde ou un redressement judiciaire, l'inopposabilité du droit de propriété cesse à compter de l'adoption du plan.

Section 2 – Les règles applicables aux propriétaires titulaires d'un contrat publié : les restitutions

Le propriétaire de meuble titulaire d'un contrat publié est dans une situation confortable. Il est *dispensé de revendication* (§ 1). À la place de la revendication, il se contente de présenter une *demande en restitution* (§ 2). L'absence de demande en restitution n'est *pas sanctionnée* (§ 3). Enfin, l'ordonnance qui statue sur la demande en restitution est susceptible de *voies de recours* (§ 4).

§ 1 – La dispense de revendication

Depuis la loi du 10 juin 1994, « le propriétaire d'un bien est dispensé de faire reconnaître son droit de propriété lorsque le contrat portant sur ce bien a fait l'objet d'une publicité » (C. com., art. L. 624-10).

Certains contrats, tels le crédit-bail, sont obligatoirement publiés, à peine d'inopposabilité aux tiers, spécialement aux créanciers du locataire. Leur absence de publication n'autorise pas le propriétaire à présenter une demande en revendication. Son droit de propriété sera inopposable à la procédure.

Si le contrat n'est pas au rang de ceux devant faire l'objet d'une publication obligatoire, le propriétaire peut le publier au greffe du tribunal, dans les conditions de la publication d'un crédit-bail. Cette publication facultative du contrat dispensera l'intéressé de l'obligation de revendiquer.

§ 2 - La demande en restitution

Les propriétaires de contrats publiés peuvent formuler une simple demande en restitution.

La demande en restitution est facultative et n'est enfermée dans aucun délai. Cette demande n'a d'objet que si le contrat est résilié ou arrivé à terme. Toutefois, pour simplifier la tâche du propriétaire, l'article L. 624-10-1 du Code de commerce rend possible la présentation de la demande en restitution même si le contrat fondant la détention du débiteur est toujours en cours. En ce cas, lorsque le droit à restitution a été reconnu, la restitution effective interviendra au jour de la résiliation du contrat ou du terme de celui-ci.

Sur le plan procédural, le propriétaire va s'adresser à l'organe compétent pour lui demander s'il acquiesce ou non à sa demande en restitution :

- en sauvegarde et en redressement judiciaire, l'administrateur et, à défaut, le débiteur avec l'avis conforme du mandataire judiciaire ;
- en liquidation judiciaire, le liquidateur.

Les solutions suivantes peuvent alors se présenter :

- si l'organe – administrateur ou liquidateur – compétent acquiesce à la demande, avec l'accord du débiteur, le propriétaire voit son droit de restitution reconnu. Il en sera de même si, en redressement judiciaire ou en sauvegarde, à défaut d'administrateur, le débiteur acquiesce avec l'avis conforme du mandataire judiciaire ;
- si l'organe compétent n'acquiesce pas à la demande, le propriétaire saisira le juge-commissaire d'une requête en restitution. Le juge-commissaire peut également être saisi par le mandataire compétent. Aucun délai n'est imparti au propriétaire pour saisir le juge-commissaire.

Indiquons que, selon la Cour de cassation, le préalable de la demande en acquiescement ne s'impose pas ici, pour saisir le juge-commissaire.

§ 3 - L'absence de demande en restitution

À défaut de demande en acquiescement présentée au mandataire de justice, il appartient à ce mandataire, et seulement dans la procédure de liquidation judiciaire, d'informer le propriétaire de ce qu'il envisage de vendre son bien. Ce n'est, semble-t-il, que si le propriétaire reste inactif dans le mois de cette mise en demeure faite par le mandataire, que ce dernier pourra se faire autoriser par le juge-commissaire à vendre le bien.

Le produit de la vente ne sera pas un actif du débiteur ; il devra être consigné à la Caisse des dépôts et consignations, pour être tenu à la disposition du propriétaire.

§ 4 – Les voies de recours

Les voies de recours sur l'ordonnance du juge-commissaire, ainsi que sur le jugement statuant sur le recours, sont identiques à celles exposées pour l'action en revendication (v. p. 187).

Section 3 – Les règles spéciales applicables aux vendeurs de meubles

Il convient de distinguer soigneusement la situation générale du vendeur de meubles non payé (§ 1), et la situation particulière du vendeur sous clause de réserve de propriété (§ 2).

§ 1 – La situation générale du vendeur de meuble non payé

L'article L. 624-11 du Code de commerce énonce que « le privilège et le droit de revendication établi par le 4° de l'article 2332 du Code civil au profit du vendeur de meubles ainsi que l'action résolutoire ne peuvent être exercés que dans la limite des dispositions des articles L. 624-12 à L. 624-18 du présent Code ».

Il résulte de ce texte que, par principe, le vendeur de meuble non payé ne peut reprendre possession des biens livrés, la vente étant translative de propriété, dès l'accord sur la chose et sur le prix, encore que le prix n'ait pas été payé (C. civ., art. 1583). Il ne peut que déclarer sa créance chirographaire au passif.

Reste possible la revendication des *meubles objets d'une vente résolue avant le jugement d'ouverture* ainsi que celle *des marchandises en cours d'expédition*.

I – La vente résolue avant le jugement d'ouverture

L'article L. 624-12, alinéa 1 du Code de commerce autorise la revendication des marchandises dont la vente a été résolue avant jugement d'ouverture. Il s'agit là d'une véritable revendication, car la demande du revendiquant porte sur le droit de propriété, qui lui a fait retour, du fait de la rétroactivité de la résolution.

La résolution pourra résulter du jeu d'une clause résolutoire acquise avant jugement d'ouverture, ou d'une action en résolution de la vente, ayant fait l'objet d'une décision de justice avant jugement d'ouverture. Cette décision devra être passée en force de chose jugée, à la date du jugement d'ouverture. Le motif de la résolution est ici sans incidence.

L'article L. 624-12, alinéa 2 autorise également la revendication des marchandises dont la vente a été résolue après jugement d'ouverture, dès lors que l'action en résolution a été intentée avant jugement d'ouverture par le vendeur pour une cause autre que le défaut de paiement du prix.

Dans les deux cas, la revendication ne sera possible que si les marchandises existent en nature au jour du jugement d'ouverture.

II – Les marchandises en cours d'expédition

L'article L. 624-13 du Code de commerce autorise la revendication des marchandises expédiées au débiteur, tant que la tradition n'en a point été effectuée dans ses magasins ou dans ceux du commissionnaire chargé de les vendre pour son compte. Les marchandises doivent avoir quitté les magasins du vendeur. À défaut, l'article L. 624-13 est sans application.

Les marchandises doivent être *in transitu,* c'est-à-dire en cours de transport.

Il ne s'agit pas ici d'une véritable revendication, car la propriété a été transférée, dès l'accord de volonté sur la chose et sur le prix (C. civ., art. 1583) à l'acheteur. Il s'agit plus exactement d'une action portant sur la possession de la chose.

La revendication ne sera cependant possible que si les marchandises n'ont pas été revendues, *in transitu.*

§ 2 – La situation particulière du vendeur sous clause de réserve de propriété

La clause de réserve de propriété n'a été admise qu'au prix de *sa consécration législative. La nature juridique de la clause de réserve de propriété* a été discutée.

Cette clause a une efficacité réglementée. Rapidement devenue une clause de style, elle a pour effet de rendre particulièrement difficile le sauvetage des entreprises. C'est pourquoi des *conditions d'efficacité de la clause de réserve de propriété* ont été posées.

Il faut enfin préciser la situation en cas de *revente du bien.*

I – La consécration législative de l'efficacité de la clause de réserve de propriété

La situation d'inconfort pour le vendeur du transfert de propriété dans la vente par le seul effet de l'échange des consentements (C. civ., art. 1583) a conduit les praticiens à l'insertion d'une clause dite de réserve de propriété, dans le contrat de vente. Le transfert de propriété *solo consensu* n'est en effet que supplétif de volonté et peut donc être écarté.

Il a cependant fallu attendre la loi du 12 mai 1980 pour assurer l'efficacité de la clause de réserve de propriété, en cas de procédure collective de l'acheteur. La solution a été reconduite avec la loi du 25 janvier 1985. Le Code civil, à l'occasion de la réforme du droit des sûretés opérée par l'ordonnance du 23 mars 2006, contient désormais, aux articles 2367 à 2372, un corps de règles régissant la clause de réserve de propriété. Le siège de la matière se trouve ainsi aujourd'hui, d'une part, dans le Code civil, et d'autre part, à l'article L. 624-16 du Code de commerce.

II – La nature juridique de la clause de réserve de propriété

La clause de réserve de propriété s'analyse, le plus communément, comme une clause suspensive du transfert de propriété. Elle ne suspend pas la naissance du contrat de vente, mais seulement son transfert de propriété jusqu'à complet paiement du prix. Tant que le prix n'a pas été complètement payé, le vendeur reste donc propriétaire du bien vendu.

Pour sa part, la propriété réservée est une véritable sûreté. Simple accessoire, elle suit entre les mains de son titulaire la créance de prix. Pour autant, la créance garantie ne peut être admise à titre privilégié, faute de droit de préférence conféré à son titulaire.

III – Les conditions d'efficacité de la clause de réserve de propriété

A – Les conditions d'efficacité de la clause de réserve de propriété relatives à la clause

1. L'exigence d'un écrit

Pour être efficace, c'est-à-dire opposable à la procédure collective, la clause de réserve de propriété doit être contenue dans un écrit.

Il ne s'agit pas d'une règle de preuve, mais d'une condition sinon de validité, du moins d'opposabilité de la clause.

Cet écrit doit être établi, au plus tard, au moment de la livraison.

La clause pourra figurer sur toutes sortes d'écrits : conditions générales de vente, bon de commande, ou de livraison.

2. L'exigence d'une acceptation de la clause au plus tard au moment de la livraison

La clause doit avoir été acceptée par l'acheteur, au plus tard au moment de la livraison. L'acceptation peut être expresse ou tacite. En ce dernier cas, des difficultés probatoires surgiront.

C'est pourquoi, l'écrit le plus efficace sera incontestablement le bon de commande qui émane de l'acheteur. Le bon de commande est nécessairement antérieur à la livraison. De plus, il constitue un écrit accepté par l'acheteur.

L'acceptation peut intervenir à l'occasion de chaque vente. Mais la législation valide la pratique consistant à convenir de la clause dans un écrit régissant un ensemble d'opérations, appelé « accord général ». Cet accord précise que toutes les ventes devant intervenir entre les parties seront assorties d'une clause de réserve de propriété.

La jurisprudence admet enfin l'acceptation tacite de la clause, lorsque le contrat de vente est exécuté sans protestation, dès lors que la clause figure en caractères apparents.

B – Les conditions d'efficacité de la clause de réserve de propriété relatives au bien

1. L'identification

a. Les choses de genre

La chose de genre est celle qui est spécialement identifiée par ses spécificités.

La chose de genre ne pourra être revendiquée que si le créancier prouve que le bien qu'il revendique est bien celui qu'il a livré.

Cette exigence d'identification est logique. La revendication s'inscrit dans le droit des biens. C'est la mise en œuvre du droit de propriété. Il est donc indispensable que celui qui se prétend propriétaire prouve cette propriété.

b. Les choses fongibles

Les choses fongibles sont celles qui se comptent, se mesurent, ou se pèsent. Fondamentalement, elles sont interchangeables.

La revendication de biens fongibles est possible dès lors que, selon le Code de commerce, « se trouvent entre les mains de l'acheteur des biens de même espèce et de même qualité ».

Le revendiquant n'a pas à prouver que les biens revendiqués sont ceux qu'il a livrés. Il suffit qu'il établisse que des biens identiques sont présents dans les actifs apparents du débiteur. Il ne pourra repousser la revendication d'un autre, au motif qu'il prouverait qu'il est bien l'auteur des livraisons des biens revendiqués. La règle posée par l'article L. 624-16, alinéa 3 n'est pas de preuve, mais de fond. Le revendiquant apparaît donc plus comme un créancier autorisé à se payer par équivalent, que comme un véritable propriétaire, devant établir la consistance exacte d'un droit réel.

2. L'existence en nature

a. L'absence de transformation

Le revendiquant doit prouver que le bien qu'il revendique n'a pas subi au jour du jugement d'ouverture une transformation telle qu'il ait changé de nature. Les transformations minimes restent donc sans incidence.

b. L'incorporation

L'incorporation du bien meuble à un autre bien meuble ou immeuble n'empêchera pas la revendication sous les deux conditions cumulatives suivantes (C. com., art. L. 624-16, al. 3) :

– il est possible de récupérer le bien sans détérioration de celui-ci ;
– la récupération ne détériorera pas le bien dans lequel il a été incorporé.

IV – La revente du bien

La revente du bien non encore payé interdit au vendeur sous clause de réserve de propriété sa revendication entre les mains du sous-acquéreur, dès lors que ce dernier est de bonne foi, c'est-à-dire qu'il ignorait, au jour de son achat, l'absence de qualité de propriétaire de son vendeur (C. civ., art. 2276), la bonne foi étant présumée.

La revendication du prix sera cependant possible, dans les conditions classiques de l'action en revendication (v. p. 185), mais à condition que le prix de revente n'ait pas été perçu par le débiteur, acheteur intermédiaire (C. com., art. L. 624-18).

Si une fraction du prix a été payée, la fraction non payée peut faire l'objet d'une revendication de la part du vendeur sous clause de réserve de propriété.

Chapitre 2
La reconstitution du patrimoine du débiteur

L'essentiel

Le défenseur de l'intérêt collectif des créanciers, mandataire ou liquidateur, va tenter d'augmenter la masse des actifs distribuables, grâce à diverses actions qui sont à sa disposition, parfois de manière concurrente avec d'autres acteurs. Trois types d'actions méritent d'être examinés : les actions en nullités de la période suspecte (Section 1), l'action en responsabilité des tiers (Section 2), l'action en responsabilité pour insuffisance d'actif (Section 3).

Section 1 – Les nullités de la période suspecte

Dans toutes les législations du droit des entreprises en difficulté, la période qui précède le jugement d'ouverture de la procédure mérite attention. Le débiteur, aux abois, peut être tenté par quelques expédients. Cette période est appelée « période suspecte ».

La notion de période suspecte mérite d'abord d'être précisée (§ 1).

Les modalités procédurales des actions en nullité de la période suspecte doivent ensuite être indiquées (§ 2).

Le législateur a distingué deux séries de nullités de la période suspecte : *les nullités de droit de la période suspecte* (§ 3) *et les nullités facultatives de la période suspecte* (§ 4).

Enfin, il faudra s'intéresser aux *effets des nullités de la période suspecte* (§ 5).

§ 1 – La notion de période suspecte

Par principe, le jugement d'ouverture du redressement ou de la liquidation judiciaire fixe la date de la cessation des paiements au jour de son intervention. Mais le tribunal peut décider que la date de cessation des paiements sera antérieure. De même, par un jugement ultérieur, le tribunal peut décider de remonter la date de cessation des paiements. La période entre la date de cessation des paiements remontée et la date du jugement d'ouverture s'appelle la période suspecte.

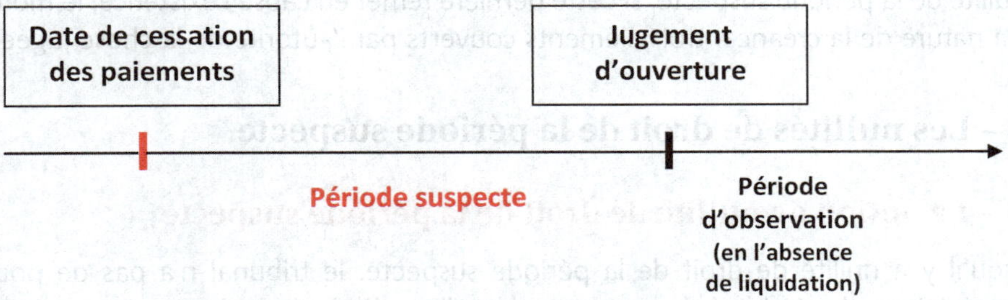

Observons que la sauvegarde étant ouverte sans cessation des paiements, ne connaît pas le jeu des nullités de la période suspecte. Toutefois, en cas de conversion en redressement ou en liquidation judiciaire, à la suite du constat de la préexistence à l'ouverture de la sauvegarde de l'état de cessation des paiements, une période suspecte existera, pouvant entraîner le jeu des nullités de la période suspecte.

Le tribunal peut décider de remonter jusqu'à 18 mois la date de cessation des paiements par rapport au jugement d'ouverture. Ceci est une source importante d'insécurité juridique.

On qualifie cette période de « suspecte » parce que, par hypothèse, le débiteur en état de cessation de paiement a réussi à éviter l'ouverture d'une procédure collective. On soupçonne certaines personnes d'avoir aidé le débiteur à ne pas déposer le bilan, notamment les banquiers qui en auront profité pour sécuriser les anciens concours accordés. Cela contribue à altérer l'équilibre entre les créanciers et peut conduire à priver l'entreprise d'une trésorerie qui pourrait être décisive pour son sauvetage ; c'est pourquoi le législateur autorise la remise en cause de ces actes. En outre, il faut éviter une atteinte à l'égalité des créanciers, ce qui explique le jeu des nullités de la période suspecte en liquidation judiciaire.

§ 2 - Les modalités procédurales des actions en nullité de la période suspecte

I - Une action attitrée aux organes de la procédure

Les actions en nullité de la période suspecte sont attitrées. Seuls peuvent agir, d'après l'article L. 632-4 du Code de commerce, l'administrateur judiciaire, le mandataire judiciaire, le liquidateur, le commissaire à l'exécution du plan ou le ministère public.

II - Une action de la compétence du tribunal de la faillite

L'action ne saurait exister sans l'ouverture de la procédure collective. Il faut donc décider que cette action est de la compétence exclusive du tribunal d'ouverture de la faillite.

III - Une action non enfermée dans un délai

L'action en nullité de la période suspecte n'est enfermée dans aucun délai. Elle est recevable jusqu'à la clôture de la procédure. L'admission de la créance pourra cependant constituer une date butoir à l'exercice de l'action. L'autorité de la chose jugée attachée à la décision d'admission de la créance par le juge-commissaire fait obstacle au jeu de la nullité de la période suspecte, si cette dernière remet en cause l'existence, le montant ou la nature de la créance, trois éléments couverts par l'autorité de la chose jugée.

§ 3 - Les nullités de droit de la période suspecte

I - La notion de nullité de droit de la période suspecte

Lorsqu'il y a nullité de droit de la période suspecte, le tribunal n'a pas de pouvoir d'appréciation. Il est obligé de prononcer la nullité, dès lors que l'acte visé par le texte de l'article L. 632-1-I du Code de commerce a été passé pendant la période suspecte. Il y a une présomption irréfragable de fraude. La preuve contraire n'est pas admise.

II – Les actes nuls de plein droit

Il s'agit :

1) (C. com., art. L. 632-1-I, 1°) : des actes à titre gratuit translatifs de propriété : donations ou constitutions de dot. L'article L. 632-1-II indique que ces actes peuvent être annulés même au-delà de la date de cessation de paiements remontée, dès lors que l'acte est intervenu dans les 6 mois qui précédent la date de cessation des paiements. La nullité est alors facultative.

2) (C. com., art. L. 632-1-I, 2°) : des contrats commutatifs déséquilibrés. Il s'agit de contrats synallagmatiques dans lesquels on constate que les obligations de l'un excédent notablement celles de l'autre.

L'acte est déséquilibré au préjudice du débiteur.

Il n'y a pas besoin que les conditions de la lésion du Code civil soient réunies.

3) (C. com., art. L. 632-1-I, 3°) : des paiements de dettes non échues. Le débiteur a effectué des paiements de dettes non échues pendant la période suspecte. Or, le débiteur est en état de cessation de paiement. Il y a une rupture manifeste de l'égalité entre les créanciers, puisque, alors que le débiteur n'arrive pas à faire face à son passif exigible, il paie des créanciers dont la créance n'est pas échue.

4) (C. com., art. L. 632-1-I, 4°) : des paiements de dettes échues par mode anormal. On reproche au créancier d'avoir été payé par un mode de paiement non communément admis dans les relations d'affaires.

• L'article L. 632-1-I, 4° indique les modes de paiement normaux :
– espèces ;
– effets de commerce ;
– virements ;
– bordereaux de cession de créances professionnelles (dits « Dailly ») ;
– on peut y ajouter chèques, cartes de crédit.

• En revanche, tout autre mode extinctif de l'obligation sera considéré comme anormal.

Exemples de modes de règlement anormaux :

– la novation : il y a remplacement d'une ancienne obligation par une autre ;

– la dation en paiement : c'est le remplacement de l'objet du paiement par un autre objet. Au lieu de verser une somme d'argent, le débiteur remet un bien ;

– la délégation de créances : c'est l'opération par laquelle le *délégant* donne l'ordre à une autre personne le *délégué*, de payer une troisième personne appelée *délégataire*. Le délégué paye parce qu'il est débiteur du délégant. L'opération est anormale parce que cette technique privilégie un créancier (le délégataire) ;

– la cession de créances. La créance du cédant (objet d'une procédure collective) sur le cédé est transmise au cessionnaire. Ainsi le cédé doit payer le cessionnaire alors qu'à défaut de cession de la créance, il y aurait eu place à un paiement par le cédé au cédant. La somme serait rentrée dans le patrimoine du cédant (objet d'une procédure collective) et aurait dû profiter à tous ses créanciers. Par exception, le législateur a considéré la cession par bordereau Dailly comme un mode normal de règlement.

Il importe de préciser que la nullité est évitée si le mode de paiement, intrinsèquement anormal, est considéré comme usuel dans le secteur d'activité du débiteur.

5) (C. com., art. L. 632-1-I, 5°) : des dépôts et consignations de sommes, sauf s'ils résultent de l'exécution d'une décision de justice passée en force de chose jugée.

6) (C. com., art. L. 632-1-I, 6°) : des sûretés réelles constituées en garanties de créances antérieures. Par hypothèse, le débiteur n'a pas consenti à son créancier, au moment de la naissance de la dette, une sûreté suffisante. Le créancier, voyant sombrer son débiteur, va obtenir « après coup » une sûreté de la part du débiteur. Il y a là rupture d'égalité.

La sûreté réelle sera frappée d'inefficacité, et le titulaire de la créance sera déclassé en créancier chirographaire. Les sûretés judiciaires tombent identiquement sous le coup des nullités de la période suspecte.

Pour qu'il y ait nullité, il faut que la créance soit née avant la prise de sûreté. On compare la date de naissance de la créance et la date d'octroi de la sûreté, c'est-à-dire la date de l'acte constitutif de la sûreté (ex. : l'acte notarié de prise d'hypothèque), non la date de publicité de la sûreté.

7) (C. com., art. L. 632-1-I, 7°) : de « toute mesure conservatoire, à moins que l'inscription ou l'acte de saisie ne soit antérieur à la date de cessation de paiement ». La solution est logique dès lors qu'on observe que la mesure conservatoire a pour objet de préparer l'exécution future, lorsque la créance est en péril.

8) (C. com., art. L. 632-1-I, 8°) : de « toute autorisation et revente d'options définies à l'article L. 225-177 et suivants du présent Code ». Ce cas a été ajouté par la loi du 26 juillet 2005 afin d'éviter que les dirigeants ne procèdent à des opérations sur leurs stock-options pendant la période suspecte. Il semble permettre d'atteindre toutes les opérations susceptibles d'être faites sur ces options.

9) (C. com., art. L. 632-1-I, 9°) : de « tout transfert de biens ou de droits dans un patrimoine fiduciaire, à moins que ce transfert ne soit intervenu à titre de garantie d'une dette concomitamment contractée ». Si le principe reste celui de la nullité de droit de la période suspecte de tout transfert de biens ou de droits dans un patrimoine fiduciaire en application des articles 2011 et suivants du Code civil effectué pendant la période suspecte, l'article L. 632-I-9° du Code de commerce valide les fiducies-sûreté, dès lors que le transfert de propriété qu'elles consacrent est intervenu en garantie d'une dette concomitamment contractée. Ainsi, ne sera *a contrario* frappée de nullité, que la fiducie-sûreté constituée en garantie d'une créance antérieure. Le régime de la fiducie-sûreté, au regard des nullités de la période suspecte, se trouve aligné sur celui des autres sûretés réelles. Comme ces dernières, il n'y aura place à nullité de droit que si le transfert de propriété en raison de la fiducie-sûreté est intervenu en garantie d'une créance antérieure.

10) (C. com., art. L. 632-1-I, 10°) : de « tout avenant à un contrat de fiducie affectant des droits ou biens déjà transférés dans un patrimoine fiduciaire à la garantie de dettes contractées antérieurement à cet avenant ». Plusieurs conditions sont nécessaires au jeu de ce cas de nullité. Il faut d'abord un contrat de fiducie, par lequel des biens ou droits ont été transférés dans un patrimoine fiduciaire à titre de garantie d'une ou de plusieurs créances. Il faut ensuite un avenant conclu en période suspecte, portant sur ce contrat de fiducie, dont l'objet est d'emporter affectation des biens transmis dans le patrimoine fiduciaire à la garantie de créances initialement non garanties par le contrat de fiducie et contractées antérieurement à l'avenant. Il est donc question de sanctionner, par la nullité de l'avenant, la garantie donnée après contraction de la dette, à l'instar de la solution classiquement posée, qui sanctionne les sûretés constituées en garantie d'une créance antérieure.

11) (C. com., art. L. 632-1-I, 11°) : lorsque le débiteur est un entrepreneur individuel à responsabilité limitée (EIRL), de toute affectation ou modification dans l'affectation d'un bien, dont il est résulté un appauvrissement du patrimoine de l'EIRL au bénéfice d'un autre patrimoine de cet entrepreneur.

12) (C. com., art. L. 632-1-I, 12°) : de la déclaration notariée d'insaisissabilité.

§ 4 – Les nullités facultatives de la période suspecte

I – Les contours généraux

Comme il n'y a ici, contrairement aux nullités de droit de la période suspecte, apparemment rien d'anormal, le législateur exige du créancier qu'il ait eu connaissance de l'état de cessation des paiements du débiteur lorsqu'il a accompli l'acte.

Le préjudice causé au débiteur est en revanche indifférent.

Les juridictions ont ici une grande liberté d'appréciation. C'est pourquoi, la nullité est simplement facultative. Le tribunal la prononcera s'il estime opportun d'annuler l'acte intervenu, faisant usage de son pouvoir souverain d'appréciation. En pratique, la jurisprudence ne prononce cette nullité que si l'acte avantage ostensiblement un créancier, ou si l'acte est préjudiciable au débiteur (ce qui revient pratiquement au même).

II – Les cas de nullité

Il y a place à nullité facultative de la période suspecte, lorsque l'on ne se trouve pas dans les cas de nullité de droit.

Peuvent être frappés de nullité facultative, les paiements de dettes échues effectués par mode normal depuis la date de cessation des paiements.

Il en est de même des actes à titre onéreux ; la formule est suffisamment large pour frapper de nullité la plupart des actes accomplis pendant la période suspecte, dès lors qu'ils sont volontaires, le créancier devant avoir traité avec le débiteur.

Tout avis à tiers détenteur, toute saisie-attribution ou toute opposition peut également être annulé lorsqu'il a été délivré ou pratiqué par un créancier à compter de la date de cessation des paiements et en connaissance de celle-ci. Ce cas a été introduit par la loi de sauvegarde essentiellement pour lutter contre les avis à tiers détenteur délivrés par le Trésor public, « source d'assèchement » de la trésorerie des entreprises en procédure collective.

Le II de l'article L. 632-1 du Code de commerce ajoute que le tribunal peut en outre annuler deux types d'actes. Il s'agit d'abord, classiquement, des actes à titre gratuit translatifs de propriété. Il s'agit ensuite de la déclaration notariée d'insaisissabilité. Ces deux types d'actes, nuls de droit, s'ils sont accomplis en période suspecte, sont seulement soumis à une nullité facultative s'ils sont accomplis dans les six mois précédant la date de cessation des paiements.

§ 5 – Les effets des nullités de la période suspecte

La nullité remet les parties en l'état antérieur à l'acte annulé. Les actes annulés sont réputés inexistants. Il convient de mesurer l'impact de la nullité selon l'acte qui en est frappé :

I – La nullité des paiements

Si la nullité atteint un paiement, l'*accipiens* (celui qui a reçu le paiement) devra restituer la somme reçue. Il se retrouvera créancier antérieur, la nullité jouant rétroactivement, et devra déclarer sa créance dans les conditions classiques, le cas échéant, après avoir obtenu un relevé de forclusion.

II – La nullité des sûretés

Si la nullité atteint une sûreté, le créancier deviendra chirographaire.

III – La nullité des mesures conservatoires

Si la nullité atteint une mesure conservatoire, il y a place à caducité de la mesure.

Cependant, la nullité d'une saisie conservatoire ne retentira pas sur l'efficacité d'une saisie-attribution convertie au jour du jugement d'ouverture. Il sera toutefois possible d'annuler à titre facultatif la saisie-attribution.

IV – La nullité des conventions

La nullité d'une convention conduit à une remise en l'état antérieur des parties. Cependant, si le débiteur est confronté à devoir restituer une somme d'argent, la règle de l'arrêt des poursuites individuelles et celle de l'interdiction des paiements y font obstacle. Le cocontractant du débiteur qui aura restitué le bien sera simple créancier chirographaire de la restitution du prix, et devra déclarer sa créance au passif.

V – La nullité des déclarations notariées d'insaisissabilité

La nullité d'une déclaration notariée d'insaisissabilité a pour effet de faire rentrer l'immeuble dans le périmètre de la procédure collective, dans son effet réel. Le liquidateur pourra en conséquence le réaliser pour le compte de la collectivité des créanciers, en tant qu'élément du gage commun.

Section 2 – La responsabilité des tiers

Il n'est pas rare que des actions en responsabilité soient initiées contre les tiers après ouverture d'une procédure collective. De délicates questions se posent alors : quelles en sont *les modalités procédurales* (§ 1) ? Quelles sont *les fautes retenues* (§ 2) ? Quel est *le sort du produit des actions* (§ 3) ?

§ 1 – Les modalités procédurales

Les actions tendant à la défense de l'intérêt collectif des créanciers antérieurs sont attitrées, au profit du mandataire judiciaire, lequel a le monopole de défense de l'intérêt collectif des créanciers (C. com., art. L. 622-20). Cette mission est dévolue, en liquidation judiciaire, au liquidateur. Il s'ensuit une privation corrélative de ce droit au préjudice des créanciers antérieurs. L'inaction du mandataire judiciaire peut entraîner un changement de solution, puisque, en ce cas, les contrôleurs, dans certaines conditions (v. p. 148) pourront agir subsidiairement.

Le mandataire judiciaire n'agit en outre que pour assurer la défense de l'intérêt collectif des créanciers. Il ne peut agir pour assurer la défense de l'intérêt individuel d'un créancier ou d'un groupe de créanciers. En ce cas, seul le créancier agira *ut singuli*.

Le préjudice personnel est distinct de celui des autres créanciers. Il n'est pas inhérent à la procédure collective. Il faut donc qu'il ait pu naître indépendamment de toute procédure collective, ce qui est rare en pratique.

§ 2 – Les fautes retenues

Le plus souvent, les tiers recherchés en responsabilité seront *les établissements de crédit*, pour octroi ou soutien abusif de crédit, ou inversement pour rupture abusive. D'*autres tiers responsables* peuvent aussi être sanctionnés.

I – Les établissements de crédit

A – La condamnation pour soutien abusif avant la loi de sauvegarde des entreprises

La condamnation de l'établissement de crédit intervenait classiquement pour soutien abusif dans deux séries d'hypothèses.

• Dans la première, il était démontré contre le banquier sa connaissance de la situation irrémédiablement compromise de l'entreprise ou sa possibilité de la connaître et la création d'une apparence trompeuse de solvabilité du fait des concours consentis.

• Dans une seconde hypothèse, le banquier a accordé des concours importants dont le coût excessif rend inéluctable l'effondrement de son client en l'absence de toute perspective sérieuse de développement ou de redressement, ce qui suppose que les concours accordés soient disproportionnés par rapport aux perspectives de rentabilité de l'entreprise.

B – La condamnation pour soutien abusif depuis la loi de sauvegarde des entreprises

La loi de sauvegarde des entreprises a entendu limiter les risques de condamnation pour soutien abusif, afin que les partenaires contractuels du débiteur n'aient pas peur de lui accorder des concours en situation de difficulté. C'est l'objectif de l'article L. 650-1 du Code de commerce, disposition emblématique de la loi de sauvegarde des entreprises.

Selon l'alinéa 1 de cette disposition, « Les créanciers ne peuvent être tenus pour responsables des préjudices subis du fait des concours consentis, sauf les cas de fraude, d'immixtion caractérisée dans la gestion du débiteur ou si les garanties prises en contrepartie de ces concours sont disproportionnées à ceux-ci ».

Cette disposition pose un principe d'irresponsabilité des créanciers, terme générique qui déborde largement celui d'« établissement de crédit » pour englober également les fournisseurs, et apporte à ce principe trois exceptions.

Il en est d'abord ainsi en cas de fraude du créancier.

Il y a également place à condamnation lorsque l'intéressé se sera immiscé de manière caractérisée dans la gestion du débiteur, expression qui évoque indiscutablement la direction de fait, sans se résumer cependant à cette notion.

Enfin, la condamnation du créancier, et spécialement de l'établissement de crédit, pourra intervenir lorsqu'il aura obtenu des garanties disproportionnées par rapport au concours fautif consenti. Toutes les garanties sont visées, réelles ou personnelles, dès lors que, en ce dernier cas, elles ne soient pas accessoires, l'expression dépassant celle de sûretés. Aucun *quantum* n'est précisé quant à la disproportion, ce qui est une importante source d'insécurité.

L'article L. 650-1 du Code de commerce énonce trois causes de déchéance du principe d'irresponsabilité, qui, à elles seules, ne sont pas des fautes susceptibles d'engager la responsabilité de leur auteur. Elles sont des conditions préalables, nécessaires à la mise en cause de la responsabilité du dispensateur de concours, mais non suffisantes. Il faut donc en outre, un concours fautif, c'est-à-dire, comme autrefois (v. A), un concours accordé à une entreprise en situation irrémédiablement compromise ou un crédit ruineux, qui sera la faute, laquelle devra être unie par un lien de causalité avec le préjudice.

Nous sommes ici en présence d'un mécanisme de responsabilité civile, engageant la responsabilité du créancier fautif envers la collectivité des créanciers, mais aussi envers des garants du débiteur, et spécialement des cautions. La condamnation du créancier ne pourra *a priori* porter que sur l'augmentation de l'insuffisance d'actif qu'il aura occasionnée, par sa faute.

L'article L. 650-1, alinéa 2 du Code de commerce ajoute une sanction complémentaire. Lorsque la responsabilité du créancier sera retenue, les garanties prises en contrepartie des concours fautifs peuvent être annulées. Il y a là une nullité facultative, qui interviendra sur l'appréciation du juge, lequel tiendra sans doute compte, d'une part, de la gravité de la faute, et, d'autre part, de l'importance du préjudice occasionné par cette faute. Le juge peut, à la place de la nullité, décider de procéder à un cantonnement des sûretés, sans que le texte ne précise si ce cantonnement sera ou non proportionnel au montant des concours consentis.

C – La condamnation pour rupture abusive

La condamnation de l'établissement de crédit interviendra pour rupture abusive s'il ne respecte pas les dispositions de l'article L. 313-12 du Code monétaire et financier, pour se dégager d'un concours accordé.

– Selon, l'alinéa 1 de cette disposition, l'établissement de crédit doit, par principe, respecter un délai de préavis de 60 jours pour rompre ses concours à durée indéterminée.

– Selon l'alinéa 2, la rupture peut intervenir sans préavis si la situation de l'entreprise bénéficiaire du concours à durée déterminée ou indéterminée est irrémédiablement compromise ou si le client de l'établissement de crédit a eu un comportement gravement répréhensible.

Si l'établissement de crédit respecte les dispositions de l'article L. 313-12 du Code monétaire et financier, il ne peut être inquiété. S'il ne les respecte pas, il se rend responsable d'une rupture abusive de crédit.

Il réparera les conséquences induites par sa faute.

II – Les autres tiers

D'autres tiers sont aussi susceptibles d'engager leur responsabilité :

– Il en est spécialement ainsi des fournisseurs, qui, en continuant à fournir le débiteur, lui permettent de continuer une activité déficitaire. L'appréciation de la viabilité de l'entreprise débitrice sera un élément déterminant. Mais seule la caractérisation de la connaissance par le fournisseur de la situation irrémédiablement compromise du débiteur autorisera sa condamnation.

– Il peut en être de même du concédant soutenant abusivement le concessionnaire.

§ 3 – Le sort du produit des actions

Les sommes recouvrées au titre des actions en responsabilité sont affectées à l'entreprise et seront ensuite distribuées aux créanciers, selon les modalités applicables à la solution de la procédure que retiendra le tribunal.

Si l'action est engagée par un garant, elle lui profitera seul et conduira généralement à une décharge totale ou partielle.

Section 3 – L'action en responsabilité pour insuffisance d'actif

L'action en responsabilité pour insuffisance d'actif est une action en responsabilité civile pécuniaire contre les dirigeants de la personne morale débitrice, mais s'applique également à l'EIRL. Cette action en responsabilité pécuniaire a pour finalité la protection des créanciers.

Il convient d'abord d'examiner le domaine de l'action en responsabilité pour insuffisance d'actif (§ 1), puis ses modalités procédurales (§ 2). Dès lors que des conditions de fond (§ 3) sont réunies, le prononcé de la condamnation à combler le passif (§ 4) peut intervenir. L'inexécution de la condamnation (§ 5) est elle-même assortie de sanctions.

§ 1 – Le domaine de l'action en responsabilité pour insuffisance d'actif

L'action en responsabilité pour insuffisance d'actif peut être exercée à l'encontre du *dirigeant de droit* ainsi qu'à l'encontre du *dirigeant de fait*. Cette action a été *adaptée à l'EIRL*.

I – Application au dirigeant de droit

A – Application à tout dirigeant de droit

Selon l'article L. 651-1 du Code de commerce, les responsabilités et sanctions pécuniaires sont applicables aux dirigeants, personnes physiques ou morales, des personnes morales de droit privé, peu important qu'elles aient une activité économique.

L'article L. 651-1 du Code de commerce vise les dirigeants d'une personne morale de droit privé ainsi que les personnes physiques représentants permanents de ces dirigeants personnes morales. Sont des dirigeants de droit, les organes statutaires de direction. Les membres du conseil de surveillance ne sont pas concernés.

Le dirigeant pourra être une personne morale de droit public, par exemple une commune, et même l'État.

B – Application au dirigeant rémunéré ou non

Ces textes s'appliquent que les dirigeants soient ou non rémunérés.

C – Application au dirigeant retiré

Le dirigeant peut être condamné, même s'il n'est plus en fonction au jour du jugement d'ouverture, dès lors que l'ouverture de la procédure est la conséquence d'une situation créée lorsqu'il était en fonction.

D – Application au dirigeant personne morale

Lorsque le dirigeant est une personne morale, les mesures ont vocation à s'appliquer. Mais il faut encore tenir compte de la particularité de la situation. Le dirigeant étant une personne morale, ne peut s'exprimer autrement que par un porte-parole, personne physique, qui reçoit l'appellation de représentant permanent (C. com., art. 225-20).

L'article L. 651-1 du Code de commerce, après avoir posé la possibilité de prononcer la mesure contre la personne morale dirigeante, énonce que les mesures qu'il réglemente ont également vocation à s'appliquer au représentant permanent de la personne morale dirigeante.

E – Application à l'héritier

Les responsabilités pécuniaires peuvent être appliquées aux héritiers du dirigeant, personne physique décédée, dès lors qu'ils ont accepté la succession.

II – Application au dirigeant de fait

A – La notion de dirigeant de fait

L'action en responsabilité pour insuffisance d'actif s'applique au dirigeant de fait, c'est-à-dire à la personne qui exerce, directement ou par personne interposée, une activité positive et indépendante d'administration générale d'une personne morale, sous le couvert ou aux lieu et place de ses représentants légaux.

B – Les indices de la direction de fait

Une jurisprudence considérable a été rendue en la matière. Les principaux indices classiquement retenus sont les suivants :

– pouvoir de signature des comptes bancaires sociaux ;
– détention des documents comptables ;
– direction de la politique salariale ;
– négociation des contrats ;
– représentation de la personne morale en justice ou fait d'être l'interlocuteur privilégié des mandataires de justice.

C – La preuve de la direction de fait

Il appartient au demandeur à l'action de prouver la direction de fait

La qualification de dirigeant de fait retenue par la juridiction pénale s'impose au juge civil.

De même, l'établissement de la direction de fait dans une instance civile s'imposera dans le cadre d'une autre instance civile.

III – Adaptation à l'EIRL

L'action en responsabilité pour insuffisance d'actif est applicable à l'entrepreneur individuel à responsabilité limitée (EIRL). Il ne sera pas ici question de combler l'insuffisance d'actif d'une personne morale dirigée, mais l'insuffisance du patrimoine de l'EIRL pour payer les créanciers de cette dernière, du fait d'une faute de gestion de l'entrepreneur ayant contribué à cette insuffisance.

§ 2 – Les modalités procédurales de l'action en responsabilité pour insuffisance d'actif

I – La saisine de la juridiction

L'action en responsabilité pour insuffisance d'actif est attitrée.

Peuvent saisir le tribunal :

– par voie d'assignation, le liquidateur ;

– le ministère public. Ce dernier doit présenter une requête indiquant les faits de nature à motiver sa demande. Le président du tribunal, par les soins du greffier, fait convoquer l'EIRL ou le dirigeant par acte d'huissier de justice à comparaître dans le délai qu'il fixe. À cette convocation est jointe la requête du ministère public.

Par principe, les contrôleurs ne peuvent agir. Toutefois, en cas de carence du mandataire judiciaire ou du liquidateur, qu'ils mettront en demeure d'agir, ils pourront agir à titre subsidiaire deux mois après la mise en demeure restée infructueuse. Afin d'éviter des règlements de compte, le Code (art. L. 651-3, al. 2) prévoit toutefois qu'ils devront agir à la majorité des créanciers nommés contrôleurs – ce qui exclut le contrôleur d'office des professions libérales –, le décret précisant en outre qu'ils devront être au moins deux à effectuer la mise en demeure (C. com., art. R. 651-4).

La loi de sauvegarde des entreprises a supprimé la saisine d'office, afin de respecter le principe d'impartialité du juge assurant ainsi le droit à un procès équitable (CEDH, art. 6, § 1).

Il est à noter que les dirigeants ne peuvent agir contre d'autres dirigeants, même à titre d'appel en garantie.

II - La compétence de la juridiction

Le tribunal compétent pour connaître de l'action en responsabilité pour insuffisance d'actif est le tribunal d'ouverture de la procédure à l'encontre de la personne morale débitrice ou de l'EIRL.

Des règles particulières concernent l'État et les collectivités territoriales. Le principe est celui de la compétence de la juridiction administrative pour rechercher la responsabilité de l'État, lorsqu'une mission de service public est en cause. En revanche, une telle action en responsabilité relève de la compétence des tribunaux de l'ordre judiciaire lorsque la responsabilité de l'État ou de la personne morale est recherchée au titre d'une activité à caractère industriel ou commercial sans qu'il y ait lieu de distinguer si la collectivité publique concernée a agi en qualité de dirigeant de droit ou de fait.

III - La prescription de l'action

L'action en responsabilité pour insuffisance d'actif se prescrit par 3 ans à compter du jugement de liquidation judiciaire (C. com., art. L. 651-2, al. 2).

IV - L'information du tribunal

L'article L. 651-4, alinéa 1 du Code de commerce prévoit que le président du tribunal peut charger le juge-commissaire ou, à défaut, un membre de la juridiction qu'il désigne, d'obtenir, nonobstant toute disposition législative contraire, communication de tout document ou information sur la situation patrimoniale des dirigeants et des représentants permanents des dirigeants personnes morales de la part des administrations et organismes publics, des organismes de prévoyance et de sécurité sociale et des établissements de crédit. La règle vaut également pour l'EIRL. Il sera alors question d'obtenir des renseignements sur les revenus et le patrimoine non affecté de l'entrepreneur individuel.

La désignation d'un juge commis est facultative. S'il est désigné, il lui appartient d'établir un rapport, qui sera déposé au greffe et communiqué par le greffier au ministère public.

Le ou les dirigeants mis en cause, ou l'entrepreneur individuel à responsabilité limitée (EIRL), sont rendus par le greffier destinataire du rapport au moins un mois avant la date d'audience.

V - Déroulement de l'instance

Le tribunal statue sur rapport du juge-commissaire ou du juge-commis désigné après avoir entendu ou dûment appelé les contrôleurs.

Les débats auront, par principe, lieu en audience publique (C. com., art. L. 662-3, al. 2). Le texte réserve cependant la possibilité au président du tribunal de décider que les débats auront lieu en chambre du conseil, si le dirigeant ou l'EIRL le demande avant leur ouverture.

Pour assurer le droit à un procès équitable, la loi de sauvegarde des entreprises avait prévu que le juge-commissaire ne pouvait ni siéger dans la formation de jugement, ni participer à la formation de délibéré qui avait à connaître de l'action en responsabilité pour insuffisance d'actif (C. com., art. L. 651-3). L'ordonnance du 12 mars 2014 supprime la précision, puisqu'il est désormais fait interdiction au juge-commissaire de participer à la formation de jugement ou au délibéré, quelle que soit l'action en cause.

VI - Les voies de recours sur les décisions prononçant les mesures

Les jugements de condamnation en responsabilité pour insuffisance d'actif doivent être signifiés aux personnes sanctionnées, par le greffier de la juridiction.

Faute de disposition contraire, le droit commun des procédures collectives trouvera à s'appliquer, en matière de voie de recours.

Notons seulement que ces décisions ne sont pas exécutoires par provision de plein droit et que l'appel sera donc suspensif, dès lors que l'exécution provisoire n'aura pas été facultativement ordonnée.

§ 3 - Les conditions de fond du prononcé de la responsabilité pour insuffisance d'actif

L'action en responsabilité pour insuffisance d'actif, comme son nom l'indique, n'est pas une sanction, mais une action en responsabilité. Elle est inconciliable avec l'action en responsabilité de droit commun contre les dirigeants sociaux. Est posée la règle du non-cumul de l'action en responsabilité pour insuffisance d'actif et de l'action en responsabilité de droit commun contre les dirigeants, mais seulement si les faits reprochés au dirigeant sont antérieurs à l'ouverture de la procédure et si une insuffisance d'actif est invoquée.

L'action en responsabilité pour insuffisance d'actif est une action en responsabilité civile délictuelle, à caractère non répressif, ayant pour objet la réparation du préjudice subi par la collectivité des créanciers. Elle obéit, dans ses grandes lignes, aux conditions classiques d'engagement de telles actions. Il faut *l'existence d'une faute de gestion et l'existence d'un préjudice.* En revanche, la faute n'a pas à être unie par un lien de causalité avec le préjudice. Il suffit de prouver *la contribution de la faute de gestion à la création du préjudice.*

I - L'existence d'une faute de gestion

A - La présentation générale de la faute de gestion

La notion de faute de gestion est particulièrement extensive. La gestion d'une entreprise étant chose compliquée, il est aisé d'imaginer la facilité à rapporter la preuve d'une faute de gestion. Les juges du fond disposent d'un pouvoir souverain pour l'apprécier, la Cour de cassation se limitant à un contrôle de la qualification.

La faute, pour être sanctionnée, doit se rattacher à la gestion de la personne morale dirigée ou de l'entreprise individuelle à responsabilité limitée. En revanche, dès lors qu'aucune faute de gestion n'est démontrée, la seule importance de l'insuffisance d'actif de la personne morale débitrice ou de l'EIRL sera insuffisante à entraîner la condamnation.

Enfin, seules des fautes de gestion antérieures au jugement d'ouverture peuvent être prises en compte.

B - La diversité des fautes de gestion

Sont principalement retenues à titre de faute de gestion :

– les infractions pénales ;

– les cas de faillite personnelle ou d'interdiction de gérer ;

– la méconnaissance des règles du droit des sociétés ;
– l'incompétence manifeste en matière de gestion ;
– l'incurie des dirigeants de droit, spécialement leur passivité par l'abandon de la gestion à un dirigeant de fait.

II – L'existence d'un préjudice

Le préjudice permettant de prononcer la condamnation à combler le passif est constitué par la différence entre le montant du passif antérieur au jugement d'ouverture et le montant des recouvrements et réalisations d'actifs de la personne morale débitrice ou de l'EIRL, qui prend le nom d'insuffisance d'actif.

Le tribunal ne peut prononcer une condamnation supérieure à l'insuffisance d'actif.

A priori, l'insuffisance d'actif ne peut être définitivement établie qu'après achèvement des opérations de vérification du passif d'une part et fin des opérations de réalisation d'actifs d'autre part. Cependant, l'action est recevable même si ces opérations ne sont pas terminées, dès lors qu'il apparaît avec évidence que l'actif sera insuffisant pour payer le passif.

Le préjudice ne peut exister en cas d'arrêté d'un plan de sauvegarde ou de redressement, toutes les dettes antérieures au jugement d'ouverture devant être payées sous forme de dividendes. C'est pourquoi l'introduction de l'action en responsabilité pour insuffisance d'actif n'est pas possible pendant l'exécution du plan. Elle ne sera recevable qu'après sa résolution et l'ouverture consécutive de la liquidation judiciaire.

III – La contribution de la faute de gestion à la création du préjudice

La faute de gestion prouvée à l'encontre du dirigeant ou de l'EIRL doit avoir contribué à l'insuffisance d'actif. Le législateur n'évoque pas le lien de causalité entre la faute et le préjudice. En réalité, par l'expression « contribuer », le législateur distend le lien de causalité, en permettant d'écarter le problème des causes plurales du dommage. Il n'est pas besoin que la faute soit à l'origine exclusive du dommage.

Il suffit que le fait reproché soit l'une des fautes ayant contribué à la réalisation du dommage, peu important qu'elle soit la cause unique ou même principale.

Il en résulte que la faute d'un dirigeant ne permettra pas d'exonérer un autre dirigeant fautif.

§ 4 – Le prononcé de la condamnation à combler le passif

I – La condamnation totale ou partielle

Le tribunal a un pouvoir souverain de prononcer ou non la sanction. C'est une faculté, qui justifie l'application, en la matière, du principe de proportionnalité : si plusieurs fautes sont retenues par les juges du fond pour fonder la sanction, le fait que l'une d'elles ne soit pas juridiquement fondée conduira à la cassation de la décision.

La liberté du tribunal, qui existe déjà au stade du principe de la condamnation, se prolonge logiquement quant aux modalités d'application. En ce sens, l'article L. 651-2, alinéa 1 du Code de commerce dispose que « le tribunal peut […] décider que les dettes de la personne morale seront supportées, en tout ou partie [...] par [...] les dirigeants ». La règle est adaptée pour l'EIRL. L'entrepreneur pourra être condamné également à tout ou partie de l'insuffisance d'actif de l'entreprise à patrimoine affectée. Cette condamnation s'imputera, c'est-à-dire sera payée, sur son patrimoine non affecté.

Il peut décider d'une condamnation totale ou partielle à l'insuffisance d'actif. Cette liberté d'appréciation des juges du fond est souveraine. Il y a là une différence notable par rapport à une action en responsabilité civile de droit commun.

Les juges du fond ayant libre pouvoir d'appréciation sur le *quantum* de la condamnation n'ont pas l'obligation de corréler le montant de la condamnation au degré de contribution de la faute de gestion à la réalisation du préjudice. La condamnation peut donc être totale alors que la faute n'a contribué que partiellement à la réalisation du préjudice.

II - La condamnation solidaire ou non d'un ou plusieurs dirigeants

A - La condamnation d'un ou plusieurs dirigeants

Selon l'article L. 651-2, alinéa 1 du Code de commerce, la juridiction qui constate la contribution de plusieurs dirigeants à la réalisation du dommage peut décider d'en condamner un ou plusieurs.

B - La condamnation solidaire ou non

Le tribunal peut décider, par décision motivée, que la condamnation de plusieurs dirigeants sera solidaire. De la sorte, chacun sera tenu, dans la limite de sa propre condamnation, à la totalité des dettes mises à charge des autres. En réalité, il s'agit plus exactement d'une condamnation *in solidum*, puisque la responsabilité est délictuelle.

Les dirigeants solidairement condamnés ne pourront prétendre à une division de la dette. Celui qui aura payé aura un recours si le montant du paiement effectué dépasse sa part contributive, contre les autres dirigeants non *solvens*.

II - Le sort des sommes recouvrées au titre de l'action en responsabilité pour insuffisance d'actif

A - L'affectation des sommes versées

L'article L. 651-2, alinéa 3 du Code de commerce dispose que « les sommes versées [...] entrent dans le patrimoine du débiteur ».

B - La distribution des sommes versées

Le législateur pose clairement, à l'alinéa 3 de l'article L. 651-2 du Code de commerce, que « ces sommes sont réparties entre tous les créanciers au marc le franc ». Les créanciers devront donc abandonner leur privilège, fût-ce le super privilège des salaires, celui de la conciliation par exemple.

Les dirigeants condamnés, qui seraient également créanciers de la personne morale dirigée, ne peuvent participer aux répartitions sur le montant de la condamnation. La même règle est posée pour l'EIRL. En conséquence, l'entrepreneur individuel, que le législateur présente comme pouvant être créancier de l'EIRL, au titre d'un autre patrimoine, ne participera pas davantage aux répartitions.

§ 5 – L'inexécution de la condamnation à combler le passif

I – La suppression du redressement et de la liquidation judiciaire à titre de sanction

Sous l'empire de la législation du 25 janvier 1985, le dirigeant condamné à combler le passif qui n'exécutait pas sa condamnation pouvait être déclaré à titre personnel en redressement ou en liquidation judiciaire, alors même qu'il n'exploitait pas d'entreprise et qu'il n'était pas en état de cessation des paiements.

La loi de sauvegarde des entreprises du 26 juillet 2005 a supprimé toutes les ouvertures de procédure collective à titre de sanction.

Une indication est donnée par l'article L. 651-4, alinéa 2 du Code de commerce, qui prévoit que le président du tribunal peut ordonner toute mesure conservatoire sur les biens des dirigeants ou de leur représentant permanent. Il faut comprendre que l'exécution de la condamnation peut être garantie par des mesures conservatoires prises sur les biens des dirigeants ou sur le patrimoine non affecté de l'EIRL. C'est donc le jeu du droit commun de l'exécution qui permettra d'assurer l'effectivité de la condamnation. Il semble cependant que seul le liquidateur pourra porter la condamnation à exécution. S'il a cessé ses fonctions, un mandataire *ad hoc* devra être nommé.

II – La mesure de faillite personnelle ou d'interdiction de gérer, sanction accessoire de l'inexécution de la condamnation à combler le passif

Le tribunal peut prononcer contre le dirigeant condamné ou contre l'entrepreneur d'une entreprise individuelle à responsabilité limitée, qui n'exécute pas la condamnation, une mesure de faillite personnelle (C. com., art. L. 653-6) ou l'interdiction de gérer.

Titre 2
Les personnes sanctionnées

Le droit des procédures collectives a perdu, au fil du temps, une partie de son rôle de sanction. L'idée de sanction est cependant loin d'être absente de la législation. Certaines sanctions tendent à écarter de la vie des affaires ceux qui n'en sont plus dignes. Il s'agit des sanctions civiles non pécuniaires.
Le législateur a en outre prévu un certain nombre de sanctions pénales qui ne peuvent être commises qu'en cas d'ouverture d'une procédure collective.

Chapitre 1
Les sanctions civiles

L'essentiel

Deux mesures de sanctions civiles non pécuniaires ont été prévues par le législateur. Il conviendra de préciser les règles spéciales à la faillite personnelle (Section 2). Puis seront étudiées les règles spéciales à l'interdiction de gérer (Section 3). Cependant, auparavant, seront exposées les règles communes aux mesures (Section 1).

Section 1 – Les règles communes aux mesures

§ 1 – La nature juridique des mesures instituées

La faillite personnelle et l'interdiction de gérer sont des mesures dont le prononcé est toujours abandonné au pouvoir souverain des juridictions du fond.

Il s'agit de mesures d'élimination de la vie des affaires de personnes incompétentes ou malhonnêtes, dont la présence au sein du tissu économique est source de danger pour les tiers. Elles présentent aujourd'hui, selon l'analyse du Conseil constitutionnel, la nature de sanctions. En conséquence, les lois nouvelles plus douces doivent trouver application immédiate.

La faillite personnelle ou l'interdiction de gérer peut être prononcée cumulativement avec une condamnation en responsabilité pour insuffisance d'actif ou avec une sanction pénale. Elles constituent d'ailleurs des peines complémentaires de la banqueroute.

§ 2 – Le domaine des mesures

I – Les procédures concernées par les mesures

Les mesures de faillite personnelle et d'interdiction de gérer peuvent être prononcées dans les procédures de redressement ou de liquidation judiciaires.

En revanche, afin de rendre attractive la procédure de sauvegarde pour le débiteur personne physique, y compris pour l'EIRL, et les dirigeants de la personne morale débitrice, ces mesures ne peuvent être prononcées au cours d'une procédure de sauvegarde.

II – Les personnes concernées par les mesures

La faillite personnelle et l'interdiction de gérer s'appliquent aux personnes physiques exerçant une activité commerciale ou artisanale, aux agriculteurs et, depuis la loi de sauvegarde des entreprises, aux professionnels indépendants (C. com., art. L. 653-1, 1°). Elles s'appliquent aussi à l'EIRL.

La faillite personnelle et l'interdiction de gérer s'appliquent également aux personnes physiques, dirigeant de droit ou de fait (sur cette notion, v. p. 202) d'une personne morale (C. com., art. L. 653-1, 2°).

Elles ne s'appliquent pas aux personnes morales dirigeantes, mais aux personnes physiques représentants permanents de personne morale dirigeante (C. com., art., L. 653-1, 3°).

Peu importe que le dirigeant soit rémunéré ou non.

Le dirigeant peut être retiré, mais les faits reprochés doivent être antérieurs à sa démission.

Afin d'éviter l'empiétement sur les prérogatives des ordres professionnels, la faillite personnelle et l'interdiction de gérer ne peuvent être appliquées aux personnes physiques ou dirigeants de personne morale, exerçant une activité professionnelle indépendante et, à ce titre, soumises à des règles disciplinaires. La solution vaut également pour l'EIRL.

III – L'antériorité à l'ouverture de la procédure collective des faits fondant la demande

Seuls des faits antérieurs à l'ouverture de la procédure peuvent justifier la mesure.

Si la procédure se termine par un plan de sauvegarde ou de redressement, l'ouverture d'une nouvelle procédure suite à la résolution du plan autorisera certes le prononcé de ces mesures, mais elles ne pourront alors avoir pour fondement des faits antérieurs à la première procédure qui s'était terminée sans sanction.

§ 3 – Les modalités procédurales

I – La saisine tendant au prononcé des mesures d'élimination

Les mesures d'assainissement sont des actions attitrées, qui relèvent, en principe, de la compétence exclusive du tribunal qui a ouvert la procédure de redressement ou de liquidation judiciaire. Elles appartiennent, aux termes de l'article L. 653-7, alinéa 1 du Code de commerce, au mandataire judiciaire, au liquidateur et au ministère public.

En outre, les contrôleurs, en cas de carence du mandataire judiciaire ou du liquidateur, qu'ils mettront en demeure d'agir, pourront agir à titre subsidiaire deux mois après la mise en demeure restée infructueuse. Le Code (art. L. 653-7, al. 2) prévoit toutefois qu'ils devront agir à la majorité des créanciers nommés contrôleurs – ce qui exclut le contrôleur d'office des professions libérales –, le décret précisant en outre qu'ils devront être au moins deux à effectuer la mise en demeure (C. com., art. R. 653-2).

La loi de sauvegarde des entreprises a supprimé la saisine d'office, afin de respecter le principe d'impartialité du juge assurant ainsi le droit à un procès équitable (CEDH, art. 6, § 1).

II – La prescription des mesures d'élimination

L'action tendant au prononcé de la faillite personnelle ou de l'interdiction de gérer est enfermée dans un délai de prescription de 3 ans qui court à compter du jugement d'ouverture du redressement ou de la liquidation judiciaire.

III – La convocation et la comparution pour le prononcé des mesures d'élimination

L'intéressé doit être convoqué dans les formes prévues au 2e alinéa de l'article R. 651-2 du Code de commerce, disposition à laquelle renvoie l'article R. 653-2 du Code. Il s'agit des modalités applicables à la convocation du dirigeant pour la mise en œuvre de l'action en responsabilité pour insuffisance d'actif (v. p. 204).

Le juge-commissaire a l'obligation d'établir un rapport. Le tribunal ne peut ici désigner un autre juge pour l'établissement du rapport.

IV – La décision prononçant la faillite personnelle ou l'interdiction de gérer

Les mesures de faillite personnelle et d'interdiction de gérer sont facultatives. Si par principe elles sont prononcées par le tribunal de la faillite, elles peuvent aussi l'être par la juridiction répressive, à titre de peine complémentaire de la banqueroute (C. com., art. L. 654-6).

La décision est susceptible d'appel de la part de l'intéressé, dans les conditions classiques en notre matière.

Contrairement au droit commun des procédures collectives, la décision prononçant la mesure de faillite personnelle ou d'interdiction de gérer n'est pas exécutoire de droit. Le tribunal peut toutefois ordonner l'exécution provisoire (C. com., art. L. 653-11, al. 1).

Lorsque la décision sera passée en force de chose jugée, elle sera mentionnée au registre du commerce et des sociétés et au répertoire des métiers ou, en Alsace-Moselle, au répertoire des entreprises. En outre, si elle est prononcée par la juridiction répressive, elle fait l'objet d'une inscription au casier judiciaire (C. pr. pén., art. 768-5°).

§ 4 – La durée des mesures

L'article L. 653-11, alinéa 1 du Code de commerce indique que la durée des mesures doit être fixée par le tribunal.

La loi de sauvegarde des entreprises, tout en supprimant l'ancien plancher de 5 ans, a introduit un plafond de 15 ans. Cette solution s'applique à la mesure prononcée par la juridiction répressive.

§ 5 – Le relèvement des déchéances

La durée fixée par le tribunal est un maximum.

Elle peut être réduite dans deux séries d'hypothèses :

– si la clôture de la procédure intervient pour extinction du passif (C. com., art. L. 653-11, al. 2) ; en ce cas, l'intéressé est relevé de toutes les déchéances ;
– si l'intéressé demande le relèvement des mesures prononcées à la juridiction. L'intéressé devra avoir apporté une contribution suffisante au paiement des dettes souscrites ou de celles souscrites par la personne morale débitrice (C. com., art. L. 653-11, al. 3) ; en ce cas, l'intéressé est relevé ou dispensé des déchéances.

Lorsque l'intéressé aura été condamné à l'interdiction de gérer, il peut en être relevé s'il présente toutes garanties démontrant sa capacité à diriger ou contrôler l'une ou plusieurs des entreprises ou personnes visées par le même article. Il pourra s'agir du fait d'avoir suivi une formation en matière de gestion.

L'intéressé peut encore demander au tribunal de le relever totalement ou partiellement des déchéances encourues.

La décision du tribunal qui relève totalement des déchéances et interdictions emporte réhabilitation (C. com., art. L. 653-11, al. 5).

§ 6 – La sanction de l'exercice d'une activité au mépris de l'interdiction

Afin que l'interdiction ne reste pas lettre morte, l'article L. 654-15 du Code de commerce énonce que « le fait pour toute personne d'exercer une activité professionnelle ou des fonctions en violation des interdictions, déchéances ou incapacités prévues par les articles L. 653-2 et L. 653-8 est puni d'un emprisonnement de 2 ans et d'une amende de 375 000 € ».

Sur le terrain civil, la violation de l'interdiction n'a cependant aucune conséquence. En effet, la faillite personnelle, mesure de police économique, ne crée pas une incapacité, susceptible d'invalider l'acte accompli par le failli.

L'intéressé n'est pas davantage atteint d'une incapacité d'ester en justice. En revanche, étant interdit de diriger une personne morale, il ne peut valablement représenter celle-ci en justice.

Section 2 – Les règles spéciales à la faillite personnelle

§ 1 – Les cas de prononcé de la faillite personnelle

I – Les cas de faillite personnelle intéressant indistinctement les débiteurs personnes physiques, y compris l'EIRL, et les dirigeants de personnes morales débitrices

1) L'exercice d'une activité commerciale, artisanale ou agricole ou une fonction de direction ou d'administration d'une personne morale contrairement à une interdiction prévue par la loi. L'article L. 653-5, 1° du Code de commerce s'intéresse à toutes les personnes pouvant se voir appliquer la faillite personnelle.

En ce qui concerne spécialement les activités de direction, seule la direction des personnes morales de droit privé est source de sanctions.

Les agissements visés par le texte consistent à enfreindre une interdiction d'exercice, nécessairement prévue par un texte.

2) Avoir dans l'intention d'éviter ou de retarder l'ouverture de la procédure de redressement ou de liquidation judiciaire, fait des achats en vue d'une revente au-dessous du cours ou employé des moyens ruineux pour se procurer des fonds. Ce cas est envisagé par l'article L. 653-5, 2° du Code de commerce.

Il suppose un élément intentionnel précis. L'intéressé doit, par ses agissements, avoir voulu retarder ou empêcher la constatation judiciaire de son état de cessation des paiements.

L'élément matériel résulte de deux séries d'agissements :

– le fait d'acheter pour revendre au-dessous du cours ;
– l'emploi de moyens ruineux pour se procurer des fonds. On pense spécialement aux techniques financières de mobilisation de créances fictives, telles les cessions de créances par bordereaux Dailly ou les effets de commerce de complaisance.

3) Avoir souscrit, pour le compte d'autrui, sans contrepartie, des engagements jugés trop importants au moment de leur conclusion, eu égard à la situation de l'entreprise ou de la personne morale. Ce cas, qui constitue une disposition commune aux débiteurs personnes physiques et aux dirigeants, est posé par l'article L. 653-5, 3° du Code de commerce.

Les actes visés pourront, par exemple, tenir au fait, pour des dirigeants de personne morale, d'accorder généreusement des cautionnements engageant la personne morale.

4) Avoir payé ou fait payer, après cessation des paiements et en connaissance de cause de celle-ci, un créancier au préjudice des autres créanciers. Ce cas prévu par l'article L. 653-5, 4° du Code de commerce, doit être rapproché de certains cas de nullité de la période suspecte et évoque l'idée de respect de la règle de l'égalité entre créanciers.

Un élément intentionnel doit être prouvé par le demandeur à la faillite personnelle : la volonté de préjudicier aux autres créanciers. Il faudra ainsi démontrer que le créancier payé a été avantagé.

5) Avoir en s'abstenant volontairement de coopérer avec les organes de la procédure, fait obstacle à son bon déroulement. L'article L. 653-5, 5° du Code s'intéresse à la personne qui fait obstacle au bon déroulement de la procédure, en s'abstenant volontairement de coopérer avec les organes de la procédure. Il s'agit là de sanctionner le débiteur ou le dirigeant qui se désintéresse complètement de la procédure et notamment du passif qu'il a créé en ne se rendant pas aux convocations des organes de la procédure et en empêchant notamment d'avertir les créanciers de l'ouverture de celle-ci, faute de remettre au mandataire judiciaire ou au liquidateur la liste de ses créanciers.

6) Cas relatifs à la comptabilité. L'article L. 653-5, 6° du Code, en une seule disposition, rassemble tous les cas épars de la législation précédente relatifs à la comptabilité. Sont désormais punissables indistinctement le débiteur personne physique et les dirigeants de la personne morale qui :

– auront fait disparaître des documents comptables ;
– n'auront pas tenu de comptabilité lorsque les textes applicables, légaux mais aussi réglementaires, en font l'obligation. Ainsi, si la tenue d'une comptabilité n'est pas exigée, ce qui est le cas pour les personnes physiques agriculteurs, il n'y a pas place à sanction ;
– auront tenu une comptabilité fictive, manifestement incomplète ou irrégulière au regard des dispositions applicables.

7) Déclaration d'une créance supposée. Ce cas a été créé par l'ordonnance du 12 mars 2014. Il tient compte de la présomption selon laquelle l'information donnée au mandataire judiciaire par le débiteur sur l'existence d'une créance vaut déclaration de celle-ci. Il y a là un risque d'augmentation important du passif, contre lequel le législateur entend réagir.

II – Les cas de faillite personnelle intéressant exclusivement les dirigeants de personnes morales débitrices

A – Anciens cas de prononcé de l'obligation aux dettes sociales

Sous l'empire de la loi de sauvegarde des entreprises, avant la réforme issue de l'ordonnance du 26 juillet 2005, le Code de commerce contenait cinq types d'agissements permettant le prononcé de l'obligation aux dettes sociales, variante de la responsabilité pour insuffisance d'actif. L'obligation aux dettes sociales a été supprimée par l'ordonnance du 18 décembre 2008. Les cas de prononcé de l'obligation aux dettes sociales étaient déjà, avant la réforme du 18 décembre 2008, des cas de faillite personnelle. L'ordonnance de réforme du 18 décembre 2008 les a conservés.

• Avoir disposé des biens de la personne morale comme des siens propres.

L'article L. 653-4, 1° du Code de commerce vise la disposition des biens de la personne morale comme des siens propres. Il y a méconnaissance de l'intérêt social, cependant que l'intérêt personnel du dirigeant est ici indifférent.

Le comportement le plus fréquemment sanctionné sera le fait d'effectuer des prélèvements importants dans la caisse de la personne morale, pour payer des dépenses que n'a pas à supporter la personne morale.

• Accomplir des actes de commerce, sous le couvert de la personne morale masquant ses agissements, dans un intérêt personnel.

L'article L. 653-4, 2° du Code de commerce vise l'accomplissement d'actes de commerce, sous le couvert de la personne morale masquant ses agissements, dans un intérêt personnel.

De façon générale, ce cas est établi si le dirigeant social se sert de l'écran d'une personne morale pour agir à titre individuel et se comporte en maître de l'affaire, sans solliciter l'avis des assemblées de personnes morales, en dirigeant la personne morale comme s'il s'agissait d'une entreprise personnelle.

L'intéressé doit avoir accompli des actes de commerce, selon la définition du Code de commerce.

Les actes doivent être accomplis dans l'intérêt personnel du dirigeant, et non dans l'intérêt de la personne morale dirigée. Mais le texte a également vocation à régir l'hypothèse d'actes de commerce accomplis dans l'intérêt d'une personne morale dans laquelle le dirigeant est intéressé. L'intérêt sera donc direct ou indirect.

• Faire des biens ou du crédit de la personne morale un usage contraire à l'intérêt de celle-ci ou pour favoriser une autre personne morale ou entreprise dans laquelle le dirigeant est directement ou indirectement intéressé.

Ce cas identiquement démonstratif de l'absence de prise en compte des intérêts de la personne morale, et ce dans un intérêt personnel, consiste à faire des biens ou du crédit de la personne morale un usage contraire à l'intérêt de celle-ci ou pour favoriser une autre personne morale ou entreprise dans laquelle le dirigeant est directement ou indirectement intéressé.

Il s'agit pour les dirigeants de méconnaître les intérêts de la personne morale et de faire prévaloir les leurs. Il se rapproche sensiblement du délit d'abus de biens sociaux (v. C. com., art. L. 241-3, 4° et L. 242-6, 3°), sous réserve que, pour l'application de l'article L. 653-4, 3° du Code de commerce, la mauvaise foi du dirigeant n'est pas exigée.

Seront ici sanctionnés, par exemple, les versements de salaires aux dirigeants, s'ils sont excessifs et *a fortiori*, s'ils sont versés sans travail effectif.

• Avoir poursuivi abusivement, dans un intérêt personnel, une exploitation déficitaire ne pouvant conduire qu'à la cessation des paiements de la personne morale.

L'article L. 653-4, 4° du Code de commerce sanctionne la poursuite abusive, dans un intérêt personnel, d'une exploitation déficitaire ne pouvant conduire qu'à la cessation des paiements de la personne morale. Il faut ici constater, par rapport à la date de la cessation des paiements, une dégradation de la situation de la personne morale débitrice.

Il s'agit de sanctionner le dirigeant qui fait passer son intérêt avant celui de la personne morale.

Les faits caractéristiques ici visés consisteront, par exemple, pour le dirigeant de la personne morale débitrice, à percevoir une rémunération qui l'incite à ne pas déclarer l'état de cessation des paiements de la personne morale, ou à payer des dettes cautionnées personnellement par le dirigeant.

• Avoir détourné ou dissimulé tout ou partie de l'actif ou augmenté frauduleusement le passif de la personne morale.

L'article L. 653-4, 5° du Code de commerce énonce que la mesure s'appliquera si les dirigeants détournent ou dissimulent tout ou partie de l'actif ou augmentent frauduleusement le passif de la personne morale.

B - L'inexécution de la condamnation à payer les dettes sociales

Ce cas visé à l'article L. 653-6 du Code de commerce concerne les dirigeants de personne morale puisqu'il suppose que l'intéressé ait été condamné à payer les dettes de la personne morale. Il en sera ainsi en cas de condamnation à combler le passif sur le fondement de l'article L. 651-2 du Code de commerce. Il vise aussi l'hypothèse de l'inexécution de la condamnation mise à la charge de celui qui est le chef d'une entreprise individuelle à responsabilité limitée (EIRL).

Il s'agit ici d'inciter, en le menaçant de sanction, le dirigeant ou l'entrepreneur condamné à s'exécuter.

III - Les cas de faillite personnelle intéressant exclusivement l'EIRL

Ces cas ont été introduits par l'ordonnance du 9 décembre 2010, pour tenir compte de la spécificité de l'entreprise individuelle à responsabilité limitée. Ils se rapprochent de certains cas de faillite intéressant le dirigeant de personne morale débitrice.

• Avoir disposé des biens du patrimoine de l'entreprise individuelle à responsabilité limitée comme s'ils étaient compris dans un autre patrimoine. Il s'agit là de transposer le cas visé à l'article L. 653-4-1°, c'est-à-dire le fait d'avoir disposé des biens de la personne morale comme des siens propres.

• Sous le couvert de l'activité de l'entreprise individuelle à responsabilité limitée masquant ses agissements, avoir fait des actes de commerce dans un intérêt autre que celui de cette entreprise. Il est ici question d'adapter à l'EIRL le cas visé à l'article L. 653-4-2°, c'est-à-dire le fait d'accomplir des actes de commerce, sous le couvert de la personne morale masquant ses agissements, dans un intérêt personnel.

• Avoir fait des biens ou du crédit de l'entreprise individuelle à responsabilité limitée, un usage contraire à l'intérêt de celle-ci à des fins personnelles ou pour favoriser une personne morale ou entreprise dans laquelle l'entrepreneur individuel était directement ou indirectement intéressé. Il s'agit ici de transposer le cas visé à l'article L. 653-4-3°, c'est-à-dire l'usage des biens ou du crédit de la personne morale contraire à l'intérêt de celle-ci.

IV – Le prononcé de la faillite personnelle par la juridiction répressive

La mesure de faillite personnelle peut être prononcée par la juridiction répressive, à titre de peine complémentaire (C. com., art. L. 626-6, al. 1). Elle présuppose le prononcé de la banqueroute.

Il n'en sera cependant ainsi qu'autant qu'une juridiction civile ou commerciale n'aura pas déjà prononcé une telle mesure par décision définitive, pour des faits identiques.

§ 2 – Les effets de la faillite personnelle

I – Les effets principaux

Aux termes de l'article L. 653-2, alinéa 1 du Code de commerce, la faillite personnelle emporte interdiction de diriger, gérer, administrer ou contrôler, directement ou indirectement, toute entreprise commerciale ou artisanale, toute exploitation agricole ou toute entreprise ayant toute autre activité indépendante et toute personne morale.

L'intéressé n'a donc plus accès à une activité impliquant la possibilité d'ouverture à son encontre d'une nouvelle procédure collective.

II – Les effets secondaires de la faillite personnelle

L'article L. 653-9 du Code de commerce prévoit que les droits de vote des dirigeants frappés de faillite personnelle dans l'assemblée de la personne morale débitrice sont exercés par un mandataire *ad hoc* désigné par le tribunal. Ce dernier peut ordonner la cession forcée des parts ou actions détenues par les dirigeants concernés. Le produit de la vente des actions sera affecté exclusivement au paiement du passif social.

Enfin, les débiteurs, personnes physiques, condamnés à la faillite personnelle ne peuvent bénéficier de la règle qui interdit aux créanciers antérieurs de reprendre à leur encontre l'exercice de leurs droits de poursuite individuelle, après clôture pour insuffisance d'actif de la procédure.

III – L'incapacité publique élective, sanction complémentaire des mesures

Lorsque le tribunal prononce la faillite personnelle, mais non l'interdiction de gérer, il peut prononcer l'incapacité publique élective, facultativement à titre de peine complémentaire, en la limitant à 5 ans, quelle que soit, au demeurant, la durée de la mesure de faillite personnelle (C. com., art. L. 653-10).

Section 3 – Les règles spéciales à l'interdiction de gérer

§ 1 – Les cas de prononcé de l'interdiction de gérer

I – Tous les cas de faillite personnelle

L'article L. 653-8, alinéa 1 du Code de commerce prévoit que le tribunal peut prononcer l'interdiction de gérer au lieu de la faillite personnelle, dans tous les cas de prononcé de celle-ci.

II – La non-remise de la liste des créanciers

L'interdiction peut être prononcée à l'encontre du débiteur, personne physique, ou du dirigeant de la personne morale ayant une activité économique ou du représentant permanent du dirigeant personne morale, qui, de mauvaise foi, n'aura pas remis au mandataire judiciaire la liste complète et certifiée de ses créanciers et le montant de ses dettes, dans le mois suivant le jugement d'ouverture (C. com., art. L. 653-8, al. 2).

III – Avoir omis sciemment de déclarer l'état de cessation des paiements dans le délai de 45 jours

Ce cas commun aux dirigeants et aux débiteurs personnes physiques, est envisagé par l'article L. 653-8, alinéa 3 du Code de commerce. Il sanctionne le fait d'avoir omis, sciemment a ajouté loi Macron du 6 août 2015, d'avoir sollicité l'ouverture d'un redressement ou d'une liquidation judiciaire dans les 45 jours de l'apparition de l'état de cessation des paiements, sans avoir, dans le même délai, demandé l'ouverture d'une procédure de conciliation.

Ce cas de prononcé de la mesure d'interdiction de gérer est parfois considéré comme ouvrant la porte à l'arbitraire judiciaire puisqu'il peut s'appliquer à presque tous les débiteurs ou dirigeants sociaux. Il est en tout cas, à lui seul, suffisant pour justifier l'interdiction de gérer. L'exigence de la pleine conscience, voisine de la mauvaise foi, est de nature à atténuer ce reproche.

La date de cessation des paiements retenue par le tribunal dans le cadre de l'ouverture de la procédure s'imposera à la juridiction qui aura à statuer sur la mesure d'interdiction de gérer (C. com., art. R. 653-1, al. 2).

IV – L'omission d'information sur l'ouverture de la procédure collective envers le créancier partie à une instance

L'ordonnance du 12 mars 2014 crée un nouveau cas d'interdiction de gérer. Le code oblige le débiteur, dans les liens d'une instance avec un créancier, au jour de l'ouverture de sa procédure collective, à informer le créancier de cette ouverture dans les 10 jours. Le fait de s'abstenir sciemment de cette information est un cas d'interdiction de gérer.

V – Le prononcé de la mesure à titre de peine accessoire de la banqueroute

L'article L. 654-6 du Code de commerce prévoit enfin que la juridiction ayant condamné l'intéressé pour banqueroute peut, à titre de peine accessoire, et facultativement, condamner l'intéressé à l'interdiction de gérer.

§ 2 – Les effets de l'interdiction de gérer

La mesure visée à l'article L. 653-8 du Code de commerce est plus limitée que la faillite personnelle. Elle sera exactement fonction de ce qu'aura décidé le tribunal.

Il pourra :

– prononcer l'interdiction de diriger, gérer ou administrer ou prendre le contrôle de toute entreprise commerciale, artisanale, agricole et de toute personne morale ; curieusement, le texte ne vise pas les entreprises ayant toute autre activité indépendante ;
– exclure seulement l'intéressé des activités commerciales ;
– interdire à l'intéressé seulement la direction de sociétés ;
– limiter l'interdiction à certaines entreprises seulement.

L'interdiction de gérer, pas plus que la faillite personnelle, ne crée, sous les réserves visées dans la décision, d'incapacité pour l'intéressé.

Pour le surplus, les effets secondaires attachés à l'interdiction de gérer sont semblables à ceux de la faillite personnelle, à une réserve près, importante par son impact patrimonial : contrairement à la solution du droit antérieur, l'interdiction de gérer ne constitue plus un cas de reprise des poursuites individuelles après clôture de la liquidation judiciaire pour insuffisance d'actif.

Chapitre 2
Les sanctions pénales

L'essentiel

Le législateur a énoncé un certain nombre de sanctions pénales qui ne peuvent être commises qu'en cas d'ouverture d'une procédure collective.
Il a posé des règles de procédure.
L'infraction principale est la banqueroute, mais d'autres infractions pénales doivent encore être précisées.

Section 1 – Les règles de procédure

Deux règles procédurales méritent des précisions : celles relatives à *la prescription de l'action publique*, et celles intéressant la *saisine de la juridiction*.

§ 1 – La prescription de l'action publique

L'article L. 654-16 du Code de commerce énonce que, dans le cadre de toutes les infractions envisagées au présent chapitre, « *la prescription de l'action publique ne court que du jour du jugement ouvrant la procédure de sauvegarde, de redressement judiciaire ou de liquidation judiciaire lorsque les faits incriminés sont apparus avant cette date* ».

Le texte ne réglemente que le point de départ du délai. Il faut en conséquence décider que ces infractions qui constituent des délits se prescrivent par 3 ans (C. pr. pén., art. 8).

Pour le point de départ de la prescription, il convient de distinguer :

- si les faits sont apparus avant l'ouverture de la procédure, le délai de prescription de l'action court du jour du jugement d'ouverture, même si ce dernier est une liquidation judiciaire ;
- s'ils sont apparus après l'ouverture de la procédure, la prescription ne courra que du jour de la révélation des faits, non du jugement d'ouverture.

§ 2 – La saisine de la juridiction

L'article L. 654-17 du Code de commerce précise les personnes ayant qualité pour saisir la juridiction répressive. La juridiction pénale peut être saisie par l'action publique du ministère public.

La juridiction répressive peut également être saisie par la voie d'une constitution de partie civile qui peut être l'œuvre de tous les mandataires de justice (administrateur judiciaire, mandataire judiciaire, liquidateur et commissaire à l'exécution du plan), ou encore du représentant des salariés.

La loi de sauvegarde des entreprises ajoute à cette liste les contrôleurs nommés, qui pourront agir, s'ils sont au moins deux et à la majorité, dans les mêmes conditions que pour le déclenchement de l'action en responsabilité pour insuffisance d'actif (v. p. 203).

Sous cette réserve, un créancier ne peut individuellement déclencher l'action civile, à moins que conformément à la règle classique en notre matière, ce créancier ne démontre l'existence d'un préjudice spécial, que ne partage pas la collectivité des créanciers.

Aucune disposition ne règle le sort des sommes recueillies dans le cadre de l'action. Elles intègrent le patrimoine du débiteur.

Section 2 - La banqueroute

La banqueroute est une sanction très ancienne du droit des procédures collectives. Son origine est trouvée dans le statut des villes italiennes de la Renaissance. *Banca rotta* signifie le banc rompu, image pour indiquer que l'intéressé ne pouvait plus siéger aux assemblées de marchands.

Il convient d'abord de préciser *la condition préalable d'ouverture d'une procédure collective,* puis d'indiquer les *personnes susceptibles de sanctions, les cas de banqueroute* et enfin les *peines de la banqueroute.*

§ 1 - La condition préalable d'ouverture d'une procédure collective de redressement ou de liquidation judiciaire

L'article L. 654-2 du Code de commerce fait de l'ouverture de la procédure de redressement ou de liquidation judiciaire collective à l'encontre de l'intéressé, de la personne morale qu'il dirigeait ou de la personne morale que dirigeait la personne morale qu'il représentait, de façon permanente, une condition du prononcé de la banqueroute.

Selon le texte, la banqueroute ne peut être prononcée dans la procédure de sauvegarde, ainsi que, *a priori*, si la sauvegarde est convertie en liquidation judiciaire, la liquidation judiciaire n'étant pas alors ouverte. En revanche, la banqueroute pourra être prononcée dans la liquidation judiciaire ouverte suite à la résolution du plan de sauvegarde ou de redressement.

§ 2 - Les personnes susceptibles de sanctions

I - Les personnes physiques

L'article L. 654-1, 1° du Code de commerce vise toute personne exerçant une activité commerciale ou artisanale, tout agriculteur et toute personne physique exerçant une profession indépendante, y compris une profession libérale soumise à un statut législatif ou réglementaire ou dont le titre est protégé. Toutes les personnes physiques susceptibles d'être sujet d'une procédure collective peuvent ainsi être sanctionnées, à l'exception du débiteur décédé.

L'article L. 654-1, 2° du Code de commerce vise ensuite les personnes ayant directement ou indirectement, en droit ou en fait, dirigé ou liquidé une personne morale de droit privé.

L'article L. 654-1, 3° du Code de commerce vise enfin les personnes physiques représentants permanents des personnes morales.

II – Les personnes morales

L'article L. 654-7 du Code de commerce prévoit que les personnes morales peuvent être déclarées pénalement responsables des infractions prévues par les articles L. 654-3 et L. 654-4 du Code de commerce.

III – La complicité de banqueroute

Dans le silence du Code de commerce, s'applique un principe général du droit pénal, selon lequel les complices sont punis comme l'auteur de l'infraction. En effet, l'article L. 121-7 du Code pénal érige en principe que la complicité de crime ou de délit est toujours incriminée.

Les peines de la banqueroute s'appliquent donc aux complices du banqueroutier. La qualité de l'intéressé importe peu. Parmi les complices classiques, figurent les banquiers en cas de fourniture de moyens ruineux pour se procurer des fonds.

§ 3 – Les cas de banqueroute

1) *Avoir dans l'intention d'éviter ou de retarder l'ouverture de la procédure de redressement ou de liquidation judiciaire, soit fait des achats en vue d'une revente au-dessous du cours, soit employé des moyens ruineux pour se procurer des fonds.*

Le texte vise deux types de faits qui en commun l'objectif poursuivi par le débiteur ou le dirigeant de la personne morale débitrice :

– ne pas se soumettre à une procédure collective ;
– s'y soumettre le plus tard possible.

Ces faits entraînent d'une part impossibilité de tout redressement et d'autre part accumulation de dettes au préjudice des créanciers.

2) *Avoir détourné ou dissimulé tout ou partie de l'actif du débiteur.*

Ce cas suppose l'existence d'une dissipation volontaire d'un élément d'actif appartenant au débiteur, effectuée par l'une des personnes pouvant être sanctionnées.

3) *Avoir frauduleusement augmenté le passif du débiteur.*

L'élément matériel de l'infraction consiste, pour le débiteur ou le dirigeant de la personne morale, à se reconnaître débiteur de sommes qu'il ne doit pas ou que ne doit pas la personne morale, selon le cas.

4) *Les infractions en matière de comptabilité :*

– **Avoir tenu une comptabilité fictive :** la première série de faits réprimés par l'article L. 654-2, 4° du Code de commerce tient à l'établissement d'une comptabilité fictive.

Il en est ainsi lorsqu'il y a une substitution d'écritures à d'autres, les simples omissions étant insuffisantes.

– **Avoir fait disparaître des documents comptables de l'entreprise ou de la personne morale :** la deuxième série d'agissements délictueux réprimés par l'article L. 654-2, 4° du Code de commerce tient au fait de faire disparaître la comptabilité de l'entreprise ou de la personne morale débitrice. Il s'agit ici de réprimer les comportements par lesquels les intéressés essaient de faire disparaître la preuve d'engagements ayant généralement comme contrepartie l'introduction dans le patrimoine du débiteur d'un élément d'actif, qu'il serait tentant de soustraire au gage des créanciers. Cette infraction serait ainsi préparatoire à une autre : celle de soustraction d'un élément d'actif.

– **S'être abstenu de toute tenue de comptabilité lorsque les textes applicables en font l'obligation :** la troisième série d'agissements délictueux réprimés par l'article L. 654-2, 2° du Code de commerce est l'absence de tenue de comptabilité.

Les commerçants sont tenus d'établir les livres des articles L. 123-12 à L. 123-23 du Code de commerce.

Les artisans et agriculteurs n'étant pas astreints à la tenue d'une véritable comptabilité ne peuvent se voir appliquer ce cas.

– **Avoir tenu une comptabilité manifestement incomplète ou irrégulière au regard des dispositions légales :** ce cas énoncé par l'article L. 654-2, 5° du Code de commerce résulte de la loi du 10 juin 1994.

L'adverbe « manifestement » utilisé par le législateur implique des irrégularités d'une certaine importance.

§ 4 – Les peines de la banqueroute

I – Les peines principales de la banqueroute

L'article L. 654-3, alinéa 1 du Code de commerce punit de 5 ans d'emprisonnement et d'une amende de 75 000 € le banqueroutier.

L'article L. 654-4 du Code de commerce porte ces peines à sept ans de prison et à 100 000 € d'amende, si le banqueroutier ou son complice sont dirigeants d'une entreprise d'investissement.

L'article L. 654-7 du Code de commerce pose les peines applicables aux personnes morales pénalement responsables. Il s'agit d'abord de l'amende suivant les modalités de l'article 131-38 du Code pénal, texte qui prévoit, pour la personne morale, un quintuplement de l'amende. Elle sera par principe de 375 000 €, et pour les sociétés de bourse, de 525 000 €.

II – Les peines complémentaires de la banqueroute

Elles sont posées par les articles L. 654-5 et L. 654-6 du Code de commerce.

L'article L. 654-6 envisage la possibilité pour la juridiction pénale de prononcer la faillite personnelle ou l'interdiction de gérer. L'article L. 654-6 du Code de commerce permet en effet à la juridiction répressive qui reconnaît l'une des personnes mentionnées à l'article L. 654-1 coupable de banqueroute de prononcer à titre de peine complémentaire soit la faillite personnelle de celle-ci, soit l'interdiction de gérer. La solution cesse d'être possible si une juridiction civile ou commerciale a déjà prononcé une telle mesure par une décision définitive. Toutefois, l'interdiction de prononcer la faillite personnelle ou l'interdiction de gérer n'est posée pour la juridiction répressive que si elle concerne des faits identiques à ceux retenus pour justifier le prononcé de la mesure par la juridiction civile ou commerciale.

Il faut noter que la mesure, contrairement à la solution retenue pour la juridiction civile, pourra concerner une personne physique exerçant une profession libérale soumise à statut professionnel ou à autorité professionnelle ou un dirigeant d'une personne morale ayant cette activité.

Depuis la loi de sauvegarde des entreprises, la faillite personnelle ou l'interdiction de gérer prononcée par une juridiction civile ou commerciale est toujours temporaire. Elle ne peut excéder quinze ans. Cette solution s'applique à la mesure prononcée par la juridiction répressive, en application de l'article L. 654-6 du Code de commerce, depuis l'ordonnance du 18 décembre 2008.

L'article L. 654-5 énonce en outre un certain nombre de peines complémentaires, qui ont en commun d'être facultatives et limitées à 5 ans, par exemple l'interdiction d'exercer une fonction publique, l'activité professionnelle ou sociale dans l'exercice ou à l'occasion de laquelle l'infraction de banqueroute a été commise, l'exclusion des marchés publics ou l'interdiction d'émettre des chèques autres que de retrait ou certifiés.

Ces peines complémentaires s'appliquent également aux personnes morales.

Section 3 – Les autres infractions pénales

En dehors de la banqueroute, le Code de commerce prévoit un certain nombre d'autres infractions.

Certaines *infractions* sont *commises par le débiteur et les dirigeants*, d'autres sont spécifiques aux dirigeants ; il s'agit des *détournements d'actifs et reconnaissances frauduleuses de dettes commis par les dirigeants* ; d'autres *infractions* sont *commises par des parents ou alliés*, par des *prête-noms*, *par des créanciers ou des cocontractants* et enfin, *par des intervenants de la procédure collective*.

§ 1 – Les infractions commises par le débiteur et les dirigeants

I – Les règles communes aux diverses infractions visées

Les articles L. 654-8, 1° et 2° du Code de commerce punissent le débiteur ou le dirigeant, de droit ou de fait, rémunéré ou non, d'une personne morale débitrice.

Les textes ne s'appliquent qu'aux personnes physiques.

L'élément moral de l'infraction doit exister. L'intéressé ne saurait être condamné s'il ignorait le caractère délictueux de ses agissements.

L'article L. 654-11 du Code de commerce oblige la juridiction répressive saisie, même en cas de relaxe, à statuer d'office sur la réintégration des paiements irréguliers dans le patrimoine du débiteur et à statuer aussi sur les dommages-intérêts réclamés.

II – Les paiements interdits

L'article L. 654-8 du Code de commerce sanctionne les paiements interdits de créances antérieures effectués après le jugement d'ouverture de la sauvegarde ou du redressement judiciaire. La même solution est applicable aux paiements de créances postérieures non éligibles au traitement préférentiel.

L'article L. 654-8, 2° du Code de commerce sanctionne les paiements effectués en contravention avec les dispositions du plan de sauvegarde ou de redressement. Le débiteur ne peut en effet payer plus rapidement que ce que prévoit le jugement arrêtant ou modifiant le plan.

Les faits visés à l'article L. 654-8, 1° et 2° du Code de commerce supposent une connaissance par l'intéressé du caractère délictueux de ses agissements.

La sanction prévue par le texte de l'article L. 654-8 est une peine d'emprisonnement de 2 ans et une amende de 30 000 €.

III – Les autres actes interdits accomplis indistinctement par le débiteur ou les dirigeants

L'article L. 654-8, 1° du Code de commerce punit les actes de disposition, ainsi que les constitutions d'hypothèques, de gages et de nantissements, sans autorisation du juge-commissaire. Les constitutions de sûretés ne sont toutefois punissables que si elles sont commises pendant la période d'observation.

L'article L. 654-8, 2° du Code de commerce sanctionne aussi les actes d'aliénation, sans autorisation du tribunal, de biens déclarés inaliénables par le jugement arrêtant le plan de sauvegarde ou de redressement.

IV – L'exercice d'une activité professionnelle ou des fonctions au mépris de la faillite personnelle ou de l'interdiction de gérer

Afin d'assurer le respect de l'interdiction d'exercer une activité professionnelle, une activité de direction, de contrôle, de gestion ou d'administration d'une personne morale, résultant du prononcé de l'interdiction de gérer ou de la faillite personnelle, l'article L. 654-15 du Code de commerce punit d'une peine d'emprisonnement de deux ans et d'une amende d'un montant identique à celle posée en matière d'abus de confiance (375 000 €) la personne qui, au mépris de l'interdiction, a exercé une activité interdite. Le texte a spécialement vocation à s'appliquer au dirigeant de fait, qui se cache derrière un prête-nom, dirigeant de droit, pour exercer l'activité interdite.

§ 2 – Les détournements d'actifs et reconnaissances frauduleuses de dettes commis par les dirigeants

L'article L. 654-14 du Code de commerce punit des peines de la banqueroute les personnes physiques, autres que les débiteurs personnes physiques passibles de la banqueroute, qui ont accompli deux catégories d'actes préjudiciables aux créanciers :

- les détournements d'actifs et les dissimulations de biens. Les biens visés doivent appartenir aux personnes ici visées, c'est-à-dire les dirigeants de la personne morale débitrice, les représentants permanents de la personne morale dirigeant la personne morale. Il peut encore s'agir des biens du patrimoine non affecté d'un entrepreneur individuel à responsabilité limitée. Le but du détournement ou de la dissipation est précisé par le texte : l'intéressé cherche à soustraire des éléments de son patrimoine aux poursuites de la personne morale, à celle de ses associés ou à celle de ses créanciers. L'intention frauduleuse est requise, le texte évoquant la mauvaise foi de l'intéressé ;

- la reconnaissance frauduleuse de dettes.

§ 3 – Les infractions commises par des parents ou alliés

L'article L. 654-10 du Code de commerce punit des peines applicables à l'abus de biens sociaux (C. pén., art. 314-1), c'est-à-dire emprisonnement de 3 ans et amende de 375 000 €, le conjoint, les descendants ou ascendants, ainsi que les collatéraux ou alliés des personnes susceptibles de se voir appliquer les peines de la banqueroute visées par l'article L. 654-1 du Code de commerce.

Les faits incriminés sont :

- le détournement ;
- le divertissement ;
- le recel des actifs dépendant de la procédure de redressement ou de liquidation judiciaire.

§ 4 – Les infractions commises par des prête-noms

L'article L. 654-9 du Code de commerce punit des peines de la banqueroute les personnes physiques qui exercent une activité commerciale, agricole, artisanale ou toute autre activité indépendante, sous le nom d'autrui ou sous un nom supposé.

§ 5 – Les infractions commises par des créanciers ou des cocontractants

I – Les actes passibles de banqueroute en cas de commission par le débiteur ou les dirigeants

Certains actes sont sanctionnés s'ils sont commis par le débiteur ou les dirigeants de la personne morale débitrice. Ces derniers jouent, dans la commission de l'infraction, un rôle actif. Ces mêmes faits sont érigés en infraction pour punir les partenaires du débiteur, qui jouent le rôle « passif ».

L'article L. 654-8, 3° du Code de commerce sanctionne les personnes physiques qui ont passé avec le débiteur un des actes énumérés aux articles L. 654-8, 1° et 2°. Ces actes ont été examinés ci-dessus (v. p. 224 s.).

Il faudra démontrer, contre l'intéressé, sa connaissance du caractère délictueux des agissements.

Les articles L. 654-9, 1° et 2° du Code de commerce punissent des peines de la banqueroute deux catégories de personnes :

1) celles qui ont, dans l'intérêt des personnes susceptibles d'être condamnées à la banqueroute, soustrait, recelé ou dissimulé tout ou partie des biens de celles-ci.

Ces biens sont, en présence de l'EIRL, ceux du patrimoine affecté. Les actes ici visés doivent avoir été accomplis dans l'intérêt des personnes susceptibles de banqueroute ;

2) celles qui ont frauduleusement déclaré des créances supposées. L'article L. 654-9, 2° du Code de commerce étend la sanction à l'hypothèse où la déclaration de créance est faite par personne interposée.

II – Les conventions comportant un avantage particulier

L'article L. 654-13 du Code de commerce punit des peines de l'abus de confiance (C. pén., art. 314-1), c'est-à-dire trois ans de prison et 375 000 €, le fait pour un créancier de passer, après le jugement d'ouverture, une convention présentant un avantage particulier à la charge du débiteur.

L'intéressé doit être créancier.

Il n'est pas distingué selon que la créance est antérieure ou postérieure au jugement d'ouverture.

La convention doit avoir été conclue après le jugement d'ouverture.

La notion d'« avantage particulier » doit s'apprécier objectivement en comparant la situation du créancier indépendamment de l'avantage par rapport à sa situation résultant de l'avantage procuré. Est ici en cause la règle de l'égalité des créanciers.

L'article L. 654-13, alinéa 2 du Code de commerce complète la sanction pénale par une sanction civile.

§ 6 – Les infractions commises par des intervenants de la procédure collective

I – Les infractions spécifiquement commises par les mandataires de justice

L'article L. 654-12, I du Code de commerce punit des peines de l'abus de confiance aggravé (C. pén., art. 314-2), c'est-à-dire un emprisonnement de 7 ans et une amende de 750 000 €, les administrateurs, mandataires judiciaires, liquidateurs et commissaires à l'exécution du plan qui auront accompli les faits visés aux articles L. 654-12, I et II du Code de commerce.

L'article L. 654-12, I, 1° du Code de commerce vise le fait de porter volontairement atteinte aux intérêts des créanciers ou du débiteur, par deux types d'agissements :

1) l'utilisation à son profit des sommes perçues dans l'accomplissement de sa mission ;

2) le fait de se faire attribuer des sommes qu'il savait ne pas être dues.

L'article L. 654-12, I, 2° du Code de commerce sanctionne le mandataire de justice qui, dans son intérêt, et en connaissance de cause, fait de ses pouvoirs un usage contraire aux intérêts du débiteur ou des créanciers.

II – L'acquisition ou l'utilisation des biens du débiteur

A – Le domaine de l'infraction

L'article L. 654-12, alinéa 2 du Code de commerce punit des peines de l'abus de confiance aggravé (C. pén., art. 314-2), c'est-à-dire emprisonnement de 7 ans et amende de 750 000 €, les mandataires de justice ci-dessus visés, ainsi que toute personne, ayant participé à un titre quelconque à la procédure et qui se sera rendu acquéreur pour son compte, directement ou indirectement de biens du débiteur ou les aura utilisés à son profit.

Les personnes sont d'abord les mandataires de justice. Mais le texte est plus large. Par l'expression « toute personne ayant participé à un titre quelconque à la procédure », il est possible d'atteindre les collaborateurs du mandataire, les experts en diagnostic d'entreprises, les experts au plan. Il est aussi possible de rechercher la responsabilité pénale des greffiers du tribunal de la faillite, des avocats des mandataires ou du débiteur, des experts-comptables ou autres techniciens ayant reçu mission dans le cadre de la procédure collective.

Il est aussi possible de rechercher la responsabilité du juge-commissaire, ainsi que des magistrats composant la juridiction ayant eu à connaître de la procédure.

En revanche, le texte exclut opportunément les représentants des salariés, sauf à empêcher toute reprise par ces derniers.

Moins logiquement, il excluait, sous l'empire de la législation antérieure, les contrôleurs. Cette exclusion a été supprimée, dans le prolongement de l'interdiction pour les contrôleurs, directement ou indirectement, de se rendre acquéreur de biens du débiteur.

B – Les faits incriminés

Les faits réprimés sont de deux types. Peu importe que l'intéressé ait voulu nuire aux créanciers ou au débiteur.

Il s'agit de :

• punir les acquisitions, par ces personnes, de biens du débiteur. La sanction pénale est relayée sur le terrain civil par la nullité absolue de l'acquisition, qui sera obligatoirement prononcée ;

• réprimer l'utilisation des biens du débiteur faite par ces personnes, à leur profit. Ici encore, la sanction pénale sera relayée sur le terrain civil, la juridiction saisie devant statuer sur les dommages et intérêts sollicités.

III – L'aliénation par le repreneur de biens déclarés inaliénables dans le plan de cession

La loi de sauvegarde des entreprises, dans le souci d'uniformiser la réglementation de l'inaliénabilité en plans de sauvegarde et de redressement et celle en plan de cession, a créé une nouvelle infraction, celle de l'aliénation d'un bien par le repreneur, au mépris de l'inaliénabilité incluse dans le plan en application de l'article L. 642-10 du Code de commerce (C. com., art. L. 654-8, 2°). Ce texte vise l'hypothèse du plan de cession arrêté en redressement ou en liquidation judiciaire, mais également la cession partielle accompagnant un plan de sauvegarde. Le partenaire contractuel du repreneur, qui aura, en connaissance de cause, passé un acte sur un bien déclaré inaliénable par le jugement arrêtant le plan de cession ou décidant de la cession partielle en sauvegarde est identiquement susceptible de sanctions.

Le cessionnaire d'un bien déclaré inaliénable et le repreneur cédant seront passibles d'un emprisonnement de deux ans et d'une amende de 30 000 €.

Index alphabétique

S

T

U

V

Dans la même collection

Série droit privé

- *Droit des assurances*, H. Groutel
- *Droit bancaire*, F. Dekeuwer-Défossez, S. Moreil
- *Droit civil général*, P. Bihr
- *Droit civil. Les biens*, P. Courbe, M. Latina
- *Droit civil. Les contrats spéciaux*, B. Bourdelois
- *Droit civil. Les obligations*, G. Légier, L. Tranchant, V. Égéa
- *Droit civil. Les personnes, la famille, les incapacités*, P. Courbe, F. Jault-Seseke
- *Droit civil. Sûretés, publicité foncière*, V. Brémond, M.-N. Jobard-Bachellier
- *Droit commercial. Notions générales*, J.-P. Le Gall, C. Ruellan
- *Droit du commerce international*, H. Kenfack
- *Droit de la construction*, C. Saint-Alary-Houin, R. Saint-Alary
- *Droit des entreprises en difficulté*, P.-M. Le Corre
- *Droit fiscal des entreprises commerciales*, J.-P. Le Gall
- *Droit international privé*, J.-P. Laborde, S. Sana-Chaillé de Néré
- *Droit pénal des affaires*, G. Giudicelli-Delage
- *Droit pénal général*, J. Larguier, P. Conte, P. Maistre du Chambon
- *Droit pénal spécial*, J. Larguier, P. Conte, S. Fournier
- *Droit de la propriété industrielle*, L. Marino
- *Droit rural*, J. Audier
- *Droit de la sécurité sociale*, X. Prétot
- *Droit des sociétés*, A. Constantin
- *Droit du travail. Volume I. Rapports collectifs*, J.-M. Verdier, A. Cœuret, M.-A. Souriac
- *Droit du travail. Volume II. Rapports individuels*, J.-M. Verdier, A. Cœuret, M.-A. Souriac
- *Grands systèmes de droit étrangers*, M. Fromont
- *Institutions juridictionnelles*, J.-J. Taisne
- *Introduction générale au droit*, P. Courbe, J.-S. Bergé
- *Procédure civile. Droit judiciaire privé*, J. Larguier, P. Conte, C. Blanchard
- *Procédure pénale*, J. Larguier, P. Conte
- *Propriété littéraire et artistique*, P. Sirinelli

Série droit public – Science politique

- *Contentieux administratif*, G. Peiser
- *Contentieux constitutionnel*, M. Verpeaux
- *Droit administratif des biens*, G. Peiser
- *Droit administratif général*, G. Peiser
- *Droit des collectivités territoriales*, V. Donier
- *Droit constitutionnel et institutions politiques*, J. P. Jacqué
- *Droit des contrats publics*, F. Lichère
- *Droit de l'environnement*, P. Planchet
- *Droit européen*, J.-C. Gautron
- *Droit fiscal*, C. de Lauzainghein, M.-H. Stauble-de Lauzainghein, X. Cabannes

- *Droit de la fonction publique,* G. Peiser
- *Droit international public,* D. Ruzié, G. Teboul
- *Droit public,* L. Dubouis, J.-P. Négrin, G. Peiser
- *Droit public économique,* D. Linotte, A. Graboy-Grobesco
- *Droit de la santé publique,* D. Truchet
- *Droit de l'Union européenne,* L. Coutron
- *Droit de l'urbanisme,* J. Morand-Deviller
- *Finances locales,* R. Muzellec, M. Conan
- *Finances publiques,* J. Buisson
- *Histoire du droit,* J. Hilaire
- *Histoire des idées politiques de l'Antiquité à la fin du XVIIIe siècle,* D. G. Lavroff
- *Histoire des idées politiques depuis le XIXe siècle,* D. G. Lavroff
- *Histoire des institutions publiques de la France,* P. Villard, L.-A. Barrière
- *Institutions internationales,* J. Charpentier, B. Sierpinski
- *Introduction à la science politique,* J. Baudouin
- *Libertés fondamentales,* F. Mélin-Soucramanien
- *Relations internationales,* M. Gounelle, M.-P. Lanfranchi

PEFC 10-31-1895

Photocomposition Nord Compo - 59650 Villeneuve d'Ascq
717564 (I) - OSB - A 60 g - NOR (CDR)
Achevé d'imprimer en novembre 2017 sur les presses de l'imprimerie CHIRAT
42540 Saint-Just-la-Pendue
Dépôt légal : décembre 2017 - N° 201711.0056

Imprimé en France